D1655923

**Schriften des Stadtarchivs Wiesbaden**
**Band 2**

Schriften des Stadtarchivs Wiesbaden

Herausgegeben vom Magistrat
der Landeshauptstadt Wiesbaden – Stadtarchiv

---

**Band 2**

Wiesbaden 1994

Jochen Dollwet und Thomas Weichel (Bearb.)

# Das Tagebuch des Friedrich Ludwig Burk

Aufzeichnungen eines Wiesbadener Bürgers und Bauern 1806–1866

*Dem liebenswertesten Wiesbadener Bürger,
meinem Vater

zu Weihnachten 1994

von seiner

Petra*

3. Auflage

Wiesbaden 1994

© Magistrat der Landeshauptstadt Wiesbaden, Kulturamt

Titelfoto: Wiesbaden um 1810; altkolorierte Lithographie, verlegt bei Anton Paul Eisen in Nürnberg; Stadtarchiv Wiesbaden
Druck und Herstellung: Dinges & Frick GmbH, Wiesbaden

# Zur Geschichte der Wiesbadener Familie Burk im 18. und 19. Jahrhundert

*von*

*Thomas Weichel*


Als Friedrich Ludwig Burk am 8. Februar 1866, zwei Monate vor seinem Tod, mit zittriger Hand die letzten Bemerkungen in sein »Tagebuch« eintrug, waren seit seinen ersten Notizen sechs Jahrzehnte vergangen. Der Zeitraum, den seine Aufzeichnungen umfassen (1806–1866), fällt genau mit jener Periode zusammen, in der Wiesbaden Hauptstadt des Herzogtums Nassau war. Sein »Tagebuch« ist nicht nur ein Spiegelbild der Lebenswelt eines Wiesbadener Bauern und Fuhrmanns, es enthält auch eine Fülle interessanter und bisher unbekannter stadthistorischer Details. Dort, wo sich Burks Ausführungen in Widerspruch zu der zur Wiesbadener Geschichte vorhandenen Literatur befinden, stellte sich nach Quellenstudien meist heraus, daß er als »Zeitzeuge« die korrekten Angaben gemacht hat. So ist der hier edierte Tagebuchtext einerseits als zwar in vielen Punkten unvollständige, in Einzelheiten aber auch neue Chronik der Geschichte Wiesbadens im Herzogtum Nassau von Bedeutung. Andererseits erhalten wir Einblick in die Wahrnehmungswelt eines Menschen, der hinsichtlich seines Bildungsstandes dem »einfachen Volke« zuzurechnen ist.

Früher veröffentlichte autobiographische Aufzeichnungen und Tagebücher stammen überwiegend aus der Feder von Personen, die den gebildeten Ständen angehörten.[1] Berichte aus der Lebenswelt von Handwerkern und Arbeitern entstanden hingegen zum großen Teil erst um und nach der Jahrhundertwende, wie etwa – um nur ein Beispiel zu benennen – Paul Göhres berühmt gewordene

---

[1] Die Tagebuch-Forschung konzentriert sich vor allem auf Tagebücher, die »persönlich–bekennerischen Charakter« haben. Nach diesem elitären Kriterium bewertet, würde das Burksche Tagebuch wohl zu jenen gehören, die »im besten Falle einen nur dokumentarischen Wert« haben. Vgl. Hocke, Europäische Tagebücher, S. 10 u. S. 19. Ähnliche Aussagen finden sich bei Misch, Geschichte der Autobiographie, Bd. 4,2, der sich fast ausschließlich mit Aufzeichnungen aus der Oberschicht oder von bekannten Personen beschäftigt. Hingegen stützt sich die Volkskunde traditionell auf die Auswertung autobiographischer Quellen. Vgl. Warnecken, Populare Autobiographie, Tübingen 1985.

Darstellung über seine Zeit als Fabrikarbeiter.[2] Solche Erfahrungsberichte von Redakteuren oder auch von Pfarrern, die, wie Göhre, für einige Monate in die Rolle eines Handwerksburschen oder Fabrikarbeiters schlüpften, wurden veröffentlicht, um im Sinne des Liberalismus oder der Sozialdemokratie über Mißstände aufzuklären. Ihr Thema sind die sozialen Bedrückungen und der Kampf dagegen. Daneben nehmen im späten 19. Jahrhundert »echte« autobiographische Aufzeichnungen in Form von Lebenserinnerungen aus dem kleinbürgerlichen Milieu zu. Dabei fällt auf, daß zumindest bei den veröffentlichten Handwerkerbiographien solche Autoren überwiegen, die »nicht in ihrem erlernten Handwerksberuf geblieben sind, sondern einen sozialen Aufstieg geschafft haben«.[3] Ähnliches gilt auch für jene Autobiographen, die aus der Position des gesellschaftlichen Aufstiegs und in entsprechender Distanz, so etwa Ernst Moritz Arndt, über ihre Kindheit in armen, bäuerlichen Verhältnissen berichten, um damit die Exemplarität des eigenen Lebens zu betonen.[4]

Der vorliegende Text hat jedoch einen völlig anderen Charakter und verfolgt auch eine andere Intention. Die Burkschen Aufzeichnungen sind keine Autobiographie im Sinne einer ausformulierten Darstellung des eigenen Lebens; dies mag allenfalls in Ansätzen für die nachträglich überarbeiteten Schilderungen aus der napoleonischen Zeit zutreffen. Auch stehen sie weniger in der Tradition des Tagebuches im engen psychologistischen Sinne, nämlich als Aufzeichnung persönlicher Erlebnisse und subjektiv wichtiger Ereignisse, wie es im »Zeitalter der Empfindsamkeit«, der 2. Hälfte des 18. Jahrhunderts, eine erste – auch literarische – Blüte erlebte.[5]

Der Gedanke, Burk könnte seine Kladde mit dem Ziel einer späteren Veröffentlichung geführt haben, ist abwegig. Burk war ein Bauer, der am Beginn des 19. Jahrhunderts und weit entfernt vom literarischen Verkehr damit begann, sich Notizen über besondere Vorkommnisse, die Ernte und das Wetter zu machen. Sehr wohl mag er hingegen an eine Weitergabe seiner Aufzeichnungen an die nachfolgenden Generationen als chronikalische Überlieferung des »Denk-Würdigen« gedacht haben. Darauf deutet bereits die Überarbeitung älterer Notizen wenige Jahre nach der Geburt seines Sohnes hin. Der Burksche Text ist insofern

---

2   Göhre, Drei Monate Fabrikarbeiter und Handwerksbursche. Leipzig 1891.
3   Steffens, Über Handwerkerbiographien, in: Johann Kirchgaesser, Aus meinem Leben, S. 5, mit ausführlichen Literaturnachweisen.
4   Fribolin/Innerhofer/Winkler, Die moderne bäuerliche Kindheitsautobiographik, S. 52ff.
5   Vgl. auch als Beispiel aus dem nassauischen Raum Taitl-Münzert [Hrsg.], Tagebuch eines Sechzehnjährigen, Bad Schwalbach [1988].

als ein besonders ausführliches, hier auch städtisch orientiertes Beispiel für jene bäuerlichen »Schreibebücher« zu sehen, die ihren Ursprung in den Wirtschaftsbüchern hatten. Eine Auswahl von drei aus insgesamt 150 bekannten Überlieferungen dieser Art auf dem Gebiet der ehemaligen DDR wurde 1989 von einem Forscherteam veröffentlicht.[6] Im Gegensatz zu diesen drei Beispielen des Genres, die als besonders aussagekräftig bewertet wurden, weist das Tagebuch unseres Schreibers allerdings einen großen Reichtum an Details und eine hohe Lebendigkeit der Darstellung aus. Es handelt sich, wie bei vielen Quellen dieser Art, letztlich um eine Mischform aus Chronik, Autobiographie und Tagebuch[7], wobei der chronikalische Charakter eindeutig überwiegt.

Das Tagebuch[8] des Friedrich Ludwig Burk gliedert sich in zwei Hauptteile. Der erste Teil umfaßt den Zeitraum 1806 bis 1822. Hierbei handelt es sich um die überarbeitete Abschrift nicht mehr vorhandener älterer Aufzeichnungen, wahrscheinlich vorgenommen, als Burk 1837/38 damit begann, sein Tagebuch fortzusetzen. Daß es sich hierbei um eine Abschrift oder eine Überarbeitung handelt, zeigt sich besonders durch die Verwendung erst später gebräuchlicher Bezeichnungen für einzelne Gebäude und Straßen. Aber auch seine allzu konkreten »Vorahnungen« auf das Jahr 1816, es werde »so etwas Fehlendes mit dem Feldbau vorkommen, dass vieles nicht recht so vollkommen gedeye« <59>[9], machen dies wahrscheinlich. Im zweiten Teil wird der Band kontinuierlich bis in das Todesjahr des Schreibers als Tagebuch weitergeführt.[10] Den dazwischen lie-

---

[6] Peters/Harnisch/Enders, Märkische Bauerntagebücher des 18. und 19. Jahrhunderts. Weimar 1989.

[7] So auch bei Steffens, S. 7, der einen »Zusammenhang zwischen diesem Mischcharakter und dem Übergang von der ständischen zur bürgerlich-individualistischen Gesellschaft« vermutet. Der Begriff »Tagebuch« wird im folgenden beibehalten, da er die Überlieferungsform am besten charakterisiert.

[8] StadtAWi Best. NL 3 Nr. 1. Das Tagebuch gelangte 1955 aus dem Besitz des Rektors Wilhelm Breidenstein (1871–1958) in das Stadtarchiv Wiesbaden. Es handelt sich um ein vorgebundenes Buch im Format 19 mal 16 cm mit einer Stärke von etwa 3 cm. Die ersten Lagen sind bis auf die Seiten <3> und <10> – mit einer Aufstellung über die Kosten des Hausbaues von 1828 und Notizen zum Sohn Heinrich – herausgetrennt. Daher ist eine ursprüngliche Verwendung für Zwecke der Wirtschaftsführung denkbar. Am Schluß des Bandes befinden sich Notizen über Geburten und Sterbefälle in der Familie (vgl. Anhang 3).

[9] Die in spitze Klammern gesetzten Zahlen verweisen auf die in der Edition wiedergegebenen Seitenzahlen der handschriftlichen Vorlage.

[10] Der oft durchgängige Schriftzug für ein Jahr deutet an, daß Burk die Einträge zumindest teilweise erst nach Ablauf des Jahres vornahm. Dafür sprechen auch erhaltene

genden Zeitraum hat Burk auf den Seiten <103> bis <109> mit einigen mehr oder weniger unsystematischen Notizen gefüllt.

Mit der Herausgabe dieses Tagebuches wollen wir eine lange Periode der Wiesbadener Geschichte im 19. Jahrhundert aus der sonst kaum oder gar nicht rekonstruierbaren Sicht des Durchschnittsbürgers zugänglich machen. Die sprachlichen Eigenheiten und die Orthographie der Vorlage werden möglichst unverfälscht wiedergegeben, um die Authentizität des Textes zu bewahren und auch um die Sprache »des kleinen Mannes« im 19. Jahrhundert zu dokumentieren. Daher wurden Interpunktion und Orthographie nur behutsam im Interesse einer besseren Lesbarkeit modernisiert.[11] Querverweise zu weiterführender Literatur, insbesondere zu den beiden Standardwerken von Wolf-Heino Struck[12], wurden in die Anmerkungen aufgenommen. Dort finden sich auch Hinweise zu den von Burk genannten Personen, soweit diese identifiziert werden konnten.

Friedrich Ludwig Burk entstammte mütterlicherseits einer alten Wiesbadener Familie.[13] Seine beiden Urgroßväter dieser Linie, der Bendermeister Johann Anton Wolf und der Bäckermeister Tillmann Kimmel waren beide Ge-

---

stichwortartige Notizen auf nicht mehr benötigten Papierstücken (vgl. StadtAWi Best. NL 3 Nr. 2).

[11] Groß- und Kleinschreibung sowie Zeichensetzung finden nach heutigem Gebrauch Verwendung. Außerdem erfolgen Konsonantenverdopplung bzw. -reduzierung (»ß« bleibt jedoch bestehen), Einfügung von Dehnungsvokalen und -konsonanten (z.B. »ziemlich« statt »zimlich«). Heutigem Gebrauch folgen die Schreibungen von i/j (nicht aber das y), c/k/kk/ck und z/tz, außer bei Eigennamen. In Ausnahme dieser Regeln werden Wörter, die an sich eigentümliche Schreibweisen zeigen, buchstabengetreu wiedergegeben (z.B. »verakotiert«). Ungewöhnliche Wortbildungen oder -verschreibungen werden durch »[sic!]« im laufenden Text kenntlich gemacht. Die Hervorhebung von Streichungen und Verschreibungen erfolgt nur, wenn sie für den Zusammenhang oder für die Interpretation von Bedeutung sind. Abkürzungen werden grundsätzlich in eckigen Klammern aufgelöst, davon abweichend nur sehr häufig und gleichförmig wiederkehrende Kürzel stillschweigend (z.B. »fl.« in »Gulden«).

[12] Struck, Wiesbaden in der Goethezeit, Wiesbaden 1979. Ders., Wiesbaden im Biedermeier, Wiesbaden 1981.

[13] Als Quellen zur Rekonstruktion der Familiengeschichte dienten vor allem die ev. Kirchenbücher. Besonderer Dank gilt Frau Dietrich und Herrn Reinhardt von der Ev. Gesamtgemeinde Wiesbaden für zahlreiche Hinweise. Weiterhin wurden die Testamente und Inventare der Familien Burk und Wolf in den Beständen 137 und 246 des Hessischen Hauptstaatsarchivs (künftig: HHStA), die dort und im Stadtarchiv Wiesbaden (künftig: StadtA) vorhandenen einschlägigen Quellen zur Personengeschichte benutzt, die teilweise durch EDV-Datenbanken erschlossen sind. Auf Einzelquellennachweise wird verzichtet, um den Text nicht zu überfrachten. Zur summarischen Darstellung stadtgeschichtlicher Aspekte vgl. die Werke von Struck sowie Bleymehl-Eiler, Wiesbaden 1690 bis 1866, in: Residenzen, S. 397ff., und Weichel, Kur- und Verwaltungsstadt, in: Vom alten zum neuen Bürgertum, S. 317ff.

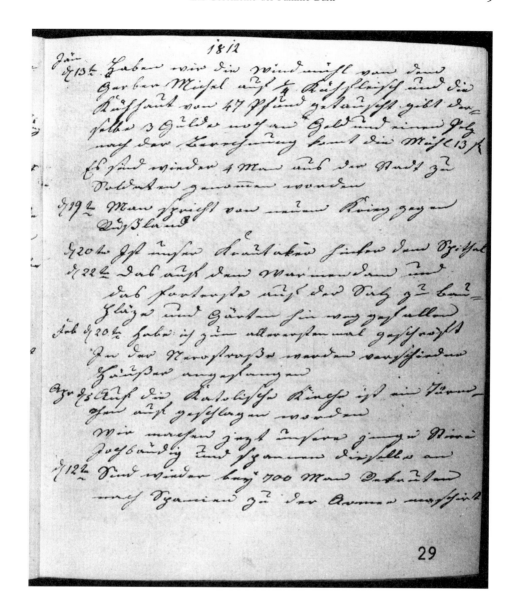

Abb. 1: Seite 29 des Tagebuchs.

richtsverwandte, das heißt Mitglieder des Stadtgerichts. Dieses Gremium vereinigte als Selbstverwaltungsorgan die niedere Gerichtsbarkeit sowie die Verwaltung der Stadt. 1775 wurde ihm vom Fürsten der Titel »Stadtrat« verliehen.[14] Die Ämter innerhalb des Stadtgerichts wurden im jährlichen Wechsel vergeben, so etwa das Amt des Schätzers, zuständig für die Wertbegutachtung von Immobilien, oder das des Weinstechers, der den Inhalt der Weinfässer prüfte. In einem Rotationsverfahren nahmen die Gerichtsverwandten auch das Amt des Bürgermeisters wahr. Kimmel hatte dieses Amt bei seinem Tod 1746 inne. Seine Tochter Anna Maria ehelichte im folgenden Jahr den Sohn von Johann Anton Wolf, Johann Nicolaus, welcher den Beruf des Benders von seinem Vater übernommen hatte.

Wiesbaden war zu jener Zeit eine kleine Landstadt im Fürstentum Nassau-Usingen. Es litt noch immer an den Folgen des 30jährigen Krieges, in dem die Stadt stark zerstört und fast völlig entvölkert worden war. Um die Mitte des 18. Jahrhunderts lag die Einwohnerzahl noch immer unter 2.000, somit niedriger als im Spätmittelalter. Der allmähliche Wiederaufstieg der Stadt war vor allem eine Folge der Politik des Fürsten Georg August Samuel (1665–1721), der durch weitreichende Steuerbefreiungen Neuansiedler in die Stadt zog. Doch Wiesbaden war schon von alters her nicht eine Landstadt wie viele andere. Trotz Mauern und städtischer Verfassung, trotz zünftiger Handwerkerschaft und zentralörtlicher Funktionen dominierte die Landwirtschaft. Aber mit seinen heißen Quellen und seinem Badebetrieb verfügte Wiesbaden über einen weiteren wichtigen Wirtschaftsfaktor. Die Badegäste, die im Heilwasser Linderung von ihren Leiden suchten, brachten Geld in die Stadt. Dieser Geldzufluß war von besonderer Bedeutung, da in den Dörfern und den kleineren Städten noch überwiegend Subsistenzwirtschaft betrieben wurde. Das nassau-usingische Fürstenhaus mußte sich angesichts der beschränkten Besteuerungsfähigkeit des Landes mit einer kleinen Hofhaltung begnügen. Immerhin wurde in Biebrich nach langer Bauzeit ein neues Schloß fertiggestellt, in das 1744 der Hof von Usingen umzog, drei Jahre vor der erwähnten Hochzeit von Johann Nicolaus Wolf mit Anna Maria Kimmel. Zugleich erfolgte die Verlegung der zentralen Verwaltung des Fürstentums nach Wiesbaden, nun faktisch Hauptstadt, wodurch sich zwangsläufig ein großer Teil der Beamtenschaft des kleinen Staates in der Stadt ansiedelte.[15]

---

14  StadtA WI/1/204.
15  Vgl. Bleymehl-Eiler, Wiesbaden 1690 bis 1866, S. 399.

Die Beamten waren dort nicht unbedingt willkommen, befürchtete man doch durch die Verknappung der Ressourcen einen Anstieg der Holzpreise und des Mietzinses, wenngleich letzteres manchen Vermieter von Wohnraum mit Freude erfüllt haben dürfte. Vielleicht erahnte man auch bereits eine sich verstärkende Einflußnahme des Staates auf die innerstädtischen Angelegenheiten. Bisher wurden diese, etwa das Finanzwesen, also Besteuerung und Ausgabenwirtschaft, weitgehend autonom geregelt. Die Gerichtsherren, die für die Steuerschätzung der Bürger wie für die städtischen Ausgaben zuständig waren, konnten sich in dieser Hinsicht viele Freiheiten herausnehmen und wurden nur mangelhaft kontrolliert. Die Mitgliedschaft im Stadtgericht war lebenslang. Verschied ein Mitglied, so wählten die verbliebenen unter den Bürgern einen neuen Kandidaten aus, der allerdings noch der Bestätigung durch das fürstliche Oberamt bedurfte. Es kam zu Beschwerden der Wiesbadener Bürger gegen die anmaßende und selbstgerechte Amtsführung des Stadtgerichts, weil dieses die »gemeine Bürgerschaft nicht anderst als leibeigene Knechte« behandele und 1753 wurden sogar die meisten »Stadtoffizianten« abgesetzt. Das von den Betroffenen angerufene Reichskammergericht in Wetzlar hob allerdings schon im folgenden Jahr die Amtsenthebung wieder auf[16], obwohl die Untersuchung z.T. haarsträubende Ungerechtigkeiten bei der Besteuerung nachgewiesen hatte. Die Macht des Stadtgerichts blieb also ungebrochen, und auch die Steuerungerechtigkeiten bestanden weiter, wie spätere Beschwerden und die Analyse der Steuerlisten zeigen. Von der Affäre nicht betroffen war neben drei weiteren Mitgliedern des Stadtgerichts der Gerichtsherr Johann Philipp Wolf, ein Bruder des Großvaters von Friedrich Ludwig Burk.

Die Großmutter Burks, Anna Maria Wolf geb. Kimmel, starb früh, im Herbst des Jahres 1759. Sie hinterließ zwei Töchter: die neunjährige Christina Barbara und die fünf Jahre alte Philippina Elisabetha, die Mutter unseres Tagebuchschreibers. Um die Ansprüche der Halbwaisen aus dem mütterlichen Erbe zu sichern, wurde ein Inventar der Besitztümer der Verstorbenen angefertigt. Ihr Vermögen betrug etwa 2.000 Gulden, was dem Wert eines besseren Hauses ent-

---

[16] Die Beschwerden richteten sich insbesondere gegen ungerechte Besteuerungen und die Bevorteilung der Reichen, wozu zweifellos die Gerichtsherren selbst zählten. Das im Gegensatz zur gewohnten, schleppenden Prozeßführung des Reichskammergerichts schnelle Verfahren erklärt sich u.a. dadurch, daß sich die Beschwerdeführer vor dem Gerichtsboten verleugnen ließen. StadtA WI/U/82, WI/1/212, WI/1/417, WI/1/418; HHStA 1/2212. Die Entscheidungsfreiheit des Wiesbadener Stadtgerichts wurde 1769 durch Einsetzung einer staatlichen Polizeideputation wesentlich eingeschränkt. Vgl. Bleymehl-Eiler, Wiesbaden 1690 bis 1866, S. 404.

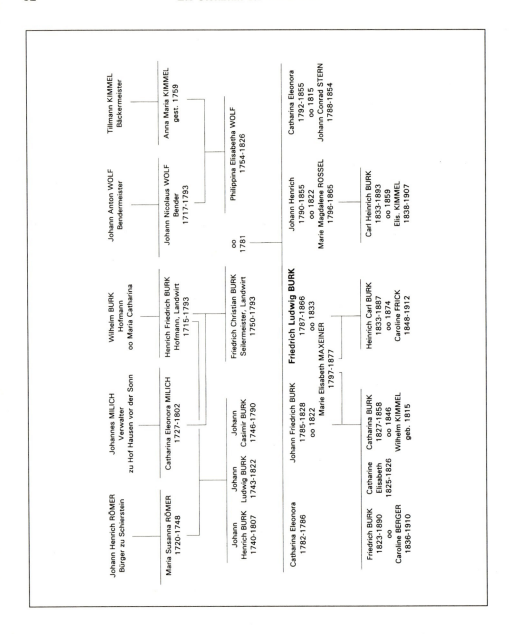

*Abb. 2: Auszug aus der Verwandtschaftstafel Friedrich Ludwig Burk*

sprach. Solche Vermögensaufnahmen waren damals allgemein üblich, insbesondere dann, wenn eine erneute Heirat des überlebenden Ehepartners zu erwarten stand. Mehrfachehen waren häufig, zumal viele Ehen bereits nach wenigen Jahren durch den Tod eines der Gatten endeten. Die durchschnittliche Lebenserwartung lag weit niedriger als heute. So wurden viele Kinder in frühem Alter zu Halb- oder Vollwaisen, und »Versorgungshochzeiten« waren oft einfach eine Notwendigkeit.[17] Dabei kamen recht häufig Verehelichungen mit der Witwe des eigenen Bruders vor, wie es uns auch bei unserem Tagebuchschreiber noch begegnen wird. Um die Interessen der Waisen und Stiefkinder zu wahren, wurden von Amts wegen Vormünder eingesetzt, Curatoren genannt. Zu diesen Männern von gutem Leumund und gesichertem Stand gehörte auch Johann Nicolaus Wolf, der Großvater Burks.

Die Anfertigung von Inventaren und das Einsetzen von Vormündern vermochten aber den Streit um das Erbe nicht in allen Fällen zu verhindern, so auch bei der Familie Wolf. Wie so oft litten besonders die Stiefkinder unter den Auseinandersetzungen. Der Witwer Johann Nicolaus Wolf heiratete in zweiter Ehe Anna Maria Wilhelm und hatte mit ihr drei Kinder. Seine beiden Töchter aus erster Ehe wünschten 1781 kurz nach ihrer eigenen Eheschließung die Auszahlung des mütterlichen Erbes. Daraufhin stritt der Vater die Korrektheit des Inventars von 1759 ab und gab beim Stadtgericht zu Protokoll, daß damals einige Passivschulden übersehen worden wären, da er nicht zugegen gewesen sei. 1782 wurde daher eine Neuinventur durchgeführt, die zwar einige Ungereimtheiten zu Tage brachte, an den Erbansprüchen jedoch wenig änderte.

Christina Barbara hatte Friedrich Jacob Stern geheiratet, ihre vier Jahre jüngere Schwester Philippina 1781 im Alter von 27 Jahren den drei Jahre älteren Seilermeister Friedrich Christian Burk zum Mann »bekommen«.

Nach dem Tod von Johann Nicolaus Wolf 1793 zeigte sich, daß nicht nur hinsichtlich der Erbansprüche Uneinigkeit bestand, sondern sich das Zerwürfnis mit seinen beiden Töchtern erster Ehe fortsetzte. In seinem 1788 verfaßten Testament hatte er beide wegen der gegen ihn »bewiesenen Nachläßigkeit in den kindlichen Pflichten« auf das Pflichtteil gesetzt und damit die drei Kinder zweiter Ehe bevorzugt.

---

[17] Relativ vorsichtig formuliert Jerome Blum: »Die dünn gesäten historischen Daten deuten darauf hin, daß es weniger Liebe und Zuneigung waren, die den Haushalt zusammenhielten, als vielmehr die Gebote des wirtschaftlichen und biologischen Fortbestehens«, in: Die bäuerliche Welt, S. 21. Schärfer urteilt Ariès, die Familie habe »als Faktor des Gefühlslebens oder als Wert« überhaupt nicht existiert. Vgl. Ariès, Geschichte der Kindheit, S. 557. Ähnlich bei Rosenbaum, Formen der Familie, S. 72.

Friedrich Christian Burk, den Philippina Elisabetha Wolf 1781 geheiratet hatte, war 1750 als erstes Kind aus der Ehe der Catharina Eleonore Milich mit Henrich Friedrich Burk in Wiesbaden zur Welt gekommen. Sein Vater, zu dieser Zeit Hofmann auf einem Adelsgut in Wiesbaden, war ein Kind Wilhelm Burks, ebenfalls Hofmann, und dessen Frau Maria Catharina, von der wir nur die Vornamen kennen. Die weiteren Vorfahren väterlicherseits verlieren sich im »Dunkel« der Geschichte. Offenbar war die Familie zuvor nicht dauerhaft in Wiesbaden ansässig gewesen. Zu den Verwandten zählten vermutlich der Klarenthaler Hofmann Johann Melchior Burgk, der 1685 Anna Stockhausen heiratete, sowie der 1687 im Alter von 84 Jahren in Wiesbaden verstorbene Nicolaus Burk, ehemaliger Verwalter des nahegelegenen Tiefenthaler Hofes.

Die Familie hat, so scheint es jedenfalls, ihr Auskommen vor allem in der Verwaltung herrschaftlicher Güter gesucht. Ursprünglich verfügte sie über kein eigenes Ackerland[18], doch besaß sie einen gewissen Viehbestand. So hatte Henrich Friedrich Burk 1749 von seiner verwitweten Mutter, Hoffrau auf dem Köthischen Hof, zwei Pferde, zwei Ochsen und Ausstattungsgegenstände im Wert von 1.200 Gulden zur Bewirtschaftung des Hofes überschrieben bekommen. Unter dem Vertrag stehen ein »M«, da »die Mutter deß Schreibens uhnerfahren«, sowie die Unterschriften der Geschwister und der Schwäger, die in solchen Rechtsgeschäften in der Regel ihre Ehefrauen vertraten. Unter den Unterzeichnern befindet sich auch Peter Fischer, ein Sohn des Tiefenthaler Klosterhofmannes, der 1731 eine Schwester des Henrich Friedrich Burk, Maria Dorothea, ehelichen mußte, weil sie sich ausweislich des Kirchenbuches »fleischlicher Vermischung« schuldig gemacht hatten.

Als Hofleute auf einem von den bürgerlichen Lasten und Abgaben befreiten adligen Gut standen die Burks nicht im Bürgerrecht und hatten somit an den Rechten aber auch den Pflichten, wie etwa den Fronfuhren für den Fürsten oder dem städtischen Wachdienst, keinen Anteil. Nicht nur die Verheiratung der Maria Dorothea mit einem Hofmannssohn bestätigt diese Distanz zum Bürgertum, auch ihre Schwester Anna Margaretha heiratete nach außerhalb, nämlich den in einem nahe Wiesbaden gelegenen Dorf beheimateten Johannes Trapp. Die erste Ehefrau von Henrich Friedrich Burk war ebenfalls keine Wiesbadener Bürgers-

---

18  Ausweislich des Lagerbuches StadtA WI/1/67, S. 501f., erwarb erst der Sohn Henrich Friedrich Burk Grundbesitz. Dabei stammt offenbar kein einziger Eintrag über die ihm gehörenden Felder, Wiesen und sonstigen Grundstücke aus der Zeit vor 1761. Dies korrespondiert sowohl mit dem Erwerb des Bürgerrechtes 1761 (s.u.) als auch mit der Auszahlung einer Rate des Erbteils seiner Frau ebenfalls im gleichen Jahr.

tochter, sondern stammte aus Schierstein. Ein weiteres Indiz dafür, daß die Familie vor allem Kontakt mit »Nichtbürgern« in ähnlicher Stellung wie sie selbst pflegte, sind die Patenschaften, die sie bei Taufen eingingen. Während die angesehenen Bürger und Bürgerinnen in der Regel häufig bei Taufen als Paten fungierten, hob Wilhelm Burk, Urgroßvater des Tagebuchschreibers, nur ein einziges Mal das Kind eines Amtsknechtes aus der Taufe. Seine Tochter Anna Margaretha tritt lediglich 1729 als Patin für das Kind einer anderen Wiesbadener Hofmannsfamilie auf.

Die Ehe Henrich Friedrich Burks mit Maria Susanna Römer aus Schierstein währte nur kurz. Maria Susanna starb im Januar 1748 im Alter von 28 Jahren, nachdem sie drei Söhnen das Leben geschenkt hatte. 1749 nahm der Witwer Catharina Eleonora Milich von Hof Hausen vor der Sonne bei Hofheim zur Frau. Auch hier wurde zur Sicherung der Ansprüche der unmündigen Kinder aus erster Ehe eine genaue Aufstellung des vorhandenen Besitzes vorgenommen. Diese zeigt, welchen Wert man damals auch solchen Gegenständen beimaß, die heute noch nicht einmal bei einem »Entrümpler« auf Interesse stoßen würden. Das »Einbringen« von Sachwerten in die Ehe durch die erste Frau hatte, unter Einbeziehung verschlissener Tischtücher, gerade 66 Gulden betragen, hinzu kamen allerdings noch Effekten – also verzinsliche Schuldverschreibungen Dritter – im Wert von 200 Gulden. Schuldverschreibungen unter Privatpersonen waren die übliche Form der Kreditbeschaffung. Ein Bankwesen existierte im 18. Jahrhundert lediglich in den großen Handelsstädten. In Wiesbaden findet sich der erste Bankier erst in den 1820er Jahren. Die Form der privaten Finanzierung, gedeckt in der Regel durch Immobilien, vermochte eine Bank durchaus zu ersetzen und war auch zwingende Notwendigkeit, denn nur so konnte der Bau eines Hauses finanziert oder etwa bei einer Erbteilung das zur Auszahlung der Geschwister benötigte und stets knappe Bargeld beschafft werden.

Erst jetzt, 1749, wohl anläßlich seiner zweiten Ehe, erhielt Henrich Friedrich Burk, wie bereits erwähnt, von seiner Mutter Zugvieh und Wirtschaftsartikel überschrieben und wurde Hofbeständer des Köthischen Hofs. Die bescheidenen wirtschaftlichen Verhältnisse werden auch dadurch deutlich, daß seine zweite Frau Catharina Eleonore Milich neben Kleidungsstücken und einigem Weißzeug lediglich zwei Kühe, zwei Schweine, fünf Schafe, zwei Gänse sowie einen alten Sessel und sonstige Haushaltsgeräte im Gesamtwert von 59 Gulden, aber kein Bargeld als Mitgift in die Ehe einbrachte. Die Burks lebten aber nicht etwa in ärmlichen Verhältnissen, bezogen auf die allgemeine Lebenssituation der Zeit. Vielmehr glich ihre wirtschaftliche Lage wohl weitgehend derjenigen der Mehrheit der Bürger in der Stadt.

Ein Jahr nach der Eheschließung kam Friedrich Christian Burk, der Vater unseres Chronisten, zur Welt. Langsam besserte sich die wirtschaftliche Situation der Familie. So zahlte 1754 Lorenz Milich, der Bruder der Frau, 300 Gulden aus dem elterlichen Erbe an sie aus, mit zwei weiteren Raten, die er 1761 und 1769 leistete, insgesamt 725 Gulden. Henrich Friedrich Burk erwarb 1761 das Wiesbadener Bürgerrecht, ein Zeichen, daß er sich auf Dauer hier niederlassen und Grundbesitz erwerben wollte. Die Erbschaft seiner Frau und eine kleine Hinterlassenschaft seiner inzwischen verstorbenen Mutter versetzten ihn insbesondere in die Lage, die Hälfte des sog. Viktor-Hofgutes[19] mit über 20 Morgen Ackerland zu ersteigern und sich auf diese Weise selbständig zu machen. Allerdings mußte er einen Teil des Kaufpreises mit einer Hypothek aus Frankfurt in Höhe von 1.500 Gulden finanzieren. Zusätzlich belastet wurde die Haushaltsführung dadurch, daß die mittlerweile selbständigen Söhne erster Ehe Ausstattung in Form von Saatgut und Ochsen erhielten, worüber genau Buch geführt wurde. Friedrich Christian aus zweiter Ehe, der Vater unseres Tagebuchschreibers, der zunächst das Säcklerhandwerk erlernt hatte, besaß gegenüber seinen Halbbrüdern, bedingt durch das größere Einbringen seiner Mutter in die Ehe, einen höheren Erbanspruch. So stellte es keine Ungerechtigkeit dar, daß sein Vater ihm 1783 den Hof, wohl aus Altersgründen, teilweise übergab.

Hierzu gehörten das zweistöckige Wohnhaus in der Langgasse mit Außenmaßen von etwa 10 mal 7,50 Metern sowie die Stallungen und Felder im Gesamtwert von 3.100 Gulden. Der Sohn ging bei der Übergabe die Verpflichtung ein, die darauf liegenden Hypothekenschulden zu übernehmen und die anfallenden Zinsen zu zahlen. Außerdem mußte er sich dazu bereit erklären, die Forderungen seiner Stiefgeschwister auf das mütterliche Vermögen binnen eines Jahres zu erfüllen. Daß das Gut nicht zu den kleinsten in Wiesbaden gehörte, zeigt sich an der hohen Schatzung, die Vater und Sohn zu entrichten hatten: Sie lagen mit ihrer Steuerleistung an neunter Stelle in der Stadt, wobei allerdings nicht nur die bestehenden Steuerungerechtigkeiten berücksichtigt werden müssen, sondern auch die Tatsache, daß die großen Güter, die adligen »Freigüter«, von den bürgerlichen Abgaben befreit waren.

Die junge Familie Friedrich Christian Burks, der 1776 im Alter von 26 Jahren relativ früh ins Bürgerrecht getreten war, hatte mittlerweile Nachwuchs bekommen. 1782 war Catharina Eleonora geboren worden, die allerdings bereits

---

[19]  Das Gut war dem Stift St. Viktor in Mainz pachtpflichtig.

1786 starb, 1785 Johann Friedrich, am 21.10.1787 erblickte dann unser Chronist Friedrich Ludwig Burk das Licht der Welt. Sein Pate wurde ein Stiefbruder seines Vaters, Johann Ludwig Burk. 1790 folgte als weiteres Kind Johann Henrich, 1792 noch eine Tochter, die ebenfalls den Namen Catharina Eleonora erhielt.

Auch das Familienleben der Eltern des Friedrich Ludwig Burk wurde von Geschwisterzwist getrübt. Casimir Burk, ein Stiefbruder, verklagte vor dem Oberamt als unterer Gerichtsinstanz seinen Vater und seinen Bruder Friedrich Christian auf die Auszahlung seines väterlichen Erbteils. Die Verklagten hielten dagegen, daß die Auszahlung erst im Erbfalle vorgenommen werden solle, denn der Vater nutze erhebliche Teile des Hofes noch selbst. Die Klage wurde abgewiesen. Casimir starb bald darauf, sein Bruder Johann Henrich begab sich wenig später, wohl schwer krank, in das Hospital und mußte dafür zeitweise seine vermutlich nicht allzu großen Einkünfte aus den liegenden Gütern aufwenden.[20]

Mit Beginn des Jahres 1793 zog Trauer in das Burksche Haus in der Langgasse ein. Am 15. Januar starb mit nur 42 Jahren der Vater, Friedrich Christian, und vier Wochen später auch der Großvater, Henrich Friedrich Burk, in dem für damalige Verhältnisse hohen Alter von 77 Jahren. Auch der Vater von Philippina Elisabetha, Johann Nicolaus Wolf, starb Anfang des Jahres. Die junge Witwe lebte nun allein mit ihrer Schwiegermutter, ihrem ledigen Schwager und vier kleinen Kindern auf dem Hof. Zunächst mußte das väterliche Erbe ihres Mannes geteilt werden. Erbberechtigt waren die vier Kinder, die beiden noch lebenden Stiefbrüder ihres Mannes und ihre Schwiegermutter, diese wohl aus ihrem eigenen Einbringen in den Hof, die Witwe selbst jedoch nicht. Das Haus wurde versiegelt und der gesamte Besitz genau inventarisiert. Die Errungenschaften zweiter Ehe des Großvaters Henrich Friedrich betrugen immerhin 3.482 Gulden. Abzüglich dessen, was die Ehefrau eingebracht hatte, und sonstiger Ausstände blieb ein Zugewinn von fast 2.000 Gulden.

Die Witwe mußte insgesamt 940 Gulden an Ausgleichszahlungen erbringen. Dem stand nur ein Erbteil von ihrem verstorbenen Vater im Wert von 628 Gulden gegenüber. Mit ihren vier kleinen Kindern befand sie sich in einer äußerst schwierigen Lebenssituation. Sie konnte oder wollte aber keine Versorgungshochzeit eingehen. Wie die Familie den landwirtschaftlichen Betrieb aufrechter-

---

[20] Die Gesundheit Johann Henrich Burks wurde im Hospital jedenfalls wieder hergestellt. Er starb am 16.2.1807 in Wiesbaden. Das Hospital, gelegen in der Nähe des Kochbrunnens, war nicht nur eine Pflegestätte für »abgelebte oder erkrankte Burger oder seine preßhafte [= bresthafte, gebrechliche] Hausgenossen«, sondern auch für Arme, die von außerhalb zur Kur nach Wiesbaden kamen. Zitat aus: Geschichte des Hospitals und Armenbades zu Wiesbaden, Wiesbaden 1821, S. 2.

hielt und ihr Auskommen sicherte, bleibt unklar. Auch unser Tagebuchschreiber geht nicht auf die Erlebnisse seiner Kindheit ein. Zum Haushalt gehörte auch der Patenonkel von Friedrich Ludwig Burk, Johann Ludwig, der nie ins Bürgerrecht trat und bis zu seinem Tod im Alter von fast 80 Jahren ledig blieb. Ob er allein als Arbeitshilfe genügte oder ob noch Knechte und Mägde verdingt wurden, bleibt offen. Jedenfalls gehörte 1822, wie Friedrich Ludwig Burk anläßlich des Todes seines Onkels beiläufig erwähnt, zumindest eine Magd zum Hof, obwohl damals die beiden noch im Hause befindlichen erwachsenen Söhne sicherlich den Großteil der anfallenden Arbeit hätten bewältigen können. Im rechtlichen Sinne war die Witwe Friedrich Christians seit 1793 Haushaltsvorstand und besaß mit Ausnahme des Wahlrechts das volle Bürgerrecht.

Das äußere Bild der Stadt, in der unser Chronist 1787 das Licht der Welt erblickte, hatte sich im Laufe der zweiten Hälfte des 18. Jahrhunderts nur wenig verändert. Noch immer war Wiesbaden ein abgegrenztes Ganzes, umringt von einer Stadtmauer und nachts durch Stadttore verschlossen. Wenngleich die Mauer keine militärische Bedeutung mehr hatte, bildete sie doch einen Schutz gegen räuberische Banden, die gerade im ausgehenden 18. Jahrhundert verstärkt

*Abb. 3: Wiesbaden 1799. Lithographie von C. Susemihl.*

auftraten. An den vier Toren konnten zudem alle Personen, die in die Stadt wollten, leicht überwacht werden, auch die Waren ließen sich kontrollieren, und Verbrauchssteuern wurden dort erhoben.

Wiesbaden hatte seit der Mitte des 18. Jahrhunderts jedoch wirtschaftlichen Aufschwung genommen. Insbesondere profitierte der Kurbetrieb von der wachsenden Reisefreudigkeit der gehobenen Schichten. Einige neue Bade- und Gasthäuser steigerten die Attraktivität der Stadt, wenngleich manche Zeitgenossen, wie etwa Christian Hirschfeld 1785, den Ort noch immer als »elendes Städtchen mit engen Gassen«[21] schmähten. Ein Herrengarten, der zunächst weit entfernt von den Badehäusern an der heutigen Friedrichsstraße bestand, wurde 1776 an den Nordostrand der Stadt verlegt, dorthin, wo um 1810 der von Christian Zais entworfene Kursaal entstehen sollte. Doch spielen durfte Friedrich Ludwig Burk in diesem Park nicht: »Gleichwohl man auch den hiesigen Einwohnern«, so bestimmte ein »Policey-Publicandum« von 1778, den Spaziergang dort »nicht gänzlich versagen mögte«, so war doch nur den »Bürgern, ihren Weibern und erwachsenen vernünftigen Söhnen und Töchtern« der Eintritt erlaubt – dies aber nur dann, wenn der Betrieb nicht zu groß war. Hingegen mußten alle einheimischen »junge Bürgerssöhne und Töchter, deren Kinder, Lehrjungen und Gesinde, Soldaten und Handwerkspursche« dem Garten grundsätzlich fernbleiben.[22]

Über seinen Schulbesuch, wie über seine Kindheit überhaupt, schweigt sich unser Tagebuchschreiber aus. Nach der Lage des Burkschen Hauses gerade noch innerhalb der oberen Stadt darf man annehmen, daß er die Volksschule in der Schulgasse, nicht die Sauerländische Schule der unteren Stadt besuchte, obschon beide etwa gleich weit entfernt waren. Grundlage der schulischen Erziehung der Kinder bildete die nassau-usingische Schulordnung von 1779. Sie setzte der »christlichen Volksschule«, deren Leitung in den Händen der Geistlichkeit lag (unmittelbarer Vorgesetzter der Lehrer war der Stadtpfarrer), zum obersten Ziel, »gute Christen und nützliche Bürger zu bilden«.[23] Der Unterricht in Wiesbaden fand täglich außer sonntags von 7 bis 10 Uhr und von 12 bis 15 Uhr statt, nur mittwochs und samstags waren die Nachmittage schulfrei. Die erste Nachmittagsstunde diente als Gebets- oder Singstunde. Seit 1792 bis Anfang des 19. Jahrhunderts, also etwa zur Zeit des Schulbesuchs von Burk, galt für die

---

21 Zitiert nach Russ, Villen, S. 12.
22 StadtA WI/1/488, Policey-Publicandum vom 13.6.1778. Die Gültigkeit der Bestimmungen auch zu Beginn der 1790er Jahre ergibt sich durch deren Wiederholung 1790. Vgl. Hochfürstl. Nassau-Saarbrück. priv. Wiesbader Nachrichten vom 29.5.1790.
23 Firnhaber, Die Nassauische Simultanvolksschule, Bd. 1, S. 130.

kleineren Kinder Geschlechtertrennung. Die Schulordnung sah folgende Unterrichtsfächer vor: »Lesen und Schreiben in der Muttersprache, die christliche Glaubenslehre, die natürliche und christliche Moral, die biblische Geschichte, Singen und Beten, auserlesene Lieder, Bußpsalmen, erste Gründe der Landwirtschaft, Rechnen [und] praktische Anweisung für den gemeinen Mann«.[24]

Der kleine Friedrich Ludwig erhielt aber noch einen Anschauungsunterricht ganz anderer Art: Der Sturm, den die Französische Revolution ausgelöst hatte, berührte zwar die Nassauer zunächst kaum – revolutionärer Eifer war jedenfalls nirgends, auch nicht in Wiesbaden zu spüren. Aber dafür kamen fremde Truppen ins Land, 1792 je nach Kriegsglück im raschen Wechsel Franzosen, Preußen, Franzosen und am Jahresende wieder Preußen, danach Reichstruppen. Diese lieferten sich 1793 mit den Franzosen monatelange Scharmützel um die Mainz gegenüber gelegenen Dörfer Kostheim und Gustavsburg. Zwar wurde Wiesbaden nicht zerstört, doch mußten seine Bürger ständig mehrere tausend

*Abb. 4: Das Lager der Franzosen bei Höchst um 1795.*

---

[24] Zitiert nach Firnhaber, S. 131, mit dem bemerkenswerten Zusatz zum Unterricht im Schreiben: »Auch die Mädchen lernen es«. Ebda., S. 134.

einquartierte Soldaten verpflegen, hatten Heu und Hafer für die Pferde bereitzustellen. Die Einquartierungen, Besetzungen und teils auch Plünderungen, insbesondere bei Rückzügen, hielten bis 1799 an. Die Feldarbeit mußte oft ruhen, Wagen und Zugvieh wurden weggeschleppt.

Doch belasteten die Einquartierungen und die Fourage- und Essensabgaben nicht nur die Landwirtschaft und die Bauern. Die Kurgäste mieden angesichts solcher Zustände die Stadt, obgleich Vereinbarungen mit den französischen Generälen, während der Kursaison von Einquartierungen abzusehen, zeitweise Erleichterung verschafften. Für die einzelnen Bade- und Gastwirte brachte die Unterbringung der Besatzungsoffiziere insofern eine Entschädigung, als sie die Kosten für deren üppige Bewirtung der Stadt in Rechnung stellen konnten. Damit halfen sie aber kräftig mit, die Schulden Wiesbadens in die Höhe zu treiben. Das Verbot der Stadt, an den Offizierstafeln Champagner auszuschenken, konnte dem nicht gegensteuern. Um 1800 war die Stadt faktisch zahlungsunfähig, konnte die ausgegebenen Obligationen kaum noch einlösen und fand keine neuen Kreditgeber mehr.

Die einzige Möglichkeit, wieder finanziellen Spielraum zu gewinnen, war die Umlegung der kommunalen Schulden auf die Einwohner. Wie eigentlich immer in Finanzangelegenheiten, brach hierüber Streit aus. Die ärmeren Handwerker protestierten gegen eine Umlage aufgrund der immer noch ungerechten Schatzungsanschläge. Die Besitzer von ehemals adligen »Freigütern«, die keine städtischen Abgaben leisten mußten, wollten sich hingegen an der Umlage auf keinen Fall beteiligen. Schließlich einigte man sich auf eine komplette Aufnahme aller Vermögenswerte, die »Freigüter« eingeschlossen, zum Zweck der Erhebung einer Sondersteuer. Dabei wurden auch die Betreiber eines selbständigen Gewerbes – in diese Kategorie wurden ebenfalls die Tagelöhner eingeordnet – mit einem fiktiven Kapital veranlagt. Die so entstandene Aufstellung aus dem Jahr 1803, in die zusätzlich Schulden und Aktiva, also ausgeliehene Kapitalien, eingingen, gewährt einen hervorragenden Einblick in die Vermögensverhältnisse der damaligen Wiesbadener Bürger.[25] Die Genauigkeit dieser Vermögensaufstellung mag sogar deutlich über jener der heutigen Steuererklärungen gelegen haben, war die soziale Kontrolle doch sehr hoch und fiel die Strafe bei einer Falschdeklaration mit dem fünffachen Steuersatz empfindlich aus.

Als Vermögen der Witwe Friedrich Christian Burks taxierte man das Haus in der Langgasse mit 2.400 Gulden, den Feldbesitz mit 11.772 Gulden, insgesamt

---

[25] StadtA WI/1/2.

ergab sich einschließlich des fiktiven Gewerbekapitals und der Vorräte ein Besitz im Wert von 15.488 Gulden. Dagegen standen allerdings Schulden in Höhe von 2.540 Gulden. Der Vermögenszuwachs im Verhältnis zu den Werten, die in den 1780er und 1790er Jahren vererbt worden waren, erklärt sich zwar zum Großteil durch die Geldentwertung und die Wertsteigerung der Immobilien in diesen Jahren. Trotzdem waren die Burks alles andere als arm, sie standen hinsichtlich ihres Vermögens unter den etwa 500 Familien der Stadt jetzt sogar an 32. Stelle. Auch sie mußten wie die übrigen Einwohner 3,5 Prozent ihres Vermögens als Sondersteuer, auf vier Jahre verteilt, zahlen, damit die Stadt ihre Kriegsschulden begleichen konnte.

Die Steuerlast wurde noch höher nach der Gründung des Herzogtums Nassau 1806 – jenem Jahr, in dem Friedrich Ludwig Burk mit seinen Aufzeichnungen begann. Zwischen dem Fürstentum Nassau-Usingen, dessen Hauptstadt Wiesbaden faktisch war, und Nassau-Weilburg bestand ein Erbschaftsvertrag, dessen Einlösung wegen der Kinderlosigkeit des Hauses Usingen absehbar war. Als die Gebietsgewinne durch den Reichsdeputationshauptschluß 1803 eine Umorganisation beider Staaten nötig machten, war es daher naheliegend, die beiden Staaten im Vorgriff auf den Erbfall unter gemeinsame Verwaltung zu stellen. Weitere Gebietsgewinne brachte der Frieden von Lunéville. Das nun auch formell vereinigte und von Napoleons Gnaden zum Herzogtum erhobene Land mußte allerdings ohne nennenswerten Entscheidungsspielraum dem Rheinbund beitreten.[26] Burk hebt in seinen ersten Aufzeichnungen 1806 bereits jenen Punkt der Rheinbundakte hervor, der für die Wiesbadener Bürger von besonderem Belang war: Nassau wurde, wie die übrigen Rheinbundstaaten, dazu verpflichtet, dem französischen Kaiser Hilfstruppen zu stellen, und zwar weitaus mehr, als seine regulären Truppen ausmachten.

Nassau war traditionell kein Militärstaat. Im nassau-oranischen Dillenburg – nach 1815 ebenfalls zum Herzogtum Nassau gehörig – zogen die Truppen sogar ob ihrer geringen Verwendungsfähigkeit den Spott auf sich.[27] Den nassauischen Kleinstaaten mangelte es vor 1806 zu sehr an Mannschaften und an Ausrüstung, als daß sie militärische Bedeutung hätten erlangen können. Die Wiesbadener Bürger waren seit 1750 vom Militärdienst befreit. Dieses Privileg hatten sie sich

---

[26] Vgl. Schüler, Die Herzöge von Nassau, S. 155ff.
[27] Vgl. Pagenstecher, Jugenderinnerungen, S. 121.

*Abb. 5: Der Kranzplatz 1801. Zeichnung von Johannes Gottfried Mahr.*

gegen die Fischereirechte im Salzbach vom Fürsten erkauft. Gegen die nun anstehende Ziehung ihrer Söhne vermochten sie sich noch eine Zeitlang zu wehren; nur die »Uneheliche und Beysaß-Söhne« <9>, also Einwohner minderer Rechte, mußten zunächst zum Militärdienst. Doch die Kriegspolitik Napoleons trieb die Anforderungen an seine Bündnispartner immer weiter in die Höhe. So wuchs auch der Militäretat des Herzogtums um ein Mehrfaches. Die Regierung versuchte zwar, durch Steuererhöhungen und Steuervereinheitlichungen die nötigen Mittel aufzutreiben, doch ließen sich aus dem armen Land mit seiner fast ausschließlich agrarischen Bevölkerung nur in begrenztem Umfang weitere Abgaben herauspressen.

Burks häufige Klagen über die hohen Steuern, die kaum noch aufzubringen seien, hatten also einen sehr realen Hintergrund. Manche Gemeinden versuchten, sich der Steuer zu widersetzen. Einige Bauern aus der Umgebung mußten aus diesem Grund sogar den Weg ins Wiesbadener Gefängnis antreten <17>. Der Herzog trug gezwungenermaßen durch den Verkauf zahlreicher herrschaftlicher Güter zur Finanzierung des Staatshaushaltes bei. Außerdem wollte das Herzogtum für andere, noch kleinere Mitgliedsstaaten der »Fürstenbank« des Rheinbundes die von diesen zu stellenden Truppenkontingente mit übernehmen, um dafür Ausgleichszahlungen zu erhalten und somit seine eigenen Finanzen zu konsolidieren.

Ein nicht unerheblicher Teil der nassauischen Jugend war jedoch bestrebt, sich dem Militärdienst auf jede nur erdenkliche Art zu entziehen. Die Militärpflicht war um 1800 keineswegs eine patriotische Selbstverständlichkeit. Dies zeigte sich nicht zuletzt daran, daß trotz scharfer Strafandrohungen nicht wenige Wehrpflichtige desertierten. Der chronische Mangel an Rekruten führte im Jahr 1808 dazu, daß eine einheitliche Konskriptionsordnung erlassen wurde. Jetzt wurden auch die Wiesbadener Bürger ihrer Sonderrechte beraubt. Massiver Widerstand, so etwa das Fernbleiben der Bürgersöhne bei der Musterung, nötigte die Regierung schließlich dazu, die Zahl der von der Stadt zu stellenden Rekruten zu verringern und zudem ersatzweise »Einsteher« zuzulassen. Als Einsteher traten meist arme Beisassensöhne gegen Geld in den Militärdienst <16>.

Auch Burk verspürte wenig Neigung, in den Krieg zu ziehen. Er ließ sich im Dezember 1808, als die »Messung« (Musterung) anstand, von Hofrat Lehr ein Untauglichkeitsattest wegen seiner »geschwächten Eingeweide« <15> ausstellen.[28] Dem drei Jahre jüngeren Bruder Johann Henrich gelang es ebenfalls,

*Abb. 6: Der Kochbrunnen um 1800. Stich von Knauer/Cöntgen.*

---

[28] StadtA WI/1/176, Konskriptionsliste von 1808.

dem Militärdienst zu entgehen. Er wurde wegen seiner Unabkömmlichkeit im mütterlichen Haushalt den Landjägern zugeteilt, einer Art Miliztruppe für den Einsatz in der Heimat. Friedrich Ludwig Burk wird seine Entscheidung nicht bedauert haben, berichtet er in den folgenden Jahren doch immer wieder von verkrüppelt heimkehrenden Soldaten. Die in Nassau ausgehobenen Truppen wurden von Napoleon in Spanien eingesetzt und erlitten dort hohe Verluste. Sie wurden laufend durch neue Rekruten ergänzt, die den langen Weg zur Schlachtbank zu Fuß antreten mußten. Insgesamt 62 Prozent der Soldaten verloren ihr Leben im Kampf oder durch Krankheit, wurden verwundet oder blieben vermißt.[29]

Trotz der Kriegsereignisse und der städtischen Finanznöte sollte Wiesbaden auf Wunsch des Herzogs zu einer repräsentativen Hauptstadt ausgebaut werden. Außerdem mußte dringend neuer und angemessener Wohnraum für die vielen Beamten geschaffen werden, welche aufgrund der Zentralisation der Verwaltung des Herzogtums in die Stadt zogen. Die allgemeine Kapitalknappheit behinderte jedoch eine zügige Stadterweiterung. Zum Beispiel mußte ein Haus in der Friedrichstraße, auf das Burk Bezug nimmt <13>, nach dem Tod des Bauherrn in einer landesweiten Lotterie verlost werden, weil sich kein Käufer finden ließ. Die alteingesessene Bürgerschaft hielt sich beim Ausbau der Stadt merklich zurück, sicherlich auch deshalb, weil sie nicht an den Planungen beteiligt war und diese kaum billigte.[30] Allerdings modernisierte auch die Familie Burk damals ihr Haus <15>. Das Gebäude erhielt neue Fenster, und der Giebel wurde »abgeschnitten«. Wiesbaden verlor in diesen Jahren sein bisher mittelalterlich und frühneuzeitlich geprägtes Stadtbild. Als Goethe 1814 und 1815 in der Stadt zur Kur weilte, äußerte er sich anerkennend über die neuen Straßen und Bauten sowie die schönen Wohnräume, die in den neuangelegten Häusern entstanden seien.[31]

Die napoleonische Oberhoheit über den Rheinbund war in Wiesbaden auch durch die gegen England gerichtete Handelssperre spürbar, mit der Napoleon den Inselstaat in die Knie zwingen wollte. Als der französische Kaiser auf einen harten Kurs bei der Durchsetzung der Kontinentalsperre drang, wurden auf dem Marktplatz der nassauischen Hauptstadt einige illegal eingeführte Waren verbrannt <21>.

---

[29] Vgl. Wacker, Militärwesen, S. 80.
[30] Es überwogen Baumaßnahmen von Beamten und Zugezogenen. Vgl. Weichel, Kur- und Verwaltungsstadt, S. 342f.
[31] Johann Wolfgang Goethe, Sämtliche Werke, Bd. 12, Zürich 1950, S. 533.

Im Jahre 1812 erreichte der Krieg Wiesbaden selbst. Zwar wurde noch im Oktober ein Siegesfest anläßlich der angeblichen Erfolge der Franzosen in Rußland gefeiert <32>. Doch dann begann die Katastrophe der »Großen Armee«, von der auch Burk immer wieder vom Hörensagen vernahm. Die Franzosen mußten ihre Truppen in Preußen zur Sicherung des Territoriums auffüllen. Zugleich bauten sie die Schanzen in Mainz und Kastel aus. Nach der Niederlage der Franzosen bei Leipzig im Oktober 1813 zogen geschlagene und desorganisierte Truppenteile auch durch Wiesbaden und bildeten damit den Auftakt für die folgenden, noch härteren Prüfungen der Bevölkerung. In der wohl eindringlichsten Passage seines Tagebuches schildert Burk die Einquartierungen von Kosaken, Preußen und dann wieder Kosaken, welche den Wiesbadenern besonders hart zusetzten.[32] Sein Bericht wird in dieser Hinsicht durch andere, weniger plastisch formulierende Quellen vollauf bestätigt. Burks Fazit »Lieber todt als so gequält« <47> zeugt von dem ungeheuren Leid jener Tage, in denen zahlreiche Menschen Seuchen und Gewalttaten zum Opfer fielen. Kurz bevor in Wiesbaden im April 1814 ein erneutes Siegesfest, diesmal anderer Art, gefeiert werden konnte, wurde Burk schließlich doch noch »unter das Landwehr-Regiment verwickelt, kam aber bald wieder ganz glücklich davon« <48>.

Nassau wechselte in dieser Situation mit fliegenden Fahnen die Partei und wurde Koalitionspartner der antifranzösischen Allianz. Doch auch für diese waren wieder Truppen zu stellen. Weil die nassauischen Regimenter fast vollständig in Spanien standen und nun in französische Kriegsgefangenschaft gerieten, bedeutete dies neuerliche Aushebungen und Lasten. Die Witwe Burk lieferte beispielsweise im April 1814 ausweislich einer Quittung, die ihr Sohn Friedrich Ludwig 1823 der Stadtkasse vorlegte, 3 1/2 Malter (= 629 Liter) Hafer, 31 Zentner Heu und 100 Bund Stroh.[33] Außerdem mußte ihr Sohn Johann Henrich zu seiner Landwehrkompanie einrücken. Die Niederlage Napoleons, seine Rückkehr von Elba und die endgültige Kapitulation werden von Friedrich Ludwig Burk

---

32 Auszüge aus den Aufzeichnungen Burks für die Jahre 1812 bis 1814 wurden bereits 1932 vom damaligen Besitzer des Tagebuchs veröffentlicht. B. Stein [d.i.: Wilhelm Breidenstein], Wiesbaden in den Wirbeln weltgeschichtlicher Ereignisse, in: Alt-Nassau 4/1932. Durch Textauswahl und »geringfügig« falsche Zitierweise wurden Passagen über die russische Einquartierung in der NS-Zeitung »Nassauer Volksblatt« vom 24.6.1942 propagandistisch mißbraucht. Der »Beitrag« mit der Überschrift »'Viele Menschen starben! Hart war die Zeit'. Was ein Wiesbadener 1813 berichtet - Kosaken quälten die Bevölkerung« ist lediglich mit dem Kürzel »-n« gezeichnet.

33 StadtA WI/1/1827, Protokoll über die Produzierung zwecks Rückerstattung von der Stadt in StadtA WI/1/1824.

mehr annotiert als kommentiert. Erst mit dem Jahresende 1815 verließen die letzten fremden Truppen Wiesbaden. An Heiligabend kehrte das 1. Nassauische Regiment aus Frankreich zurück und nahm Quartier in der Stadt. Normalität schien wieder Einzug zu halten.

Neun Monate zuvor hatte jedoch am anderen Ende der Welt eine erneute Katastrophe ihren Anfang genommen. Etwa 13.000 Kilometer von Wiesbaden entfernt, auf der indonesischen Insel Sumbawa südlich von Borneo, begann am 5. April 1815 der größte bekannte Vulkanausbruch der Menschheitsgeschichte. Binnen sechs Tagen schleuderte der Vulkan Tambora ungeheure Mengen an Lava und Aschen aus seinem Krater. Der Himmel verdunkelte sich noch in einer Entfernung von 1.000 Kilometern, Zehntausende von Menschen fanden den Tod. Die Kunde vom Vulkanausbruch drang nur allmählich nach Europa. Ob Burk überhaupt jemals davon Kenntnis erhalten hat, ist fraglich. Trotzdem wird er zum beredten Zeugen der Folgen dieser Katastrophe: Im Laufe der Jahre 1815 und 1816 verteilte sich der ausgetretene Aschenregen rund um den Erdball und verringerte die Sonneneinstrahlung erheblich. Der Sommer 1816 war weltweit der kälteste, seit regelmäßige Temperaturaufzeichnungen geführt werden.[34] Der Zusammenhang zwischen den globalen Mißernten, den daraus resultierenden Hungerepidemien und dem Ausbruch des Tambora ist heute unstrittig. Für die Zeitgenossen waren der Vulkanausbruch und das Jahr ohne Sommer[35] hingegen völlig singuläre Ereignisse. Für Burk wurde das Wetter des Jahres 1816 allerdings zum Maßstab aller ungünstigen Witterungen, über die er in den folgenden Jahren noch berichten sollte.

Seine breiten Ausführungen über den Kampf um Heu- und Getreideernte kann man nur nachempfinden, wenn man sich vergegenwärtigt, daß es sich nicht nur um eine verringerte Ernte, sondern um eine existentielle Bedrohung gehandelt hat. Handels-, Transport- und Lagerwesen waren bei weitem noch nicht so entwickelt, daß überregionale Mißernten hätten kompensiert werden können. Größere Importe hätten alleine schon die schwachen Finanzen Nassaus nicht zugelassen. Zudem gab es wegen der globalen Dimension der Katastrophe kaum Überschußregionen. Im Vergleich zu anderen Gebieten ging es Wiesbadens Bauern aber noch recht gut, und sie suchten, anders als beispielsweise viele

---

[34] Vgl. Rudloff, Schwankungen, S. 303.
[35] Stommel, Volcano weather. The story of the Year without a summer, 1983.

Württemberger, ihr Heil noch nicht in der Auswanderung nach Amerika.[36] Ungeachtet dessen mußte die Wiesbadener Polizeidirektion im August z.B. gegen die zunehmende Brotverschlechterung, die durch die Verwendung minderwertigen Korns und die Beimischung fremder Stoffe verursacht wurde, mit scharfen Strafandrohungen vorgehen.[37]

Das Jahr 1816 war aber nicht nur ein schlimmes Hungerjahr, es brachte für Nassau auch wesentliche Reformen. Das Land hatte durch die Bestimmungen des Wiener Kongresses abermals neue Grenzen erhalten, die bis 1866 gültig bleiben sollten. Der alte Wiesbadener Stadtrat, der sich der Regierung gegenüber so unbotmäßig verhalten hatte, war schon 1814 durch ein provisorisches Gremium abgelöst worden. Jetzt wurden durch eine neue nassauische Gemeindeordnung gänzlich andere Verhältnisse geschaffen: Dem vom Staat berufenen Stadtschultheißen wurde ein von den Bürgern gewähltes, aber ziemlich machtloses, weil nur beratendes Organ, der Stadtvorstand, zur Seite gestellt.[38] Wie sehr die vielfältigen Eingriffe des Staates das städtische Zusammenleben veränderten, wird an der Bemerkung Burks bezüglich der Waldrechte deutlich, wonach »die Menschen, die nur vor 20 Jahren noch da wahren und jetzt wieder kämen, sie würden [es] nicht glauben können«. Seine persönliche Haltung spiegelt sich auch in den Worten: »Es ist traurig jetzt für die Untertanen« <73>.

Hohe Steuern, die Aufhebung alter Rechte wie insbesondere der Selbstverwaltung trieben die Wiesbadener Bürger zwar nicht zur Rebellion gegen die immer autoritärer agierende Regierung, doch stand man der Beamtenschaft sehr wohl ablehnend gegenüber. Dies vermochte auch der Zusammenschluß einiger jüngerer Beamter und Bürger zu einer »Teutschen Gesellschaft« nicht zu verhindern, die sich als Teil einer nationalen Opposition gegen die undemokratische und frankreichfreundliche Politik der deutschen Fürsten verstand. Die nassauische Regierung erreichte ohne Mühe die Auflösung der Gesellschaft, indem sie mit fast klassischen Worten darauf hinwies, daß es »eine ebenso unvernünftige als gesetzwidrige Idee« sei, »wenn Privatpersonen glauben mögen, berufen oder ermächtigt zu sein, einzeln oder auch in Verbindung mit andern selbständig oder unmittelbar jetzt als künftig zu den großen Nationalangelegenheiten Deutsch-

---

36  Vgl. Dorothee Bayer, O gib mir Brot, Ulm [1966]. Zur Auswanderungsbewegung aus Nassau vgl. zuletzt Winfried Schüler u.a. (Bearb.), Von Nassau nach Amerika, Wiesbaden 1992.
37  Polizeiverordnung vom 7.8.1816, vgl. Wiesbader Wochenblatt 32/1816.
38  Vgl. Weichel, Kur- und Verwaltungsstadt, S. 350ff.

lands« beitragen zu können.[39] Der nassauische Staatsminister Frhr. Marschall von Bieberstein gehörte später auch zu den eifrigsten Unterstützern des Fürsten Metternich, wenn es darum ging, jede liberale Opposition zu unterdrücken.

Die Widerstände der Wiesbadener Bürger gegen fürstliche Willkürherrschaft und ihre Antipathie gegenüber der Beamtenschaft wurden auch anläßlich eines Skandals deutlich, der um 1820 über die Grenzen der Stadt hinaus hohe Wellen schlug. Christian Zais, herzoglicher Bauinspektor und Planer des neuen Wiesbaden, stieß bei den Bürgern auf schärfste Ablehnung, als er seinen schon seit langem gehegten Plan in die Tat umzusetzen suchte, in prominenter Lage ein großes Badehaus und Hotel von europäischem Rang zu errichten <87,91,93>. Eine große Rolle spielte dabei das wirtschaftliche Interesse der Badewirte, der alten Elite der Stadt, denen an solcher Konkurrenz gewiß nicht gelegen sein konnte. Zais, der wie die übrigen Beamten weitgehend isoliert von der eingesessenen Bürgerschaft lebte und wohl fast ausschließlich innerhalb der eigenen Kreise verkehrte[40], wurde bei der Realisation seiner Pläne durch Manipulationen der Badewirte massiv behindert. Eine althergebrachte Konvention ließ eine Anzapfung der thermalwasserführenden Schicht nur dann zu, wenn dadurch die Ergiebigkeit der anderen Quellen nicht gefährdet wurde. Als Zais Grabungen einleitete, regulierten die Badewirte ihre Quellen derart, daß deren Wasserfluß scheinbar zurückging. Zais wurde dadurch gezwungen, die bereits ausgehobenen Gräben wieder zu verfüllen. Auch kam es zu nächtlichen Aktionen gegen ihn, sogar unter Beteiligung von Stadtvorstehern, die anscheinend den Charakter von Katzenmusiken hatten. Diese Anfeindungen waren sicher mit daran schuld, daß Zais »die Nervekrankheit [bekam] und starb« <91>. Erst nach seinem Tod deckte eine Untersuchungskommission 1820 die Tricks der Badewirte auf, und das Zais'sche Badehaus »Zu den Vier Jahreszeiten« konnte 1821 fertiggestellt und eröffnet werden.

Auf Christian Zais ging auch der Generalbebauungsplan von 1817/18 für den weiteren Stadtausbau zurück, der insbesondere zur Ausbildung des noch heute

---

[39] Zit. nach Struck, Bürgerliche Freiheit, S. 152.
[40] So findet in seinen veröffentlichten Briefen mit einer nebensächlichen Ausnahme kein einziger Wiesbadener Bürger Erwähnung. Vgl. Wolf-Heino Struck, Christian Zais an seinen Sohn Wilhelm – Der Architekt des Klassizismus zu Wiesbaden in seiner Familie, in: Nassauische Annalen 92/1981, S. 75ff. Zu den Auseinandersetzungen um den Bau des Hotels vgl. Struck, Biedermeier, S. 86ff.; Weichel, Kur- und Verwaltungsstadt, S. 346f.; [Fr. Lehna], Neue Darstellung der Fabel einer Verschwindung der heißen Quellen zu Wiesbaden, in: Mainzer Zeitung 7.11.1820 (Beilage).

erkennbaren »Historischen Fünfecks« führte. Der alte Stadtkern sollte im Norden durch ein Handwerkerviertel (Bergkirchenviertel), eine Prachtstraße im Westen mit Kuranlagen (Wilhelmstraße) und ein Verwaltungsviertel im Süden mit Wohnungen für die Beamtenschaft (Luisen- und Friedrichstraße) zu einer modernen, rational gegliederten Hauptstadt erweitert werden. Burk trug, neben den Notizen über das Wetter und das Wachstum der Feldfrüchte, die ihm als Bauern stets berichtenswert erschienen, vieles über den Ausbau der Stadt in jener Zeit in sein Tagebuch ein. Auch seine eigene Familie wurde jetzt von dieser Bauwelle erfaßt. Auslöser waren dabei aber weniger wirtschaftliche Motive als vielmehr der Umstand, daß alle vier Geschwister inzwischen das Heiratsalter erreicht hatten oder bereits verheiratet waren. Wenn auch alle die gleichen Erbansprüche hatten, so konnten sie doch nicht gemeinsam den Hof weiterführen. Wohl nicht zuletzt deshalb zog sich die Mutter im Januar 1823 auf ihr Altenteil zurück und übergab das Vermögen ihren Kindern. Die Felder teilte sie bis auf einen kleinen Rest, der, zu ihrem persönlichen »Aushalt« bestimmt, von ihren Kindern für sie bebaut werden sollte. Sie bestimmte, daß das Haus und die Hofraite zwischen den Kindern zu verlosen sei. Diese berieten untereinander eine etwas abweichende Lösung und teilten das ca. 1.000 Quadratmeter große Grundstück schließlich zwischen den Söhnen Friedrich Ludwig und Johann Henrich in zwei Bauplätze auf. Die beiden anderen Geschwister wurden ausbezahlt, so daß jeder auf einen Erbanteil von 2.900 Gulden kam. Nachdem die Mutter 1826 im Alter von 72 Jahren gestorben war, rissen Friedrich Ludwig und Johann Henrich Burk 1828 die alten Gebäude ab und errichteten auf den beiden nun getrennten Grundstücken zwei weitgehend identische zweistöckige Häuser aus Ziegeln und Holz, die voneinander durch eine gemeinsame Torfahrt geschieden waren. Zur Straße hin hatten die Häuser eine Breite von 7,50 Metern, die Tiefe betrug 10,20 Meter und die Stockwerkshöhe 3,15 bzw. 3 Meter. Sie entsprachen in ihren Außenmaßen damit in etwa heutigen Reihenhäusern. Über ihre innere Aufteilung wissen wir leider nichts. Es ist aber wahrscheinlich, daß sie nach dem üblichen zeitgenössischen Schema im Erdgeschoß Wirtschaftsräume, wohl auch eine Stube, enthielten, während die Schlafkammern im ersten Stock lagen.

Zu Friedrich Ludwig Burks Grundstück gehörte außerdem noch ein Seitenbau, der möglicherweise vermietet wurde oder vielleicht auch als Domizil für die Witwe seines 1828 gestorbenen Bruders Johann Friedrich und deren beide Kinder diente. Der Bau des Haupthauses, vielleicht sogar einschließlich des Seitengebäudes, kostete 1.893 Gulden[41], somit erheblich weniger als die Taxation von 2.400 Gulden, mit der das Haus im Brandkataster eingetragen wurde. Inklusive der Nebengebäude betrug der Wert des gesamten Anwesens sogar 5.100 Gulden. Diese Wertdifferenz ist wohl auf den Anteil der Eigenleistung und die damals übliche und auch zwischen den Brüdern vereinbarte Weiterverwendung von Abbruchteilen des alten Hauses zurückzuführen. Doch auch den Betrag von 1.893 Gulden brachte Friedrich Ludwig Burk nicht in bar auf, sondern er leistete den Bauhandwerkern im Gegenzug Dienste als Fuhrmann, eine Tätigkeit, die er ausweislich der Gewerbekataster bereits von jungen Jahren an nebenher ausübte.

Sein Tagebuch, das für die Jahre 1822 bis 1837 nur Nachträge allgemeiner Art, vor allem zur Bautätigkeit in der Stadt, enthält, gewährt für diesen Zeitraum kaum Einblicke privater Art. Eine Ausnahme bilden lediglich zwei Seiten mit Notizen über den Sohn Heinrich.[42]

Doch liegen in jener Zeit entscheidende Wendepunkte im Leben Friedrich Ludwig Burks. 1823 erhielt er das Ackerland zur eigenen Bewirtschaftung, was möglicherweise sogar ein Grund dafür ist, daß die Aufzeichnungen hier enden. 1828 baute er sein Haus. Damals war er bereits 41 Jahre alt und immer noch ledig. Er war noch nicht in das Bürgerrecht eingetreten und war somit kein vollwertiges Mitglied der Gemeinde. Insbesondere stand ihm nicht das Recht zu, sich an den Stadtvorsteherwahlen zu beteiligen. 1833 überstürzten sich dann aber »zwangsläufig« die Ereignisse: Im April beantragte und erhielt er das Bürgerrecht, im Mai heiratete er die Witwe seines Bruders, bereits im September kam der gemeinsame Sohn Heinrich zur Welt.

Die Tatsache, daß er jetzt einen Nachkommen hatte, mag für ihn ein Grund gewesen sein, die Tagebuchaufzeichnungen wieder aufzunehmen. Andererseits ist es, besonders aus heutiger Sicht, recht erstaunlich, welch geringe Rolle seine Familie in seinen Notizen spielt. Mit Ausnahme der beiden bereits erwähnten »Sonderseiten« wird der Sohn Heinrich nur ein einziges Mal namentlich im Text genannt. Ebenso berichtet er nur sehr selten über seine beiden Stiefkinder Friedrich und Catharina: Friedrich wird lediglich im Zusammenhang mit der Auslosung der Militärpflichtigen <130f.> sowie, zusammen mit seiner Schwester Catharina, bei der Abtretung von Äckern erwähnt, die wohl aus seinem väterlichen Erbe stammten <171>. Verehelichung und Tod der Stieftochter annotiert Burk eher beiläufig. Seine Frau wird überhaupt nicht genannt, auch nicht im An-

---

[41] Vgl. die Aufstellung über die Baukosten im Anhang 1.
[42] Vgl. Anhang 2.

*Abb. 7: Wiesbadener Volkstrachten.*

hang des Buches, in dem Geburten und Sterbefälle der Familie festgehalten sind.[43] Die wenigen Textpassagen familiären Inhalts zeichnen sich durch eine sehr nüchterne Sprache aus. Eine Ausnahme bildet lediglich die Schilderung der Szene am Totenbett seines Paten Johann Ludwig Burk aus dem Jahre 1822, in der Burk von seiner Schwester berichtet, diese habe den »Petter« besonders lieb gehabt. Es fällt darüber hinaus auf, daß das Tagebuch weder Einträge über Familienfeiern, noch Berichte über eine Teilnahme des Schreibers an geselligen Veranstaltungen enthält.[44]

Nach der Wiederaufnahme seiner Eintragungen im Jahre 1837 ging Burk vor allem auf die vielfältigen Haus- und Straßenbauten in der Stadt ein. Allmählich erhielt das von Zais vorgezeichnete Fünfeck bauliche Gestalt. Vor der Stadt entstanden zudem eine Reihe von Landhäusern, welche die ersten Ansätze zu dem heutigen Villengürtel bildeten. Im alten Stadtzentrum wurden nach und nach Teile der Bebauung abgerissen und durch neue, mehrstöckige Häuser ersetzt. Von diesen klassizistischen Bauten mußten allerdings viele um die Jahrhundertwende wiederum größeren Häusern, nun im wilhelminischen Stil, weichen. In Wechselwirkung mit der wachsenden Attraktivität der Stadt stand die Verlegung der Residenz 1840 nach Wiesbaden, wobei sich die herzogliche Familie allerdings in den Sommermonaten weiterhin in Biebrich aufzuhalten pflegte.[45]

Wiesbaden, eigentlich abseits der Hauptverkehrswege gelegen, wurde immer besser für Kurgäste erreichbar. Im April 1840 wurde als eine der ersten Eisenbahnen in Deutschland überhaupt die Verbindung Frankfurt–Höchst–Biebrich–Wiesbaden eröffnet <117>. Bis zum Jahresende wurden auf dieser Strecke bereits 658.564 [sic!] Personenbeförderungen gezählt.[46] Die Eisenbahn wurde Motor für den wirtschaftlichen Aufschwung der ganzen Region. Aber auch auf dem Wasserweg tat sich einiges. Seit Ende der 1830er Jahre legten in Biebrich Schiffe der Kölner Dampfschiffahrtsgesellschaft an. Der Aufstieg Biebrichs mit seinen neuen Hafenanlagen und die Anbindung des Ortes an die Wiesbaden–Frankfurter Bahn stießen allerdings bei den Mainzer Kaufleuten wie auch bei der Regierung von Hessen-Darmstadt auf wenig Gegenliebe. In der Nacht vom 28. Februar zum 1. März 1841 machte man sich unter den Augen der völlig überraschten Mainzer Bundestruppen daran, mit Hilfe von Lastseglern und

---

43    Vgl. Anm. 17.
44    Vgl. Blessing, Fest und Vergnügen der »kleinen Leute«, S. 352ff.; Rosenbaum, Formen der Familie, S. 110ff.
45    Vgl. Schüler, Der Herzog und sein Hof, S. 62.
46    Orth, Kleinstaaterei, S. 41.

Kähnen aus etwa 50.000 Zentnern Buntsandstein einen Damm von der Petersau bis zum Rheinwörth oberhalb Biebrichs aufzuschütten.[47] Ziel des Unternehmens war es, diesen Rheinarm für die Schiffahrt zu sperren. Die hessische Regierung mußte auf Beschluß des Bundesrates die Fahrtrinne jedoch bald wieder räumen. Diese in Anspielung auf das Nibelungenlied »Nebeljungenstreich« genannte Provokation Nassaus durch Hessen-Darmstadt nimmt in Burks Tagebuch vergleichsweise breiten Raum ein. Er gibt sogar das hierzu verfaßte Gedicht des Rittmeisters Stannarius wieder <121>. Die Posse fand übrigens auch in Heinrich Heines Versdichtung »Deutschland, Ein Wintermärchen« aus dem Jahre 1844 literarischen Niederschlag.[48]

Burk hat an Literatur, Theater und Kunst ansonsten kein erkennbares Interesse gezeigt.[49] Seine völlige Unbedarftheit in literarischen Dingen offenbart sich im Zusammenhang mit seiner Schilderung der Feier zum hundertjährigen Geburtstag Schillers im Jahre 1859, als er die Veranstaltung selbst zwar ausführlich beschreibt und sogar aus der Festrede von Bürgermeister Fischer auf den »größten Dichter« zitiert, zum Schluß jedoch vermerkt: »Was aber der Schiller vor ein Mann gewesen und warum sein Andenken geehret wird, weiss ich nicht« <195>. Der Erlebnishorizont Burks bleibt eng begrenzt auf seine Heimatstadt und die nähere Umgebung. Mit seinem Fuhrwerk dürfte er über die umliegenden Dörfer und über Mainz nicht hinausgekommen sein. Er vermerkt in seinem Tagebuch jedenfalls keine einzige Reise.

Auch den politischen Strömungen des Vormärz stand Burk fern. Er gehörte zwar 1839 erstmals zu jenen Grundbesitzern in Wiesbaden, die über dem Steuerzensus lagen, so daß er bei der Wahl zur Ständeversammlung stimmberechtigt war. Außer ihm besaßen nur 69 weitere Personen in der Stadt das aktive Wahlrecht.[50] Dies zeigt einerseits, wie gering die politische Partizipationsrate in

---

47   Vgl. Biebrich 874–1974, S. 129f.

48   »Zu Biberich hab ich Steine verschluckt, Wahrhaftig, sie schmeckten nicht lecker! Doch schwerer liegen im Magen mir die Verse von Niklas Becker.« Heinrich Heine, Deutschland. Ein Wintermärchen, Kap. V, unter Anspielung auf das »Rheinlied« von Nikolaus Becker (1809–1845) aus dem Jahre 1840, das mit dem Refrain »Sie sollen ihn nicht haben, den freien, deutschen Rhein« den deutsch-französischen Gegensatz weiter anheizte.

49   Vgl. Schenda, Volk ohne Buch, hier insbes. S. 445ff. (»Bauern und Arbeiter lesen keine Bücher«).

50   Davon 32 weitere Grundbesitzer. Das an einen noch höheren Zensus gebundene passive Wahlrecht hatten gar nur drei Grundbesitzer. Wählen durften darüber hinaus noch 37 Gewerbetreibende, allerdings andere Kandidaten.

Nassau war, andererseits wird dadurch die relative Größe des Burkschen Grundbesitzes bestätigt. Auch an den Wahlen 1841 und 1846 durfte Burk teilnehmen. Da die Wahlunterlagen aus jener Zeit nur spärlich überliefert sind, ist nicht mehr feststellbar, ob er dieses Wahlrecht auch tatsächlich ausgeübt hat. In seinem Tagebuch findet sich jedenfalls kein entsprechender Vermerk. Der einzige Hinweis auf die politischen Auseinandersetzungen jener Zeit ist ein lose beigefügtes Flugblatt[51] vom Juni 1831, in welchem dazu aufgefordert wurde, für die Verwundeten der polnisch-russischen Kämpfe Verbandmaterial zu spenden. In diesem von führenden Wiesbadener Vertretern des gemäßigten Liberalismus unterzeichneten Aufruf ist die Sympathie für die aufständischen Polen unverkennbar, die sich gegen die russische Oberherrschaft wie gegen den eigenen Adel erhoben hatten. Mit dem Aufruf zur Hilfeleistung und in den wenig später zur Unterstützung emigrierter Polen gegründeten Vereinen und Komitees wurde nicht nur dem Wunsch nach der Befreiung der Polen, sondern auch dem nach Schaffung eines deutschen Nationalstaates Ausdruck verliehen.[52] In jenen Jahren war das Lied »Noch ist Polen nicht verloren« weit verbreitet. Die Unterstützung der Aufständischen fiel in Deutschland in eine Zeit intensiver politischer Auseinandersetzungen. Diese waren von der Juli-Revolution 1830 in Frankreich inspiriert, die dort das Ende der Bourbonenherrschaft und die Einführung eines »Bürgerkönigtums« gebracht hatte.

In Nassau stritt man damals heftig um jene Güter im Land, die der Herzog für sich als Domäneneigentum reklamierte.[53] Die erheblichen Einkünfte aus der Domanialverwaltung waren der Budgetkontrolle der Ständeversammlung entzogen. Auf oberster Verwaltungsebene war sie jedoch mit der Staatsverwaltung in der Person des Staatsministers Frhr. Marschall von Bieberstein vereint. Dieser Zustand führte zu heftigen Kontroversen und zu Streitschriften, die über die Grenzen Nassaus hinaus für Aufsehen sorgten. Nachdem sogar der populäre Präsident der Deputiertenversammlung, Georg Herber, wegen Majestätsbeleidigung in Haft genommen worden war, wurde der Konflikt durch die Regierung über eine verfassungswidrige Vermehrung der Herrenbank zu ihren Gunsten entschieden. Burk fand in seinen Notizen über die Jahre 1823–1836 von alledem nichts erwähnenswert.

Auch als Anfang 1848 die Zeichen auf Sturm standen, zeigte sich der mittlerweile 60jährige Burk an politischen Dingen offensichtlich kaum interes-

---

51  Jetzt StadtA NL 3/2.
52  Vgl. Wettengel, Revolution von 1848/49, S. 31.
53  Vgl. Eichler, Nassauische Parlamentsdebatten, Bd. 1, S. 139ff.

siert. Die »Hungerpest« herrsche in Oberschlesien, notierte er, und in Paris sei »wieder« Revolution, und sie erklärten sich dort »wieder« für eine freie Republik <149>. Immerhin scheint er in diesen Tagen die Einträge unmittelbar nach den Ereignissen vorzunehmen: Am 1. März vermerkte er beispielsweise mit Blick auf eine für den Folgetag einberufene Versammlung vor dem Hotel Vier Jahreszeiten sowie den in einem Flugblatt erhobenen »Forderungen der Nassauer« an den Herzog, es scheine »ein trauriges Ereignis im Entstehen zu seyn« <149>. Ebenso findet sich übrigens die Abschrift eines drei Tage später in der Stadt plakatierten Aufrufs des Sicherheits-Komitees <151>. Der Revolution, deren Verlauf in Wiesbaden in einigen weiteren Details angedeutet wird, stand er insgesamt distanziert gegenüber. Sein Bericht ist der eines unbeteiligten Dritten. Sein zusammenfassendes Urteil über die Ereignisse, vermutlich Ende 1848 oder Anfang des folgenden Jahres verfaßt, weist ihn als Konservativen aus, der die Unterordnung jeder Rechtsunsicherheit und Umwälzung deutlich vorzog: »Die Großen machten schon große Foderungen, die Armen, die nichts haben, oder besser zu sagen, die Schlechtdenkende, die ihre Habe durchgebracht hatten, wollten nichts mehr arbeiten, sondern mit ihren Nachbern theilen, unentgeldlich bey ihnen wohnen, ihr Feld und ihr ganzes Eigentum mit ihnen gemein haben« <156>.

Die Revolution von 1848 machte sich in Wiesbaden immerhin auch als Generationenkonflikt bemerkbar. Besonders deutlich wurde der Gegensatz zwischen großen Teilen der Jugend, die u.a. von dem Demokraten Graefe angeführt wurden, und der älteren, am Erhalt des Bestehenden interessierten Generation, als sich am 16. Juli 1848 auf dem heutigen Kaiser-Friedrich-Platz die ersten drei Kompanien des Aufgebots aus den 17- bis 30jährigen und die 6. und 7. Kompanie, in denen sich 31- bis 45jährige befanden, bewaffnet gegenüberstanden. Anlaß hierfür war die befohlene Verhaftung Graefes, der zugleich Hauptmann der ersten Kompanie war. Das drohende Blutbad konnte von einigen beherzten Bürgern noch rechtzeitig verhindert werden.[54]

Stärkere Beachtung als dem politischen Geschehen widmete Burk der Kirche. Hierbei konzentrierte er sich vor allem auf formale Veränderungen wie Pfarrerwechsel und Einführung neuer Gesangbücher. Er notierte auch gerne die bei

---

[54] Zur Einteilung der Volks- bzw. Bürgerwehr vgl. landesherrliches Edikt vom 11.3.1848, Verordnungsblatt des Herzogtums Nassau v. 12.3.1848. Zum »Julikrawall« vgl. die ausführliche Schilderung bei Riehl, Nassauische Chronik, S. 66ff. Die Unruhen hatten am 18. Juli den Einsatz von 2.000 Mann preußischer und österreichischer Reichstruppen in Wiesbaden zur Folge.

besonderen Anlässen im Gottesdienst gesungenen Lieder sowie die biblischen Bezugsstellen der Predigten. Seine persönliche Einstellung gegenüber Religion und Glauben wird nur in wenigen Passagen sichtbar, so bei der Schilderung des Todes seines Patenonkels 1822, dessen postmortales Lächeln er als Bestätigung dafür wertet, »daß der Menschengeist beständig fort dauert« <98>. Auch die berühmte Ausstellung des angeblich von Jesus getragenen »Heiligen Rockes« 1844 in Trier, die zum Anstoß für die Abspaltung der Deutsch-Katholiken von der katholischen Kirche wurde, notierte Burk in seinem Tagebuch. In Wiesbaden gründete sich bald darauf eine relativ große deutsch-katholische Gemeinde, die von der Regierung geduldet wurde <138>.

Nach 1849 registrierte Burk vor allem den raschen weiteren Ausbau der Stadt. Das Wetter, die Ernte und die Fruchtpreise waren für ihn als Bauern weiterhin zentrale Themen, der Restauration und der Rücknahme der Reformen von 1848/49 hingegen widmete er keine einzige Zeile.

Seine beiden Stiefkinder Catharina und Friedrich erhielten 1854 ihr väterliches Erbe und konnten nun auf eigene Rechnung wirtschaften. Nach dem Tode seiner Stieftochter im Oktober 1858 – sie war nur 30 Jahre alt geworden – nahmen Burk und seine Frau die Erbteilung zwischen dem Sohn Heinrich und dem Stiefsohn Friedrich vor.

Verschiedene Krankheiten beeinträchtigten Burk immer stärker. Schon 1821 war er von einem Karren überrollt worden und hatte einen nicht näher beschriebenen Schaden zurückbehalten <95>. Daran vermochte auch die Nutzung der Wiesbadener Badekur nichts zu ändern. Um 1833, in der Zeit der Geburt seines Sohnes, berichtet er von einer Krankheit, die ebenfalls nicht spezifiziert wird, jedoch sehr schwer gewesen zu sein scheint.[55] Es ist nicht auszuschließen, daß es sich dabei um ein Gichtleiden gehandelt haben könnte, das ihn auch 1838 befiel und für drei Monate ans Bett fesselte <113>. In den 1850er Jahren bekam Burk, mittlerweile über 60 Jahre alt, Probleme mit seinen Beinen. So klagt er 1853, daß sein Bein »wieder« offen sei <168>, und auch in den folgenden Jahren berichtet er von solchen Beschwerden, bis er 1859 resigniert feststellte, diesbezüglich sei »keine Hoffnung mehr: es wird offen bleiben« <192>.

Seit der Erbteilung hatte er nur noch den Status eines Altenteilers. Seine Krankheiten und altersbedingten Gebrechen raubten ihm sicherlich zunehmend die Schaffenskraft. So ist es nicht verwunderlich, daß auch sein Einfluß auf dem Hof immer mehr zurückging. Dieser wurde nun von dem Stiefsohn Friedrich

---

[55] Vgl. Anhang 2.

und dem Sohn Heinrich bewirtschaftet. Burks Notizen erhalten jetzt einen teils klagenden, teils resignativ-verbitterten Unterton, vor allem, wenn er die Haushaltsführung der »Jungen« und die zahlreichen neuen Verordnungen und Steuern moniert. Diese wie auch die allgemeine Teuerung empfand er nur noch als Beschwernisse willkürlicher Natur. Die mäßigen Ernteaussichten und seine Altersleiden veranlassen ihn 1858 zu der schicksalsergebenen Äußerung: »Ach, es ist alles anders geworden wie in früheren Zeiten, es wird wohl wieder gute und fruchtreiche Jahre geben, aber für mich sind keine guten Zeiten mehr zu hoffen, ich fühle meine Hinfälligkeit zu sehr« <188>.

Auch die Spannungen innerhalb der Familie scheinen ihn mehr und mehr zu bedrücken. Sein Stiefsohn Friedrich verkaufte 1860 ein Stück Land gegen den Willen der Mutter und den des Stiefvaters. Burk resigniert: »Es gehet überhaupt mit allem immer schlechter ..., alles scheint zum Verderben zu führen« <208>. Seine Gesundheit ließ immer mehr zu wünschen übrig. Auch die Einträge in das Tagebuch fielen ihm jetzt schwer. Ende 1864 vermerkte er, nun 77jährig: »Was mich anbelangt, so kann ich wegen dem Zittern und dem Alter faßt nicht mehr schreiben« <209>. Sein Verstand jedoch blieb klar, seine selbstauferlegte Chronistenpflicht erfüllte er weiterhin. Der letzte Eintrag vom 8. Februar 1866 berichtet von einem Brand, der gerade noch rechtzeitig entdeckt worden war, bevor das Haus in Flammen stand. Friedrich Ludwig Burk starb am 17. April 1866 im für damalige Verhältnisse hohen Alter von 78 Jahren, 5 Monaten und 27 Tagen.

Wenige Tage zuvor begann sich durch Bismarcks Forderung nach freien Wahlen zu einem deutschen Parlament der preußisch-österreichische Gegensatz zu verschärfen. Der Vielvölkerstaat Österreich konnte in dieser Frage nur eine ablehnende Haltung einnehmen. Ein Krieg schien unvermeidlich – und Nassau sollte sich erneut auf die falsche Seite geschlagen haben. Zwei Wochen nach der österreichischen Niederlage bei Königgrätz besetzten am 18. Juli 1866 preußische Truppen Wiesbaden. Das Herzogtum wurde zum Spielball im Machtkalkül Preußens, Frankreichs und Österreichs. Eine Unterwerfung wie im Jahre 1806, als Burk sein Tagebuch begonnen hatte, bot keinen Ausweg aus dem Dilemma. Am 31. Juli 1866 wurde die Verwaltung des Herzogtums durch den preußischen Landrat von Diest als Zivilkommissar übernommen. Die Annexion durch Preußen fand den Zuspruch zahlreicher Nassauer, darunter auch großer Teile der Wiesbadener Bevölkerung, nicht zuletzt deshalb, weil sich die nassauische Regierung in den Jahren zuvor mit ihrer antiliberalen und österreichfreundlichen Politik in einen immer stärkeren Gegensatz zu ihren eigenen Bürgern gebracht hatte. Die förmliche Annexionserklärung durch König Wilhelm I. erfolgte am 3. Oktober 1866.

Nach dem Tod von Friedrich Ludwig Burk wurde das Tagebuch von seinem Sohn Heinrich, möglicherweise auch von dem Stiefsohn Friedrich weitergeführt; jedoch haben diese Notizen nur noch nichtssagenden Charakter. Beide Nachkommen wohnten damals in der Langgasse 21, das Haus gehörte jedoch noch bis zu deren Tode der Witwe. Ende der 1870er Jahre, nachdem Marie Elisabeth Burk gestorben war, ging das Anwesen in den Besitz von Carl Renker über. Dieser hatte bereits einige Jahre zuvor den 1823 abgetrennten Teil des ursprünglichen Gehöfts übernommen. Um 1890 wurden die Grundstücksgrenzen neu gezogen und ein Bauplatz geschaffen, der von der Straßenfront des ehemals Burkschen Geländes bis zur parallel laufenden Metzgergasse (heute Wagemannstraße) reichte. Damit war die Voraussetzung für den Neubau eines schmalen, beide Straßen verbindenden Gebäudes geschaffen, in dem zunächst ein jüdisches Bekleidungsgeschäft, dann die Tapezierergenossenschaft ihr Domizil fand.[56]

Der Sohn Heinrich Burk zog sich, wohl aus gesundheitlichen Gründen, bereits in den 1870er Jahren als Privatier zurück. Der Vater hatte in seinem Tagebuch neben einigen Kinderkrankheiten bereits erwähnt, daß Heinrich 1853 wegen Untauglichkeit nicht zum Militärdienst eingezogen worden sei, auch daß er 1864 »viel Malör mit der linken Hand« gehabt habe. Heinrich Burk lebte aber in gesicherten wirtschaftlichen Verhältnissen. Er hatte vermutlich wie bereits sein Vater in den 1850er Jahren <106,132> manches Feld als Bauplatz veräußern können. Im Jahre 1867 beantragte er den Eintritt in sein angeborenes Bürgerrecht mit dem Hinweis, eine genaue Vermögensaufstellung könne wohl entfallen, da seine wirtschaftlichen Verhältnisse wohlbekannt seien. Das Motiv seines Antrags auf Bürgeraufnahme war die beabsichtigte Eheschließung mit Maria Stuber, einer Tochter des Stadtvorstehers Daniel Stuber – dessen Tod 1858 im Tagebuch vermerkt ist <190> – und Erbin eines ansehnlichen Vermögens. Sie wurde sogar als angebliche Gattin Burks in das Bürgerbuch eingetragen, doch fand die Eheschließung letztlich trotz des dritten Aufgebotes nicht statt. Die Gründe hierfür sind unbekannt. Maria Stuber blieb ledig und starb, wahrscheinlich während eines Urlaubs, 1884 in der Nähe von Genua.

Hingegen heiratete Heinrich Burk im April 1874 die 15 Jahre jüngere Caroline Frick aus Biebrich; zwischen 1875 und 1883 wurden den Eheleuten fünf Kinder geboren.[57] Nach dem Tod seiner Mutter baute er ein großes Haus in der

---

56  Tiefbauamt der Landeshauptstadt Wiesbaden, Bauakten Langgasse 17–21.
57  StadtA NL 3/3 (Familienbuch Heinrich Burk).

Rheinstraße (heute Hausnummer 95), dessen Mieteinnahmen wohl als Alterssicherheit gedacht waren. Er starb im Juni 1887 im Alter von nur 53 Jahren. Drei Jahre später verschied auch sein Stiefbruder Friedrich, der weiterhin als Landwirt tätig gewesen war und einen Hof in der Moritzstraße besessen hatte.

Während in der heutigen Langgasse 19, mitten in Wiesbadens Fußgänger- und Geschäftszone, nichts mehr an den Hof der Bauernfamilie Burk erinnert, steht das Haus in der Rheinstraße noch. Caroline Burk erlebte den Aufschwung der Stadt in der wilhelminischen Ära noch – Wiesbaden überschritt 1907 mit 100.000 Einwohnern die Grenze zur Großstadt. Ausgedehnte neue Wohngebiete entlang dem 1. Ring und zahlreiche neue, voluminöse Bauten wie Rathaus, Theater, Kurhaus, Bahnhof und Museum veränderten das Gesicht und den Charakter der Stadt grundlegend. Auch die großen Kaufhäuser im Stadtzentrum und in der Langgasse ließen das kleine, enge Landstädtchen mit kaum 2.000 Einwohnern, in das unser Tagebuchschreiber 1787 hineingeboren worden war, so fern erscheinen wie das Mittelalter. Als Caroline Burk 1912 starb, hatte Wiesbaden jedoch den Höhepunkt seiner Entwicklung als »Weltkurstadt« bereits überschritten. Über Deutschland zogen dunkle Wolken auf. Zwei Jahre später beendete der Erste Weltkrieg eine lange Periode des Friedens in Deutschland und Europa.

# Das Tagebuch Burk – erster Teil: 1806–1822

<9>[58]

## Jahr **1806**

Nach dem Friede 1805 mit dem Kaiser von Östreich und dem Kaiser Napoleon[59] überzog die französche Armee gleich mit dem Anfang des Jahres 1806 unser ganzes Land. Wir litten viel durch Einquatierung und Verpflegung, unser Fürst mußte durch Bitten sich ihnen unterwerfen und wurde im August als sovoriner Herzog und zum Rheinischen Bund erklährt.[60] Gleich nach seiner Herzogswürde erklärte sich Krieg mit Preußen, und es mußte unser Land 4 Batallion Hülfstruppen dazu geben.[61] Jetzt ward im ganzen Land gezogen, auch in Städten, die sonst frey davon wahren, wurden Rekruten gezogen, auch unser Wiesbaden sollte sein erkauftes Freyheitsrecht aufgeben und mit in Zug genommen werden. Durch vieles Wiedersprechen blieb es aber noch frey und es wurden nur die Unehliche und Beysaß-Söhne dazu genommen und maschierten im November nach Preußen.[62]

Es war ein sehr gelinder Winter, truckner Vorsommer und nasses Erndewetter, schöner Nachsommer und Herbst, gelind bis Neujahr.

---

58  S. 1–2 (Jahr 1807) folgen. S. 3 sowie S. 5–6 s. im Anhang. Die übrigen Seiten sind unbeschrieben.

59  Frieden von Preßburg am 25.12.1805.

60  Am 12.7.1806 schlossen 16 deutsche Fürsten unter dem Protektorat Napoleons in Paris den Rheinbund und erklärten darin ihre Loslösung vom Gebiet des deutschen Reiches. Die Rheinbundakte garantierte Nassau den Erhalt der Souveränität über seine Besitzungen in Deutschland und sprach Friedrich August von Nassau-Usingen den Herzogstitel zu. Vgl. Struck, Gründung des Herzogtums, S. 5ff.

61  Die Verpflichtung ergab sich aus Art. 38 der Rheinbundakte. Der Befehl zur Mobilmachung erging am 21.9.1806. Die Truppen kehrten Ende 1807 zurück und wurden am 1.1.1808 vom Herzog besichtigt und ausgezeichnet. Vgl. Wacker, Militärwesen, S. 76f.; Wagner, Kriegserlebnisse, S. 8ff.; Struck, Goethezeit, S. 5.

62  Die Militärfreiheit der Bürgersöhne wurde 1808 aufgehoben. Vgl. S. <15>; Schüler, Der erste Rekrutenzug in Wiesbaden, S. 13f.

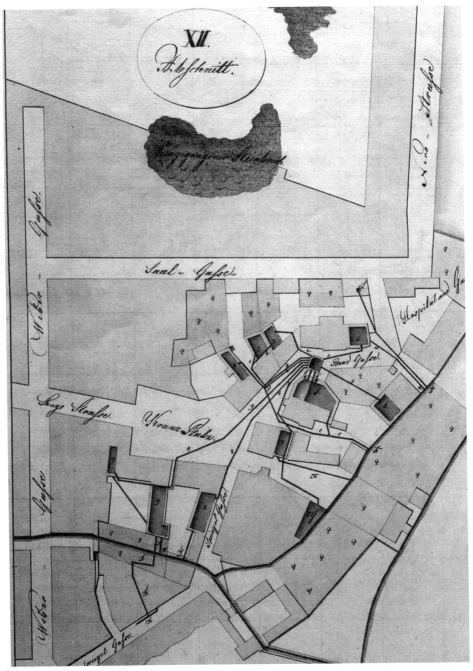

*Abb. 8: Grundriß des Gebietes zwischen Webergasse und Hospitalgarten 1812.*

<1>
Jahr **1807**

Der Winter war sehr gelind, das Frühjahr warm und feucht, der Sommer sehr heiß, der Herbst angenehm.
Die Früchte sind gut gerathen. Auch Obst so ziemlich.
Der Wiesengrund auf der Salz wird zu Äcker und Gärten gemacht. Die große herrschaftlich Wies auf der Salz hat ein Gärtner von Sachsenhausen nahmens Fetz[63] gelehnt, und legt sie zu einem Garten an, und es wird ein kleines Hauß darauf gebaut.
Es wird ein Stock auf die Schuhl gebaut.[64] In unserem Garten an der Bach die Mauer wurde im Merz neu gemacht, kostete von dem Maurer 20 Gulden Arbeitslohn, 11 Bitt Kalg[65], die Bitt 1 Gulden.
Eine neue Krippe durch den ganzen Kühstall wurde gemacht.
In diesem Sommer wurde das Salz verpächten an H[errn] Führer[66]; derselbe verkauft es jetzt pfundweis und es darf sonst keines verkauft werden, dürfen auch keine Sälzer mehr herum fahren.
Vor dem Kriminal[67] ist die Mühlbach[68] in gußerne Kennel gelegt worden.

---

63 Friedrich Fetz (1753–1822), Gärtner, seit 1814 Bürger in Wiesbaden. Am 3.11.1810 wurde sein Haus in der Vorstadt in das Brandkataster eingeschrieben. Spielmann, Wiesbaden und Bewohner, Exemplar mit handschriftlichen Erläuterungen; StadtA WI/1/179, WI/1/212.
64 Die Stadtschule neben der Kirche (Mauritiusplatz) genügte den Anforderungen der um zahlreiche Beamten vermehrten Einwohnerschaft nicht mehr. Vgl. zum Ausbau der Schule: Struck, Goethezeit, Wiesbaden 1979, S. 162.
65 Bütten Kalk.
66 Ludwig Fü(h)rer, Frankfurter Kaufmann und Spezereihändler, 1802 Aufnahme ins Wiesbadener Bürgerrecht, betrieb gemeinsam mit seinem Schwager Beck einen Spezerei- und Weinhandel. StadtA WI/1/2, WI/1/212; Struck, Goethezeit, S. 124.
67 Ehemaliges Kriminalgefängnis bzw. -gericht auf dem Michelsberg. Vgl. Struck, Goethezeit, S. 91.
68 Gemeint ist der Dendelbach, der mehrere Mühlen antrieb. Spielmann/Krake, S. 4.

<2>
1807

Der Wald wurde vertheilt, und es war in dem November der letzte Holztag in der gemeinen Markung. Wir bekamen auch nur die Hälfte unseres sonst gewöhnlichen Holzes, statt der andern Hälfte wurden alte Eichbäume angewiesen.
Der Weyher auf dem Warmen Damm wurde vertrocknet u[nd] zu Krautfeld gemacht.[69]
Die Brandkasse wurde eingeführt.[70]
Die Waisenkinder wurden aus dem Waisenhauß gethan, unter die Burger verakotiert, das Waisenhauß vermietet.[71]
In dem Herbst wurde das neue Thor mit einem Überbäuchen an unser Hauß gemacht, eine Schwelle an dem Hauß eingezogen, der Giebel nach der Gaß zu abgeschnitten u[nd] das Hauß anders repariert. Wir hatten schon im Feber eine Gluck mit Jungen, welche Jungen schon in der Ernde Eyer legten.
Zu Ende dieses Jahres wurde ein Wolf in dem Wald auf dem Trompeter[72] geschossen.

---

69  Vgl. Struck, Goethezeit, S. 115 (Trockenlegung August 1806 bis Januar 1807).
70  Durch die die Brandassekuranz-Ordnung vom 17.1.1806 wurde die Brandversicherungsanstalt zum 1.2.1807 begründet. Sammlung, Bd. 1, S. 168; Propping, Die Nassauische Brandversicherungsanstalt, Wiesbaden 1907.
71  Bereits im Februar 1804 hatte die fürstliche Waisendirektion bekannt gemacht, daß die Waisenkinder rechtschaffenen Leuten in ganz Nassau zur Kost und Erziehung anvertraut werden sollten. Hintergrund dieser Entscheidung, die dem Beispiel anderer Staaten folgte, war die Erkenntnis, daß im Waisenhaus nur eine »krüppelhafte« körperliche und moralische Bildung der Jugend möglich sei. Vgl. Struck, Goethezeit, S. 84. Die Räume des Waisenhauses nahmen nach 1810 die Staatskasse auf. Spielmann/Krake, Karte 2.
72  Berghöhe nahe der Platte.

## <11>
## 1807

Es wird Anstalt zu Erbauung des Kursaals[73] gemacht, und wird im Spätherbst Bauholz dazu gefahren.
Der Wald war bis hier her gemeinschaftlich für Stadt und Dörfer, an jedem Montag und Donnerstag war Holztag, und konnte sich ein jeder an dürrem Holz und unschädlichem Holz beholzigen, wie er wollte, auch alte Bäume konnten gehauen werden, dieselben wurden dann gering abgeschätzt und wurde für einen Karrn voll 15 Kreuzer bezahlt, gab ein Baum 6 Karrn voll, so wurde er kaum 3 Karrn taxiert. Das Klafter Holz erst um 1 Gulden 30, dann die Klafter um 3 Gulden: Die schönsten Wellen, so viel man haben wollte, erhielt man um den Macherlohn: das 100 zu 48 Kreuzer.
Der Winter war leidlich und gelind, das Frühjahr warm und feucht, der Sommer sehr warm, der Herbst angenehm.

## <12>
## 1808

Die Nassauer Soldaten, die mit gegen die Preußen standen, rückten den 1ten Jän[ner] zum Theil wieder hier ein, und wahren die mehresten voll Krätz.
Die Metzger müssen seit dem 1ten Jänne[r] ein jeder alle Sorten von Fleisch feil haben, da sie bis hier her in 4 Klassen getheilt wahren, wovon die eine Klasse 5 Metzger Ochsen, 4 Metzger Kälber, 4 Metzger Schwein u[nd] 4 Metzger Hämmel schlachteten, womit sie dann nach einigen Jahren wieder mit einander wechselten, und keinen neuen Meister mehr in ihre Zunft ließen, die Ochsen-Metzger hielten wieder mit einander, und es hatte nur immer einer von ihnen Fleisch feil, und der andere fing nicht eher an zu verkaufen, bis der erste ganz ausverkauft hatte. Sie wurden alle reich dadurch.

---

[73] Das von dem Architekten Christian Zais entworfene Kurhaus wurde in den Jahren 1808 bis 1810 erbaut. Vgl. Struck, Goethezeit, S. 107ff.; Sebald, Kurhaus, S. 113ff.

Dieses alles wurde aufgehoben, es darf jedermann schlachten, was u[nd] wie er will.[74]

Der Becker Weik[75] ist den 16ten Feber [=Februar] auf dem Weg nach Kaub entkommen und H[err] Ackermann[76] aus dem Schützenhoff hat den 19ten bey der Armenruhmühle von dem Pferd den Halz ab gestürzt.

<13>

Am 4ten Merz wurden 3 Juden, welche einen Metzger aus Höchst jämmerlich ermordet hatten, hier an dem Galgen aufgehängt, sie mußten, ob die Juden-Gemeinde gleich viel bezahlen wollte, doch bis abends den 7ten Merz hängen bleiben.[77]
Der Winter war bisher ziemlich kalt.
Es wird der Anfang gemacht, von dem Köppersteinigen Gut Acker zu verkaufen.[78]
Den Schaafen sind die Wiesen verboten, und werden Bedrän[g]ung zur gänzlichen Abschaffung gemacht.

---

[74] Durch den 1774 eingeführten »Schlachtwechsel« in einem dreijährigen Turnus wollte die Metzgerzunft ihren Mitgliedern ein relativ gleichmäßiges Auskommen sichern. Mit dem 1.1.1808 wurde die »Husarenschlacht« eingeführt, bei der jedem Metzger freistand, welches Vieh er schlachtete. Struck, Goethezeit, S. 72f.; Eichhorn, Metzgerwesen, S. 230f.

[75] Es handelt sich offenbar nicht um einen Wiesbadener Einwohner; der Name ist in den zeitgenössischen Quellen nicht nachzuweisen.

[76] Hermann Gerhard Ackermann, Gastwirt, 30 Jahre alt. Schwiegersohn des vermögenden Wiesbadener Bade- und Gastwirtes Reinhard Käßberger. Vgl. Bonnet, Nassovica, H. 1 (1930), S. 47; Spielmann, Wiesbaden und Bewohner, S. 33; HHStA 137/XI/542.

[77] Die Räuber Jekof Juda von Lindheim, genannt Schnuckel, Seligmann Hirsch von Hermannstein und David Jacob von Bunzlau waren wegen Mittäterschaft an der Ermordung des Metzgers Leicher von Höchst und an der Beraubung des Pfarrers von Sossenheim durch eine 13 Mann starke Bande verurteilt worden. Der Hehler, Israel Samuel von Bürgel, wurde zu vier Jahren Zuchthaus und zum Pranger verurteilt. Wiesbader Wochenblatt, 7.3.1808. Das Hängenlassen am Galgen wurde aus Gründen der Abschreckung häufig praktiziert, in der frühen Neuzeit zum Teil auf Monate und Jahre bis hin zur völligen Verwesung der Leichen, weshalb der Richtplatz nicht selten Rabenstein hieß.

[78] Das Koppensteinische Gut gehörte zu den herrschaftlichen Gütern, die der Herzog seit 1807 verkaufen ließ. Der Verkauf des Gutes begann am 16.3.1808. Vgl. Struck, Goethezeit, S. 51f.; Wiesbader Wochenblatt, 14.3.1808.

Im Anfang des Aprils wurde die Zahl der Einwohner und der Hunde aufgeschrieben.[79]
Das Bauen an dem Kuhrsaal gehet stark. Am 20ten noch hart gefrohren und am 22ten April hatten wir bey rauher kalter Wittrung ein Gewitter. Mit dem Anfang May bekamen wir die erste herzogliche neue kupferne Kreuzer[80]. Der Geheime Rath Thelenius[81] fängt ein Haus in der Friedrichsstraß[82] an zu bauen, die jetzige Friedrichs-Burg[83].
Erst mit dem Anfang May fängt es an, warm zu werden, und mit dem 12ten fängt das Korn an, Ähren zu bekommen.

<14>
1808

Am 22. May fängt H[err] Geheimterath Telenius an, ein neues Hauß in der Friedrichsstraß zu bauen, die jetzige Friedrichs-Burg. Deßgleichen fängt auch Friedrich Oberheim[84] ein Hauß dahin zu bauen an.
Am 22. ist ein neuer Durchzug in unserer Scheuer eingezogen worden.

---

[79] Vgl. Bevölkerungs- und Gewerbstandsliste vom April 1808, StadtA WI/1/114. Danach hatte Wiesbaden zu diesem Zeitpunkt 3.772 Einwohner.

[80] Seit 1752 wurde in Nassau das Münzrecht nicht mehr ausgeübt. Erst nach Einrichtung der Münzstätte in Ehrenbreitstein wurden 1808 zunächst Kupfermünzen, im November 1808 auch Silbermünzen geprägt. Vgl. Julius Isenbeck, Das nassauische Münzwesen, in: Nassauische Annalen 21/1889, S. 107.

[81] Gerhard Thilenius, Dr.med., Arzt, * Eddigehausen (Kreis Göttingen) 30.4.1745, + Wiesbaden 25.1.1809. 1795 und seit 1803 Badearzt in Wiesbaden, nassauischer Leibarzt und Geh. Hofrat. Renkhoff, Biographie, S. 808f.

[82] Die Friedrichstraße wurde ab 1805 abschnittsweise angelegt und zunächst als »Vorstadt« bezeichnet. Ihren Namen erhielt sie erst nach dem Tod Friedrich Augusts von Nassau 1816. Vgl. Spielmann/Krake, Karte 2.

[83] Das Haus wurde nach dem Tod von Thilenius durch die Hofkammer übernommen und 1810 fertiggestellt. Sodann wurde das Gebäude mit 5.000 Losen zu einem Brabanter Taler im ganzen Herzogtum verlost und von einer Montabaurer Gesellschaft gewonnen. Diese verkaufte das Haus an den Landkommissar Köpp, der darin den Gasthof Zur Friedrichsburg eröffnete. Vgl. Struck, Goethezeit, S. 102f.; Hildner, Wiesbadener Wohnbauten, S. 64ff. (mit Grund- und Aufriß).

[84] Joh. Friedrich Oberheim, Küfermeister und Lohnfuhrmann, Bürger seit 1772, errichtete ein Haus, das 1809 bei der Brandkasse mit 3.700 Gulden versichert wurde. StadtA WI/1/24, WI/1/29, WI/1/179, WI/1/212; HHStA 246/905 Bl. 124.

An dem 14ten May haben wir noch ein Land mit Dickwurzsaamen[85] gesäht und am 23ten Juni schon Pflanzen davon gesetzt.
Vom 10ten Juli wurde es jedermann erlaubt, als Metzger Vieh zu schlachten und Fleisch zu verkaufen.[86]
Der vertheilte Wald wird jetzt mit gehauenen und auch andern Steinen abgesteint.
Es sollten wieder Rekruten in der Stadt von den Burgers-Kinder gezogen werden, wurde aber wegen Einkommen unterlassen.
Es wird von Krieg geredet.
14. Aug[ust]. An dem Kuhrsaal ist an dem oberen Flügel, zum Glück in der 4 Uhr Stund, wo kein Arbeits-Leute daran wahren, wieder eingestürzt.

<15>
1808

Den 21ten August sind 2 Batallion Nassauer nach Spanien, wo Krieg mit Frankreich ausgebrochen.[87]
Unser Hauß nach der Gaß zu wurde verändert, neue Wände eingezogen, neue Fenster gemacht, der hohe Giebel abgeschnitten.
Am 20ten Nov[ember] war wieder wegen dem Soldaten zu ziehen aus den Söhnen hiesiger Stadt grosse Verlegenheit unter der Burgerschaft und haben sich deßhalb wieder an den Herzog gewendet.[88]

---

[85] Dickwurz = Runkelrübe.

[86] Abschaffung des Zunftzwanges (die Neuregelung vom 1.1.1808 wurde als unbefriedigend empfunden) durch Verfügung der Landesregierung vom 9.7.1808, bekannt gemacht durch die Polizeideputation vom 11.7.1808: Jeder Einwohner darf eine »Schlachterey« anfangen und Fleisch öffentlich feilhalten. Wiesbader Wochenblatt, 18.7.1808; Struck, Goethezeit, S. 73. Vgl. Anm. 74.

[87] Die Bündnisverpflichtungen Nassaus gegenüber Frankreich führten dazu, daß der Kleinstaat Napoleon Truppen gegen den Aufstand der Spanier zur Verfügung stellen mußte, die sich gegen die französische Vorherrschaft zur Wehr setzten. Das erste Regiment nassauischer Soldaten machte sich am 20. August auf den beschwerlichen, über 50tägigen Fußmarsch nach Spanien. Vgl. Wacker, Militärwesen, S. 77f.; Wagner, Kriegserlebnisse, S. 14.

[88] Vgl. Anm. 62. Vgl. Müller-Schellenberg, Körpergröße der nassauischen Soldaten, S. 235.

Im Anfang December erhielten wir die erste neue Herzogl[iche] Silbermünze in 6-Kreuzer-Stücke.
Am 16ten Dec[em]b[er] war es so weit gekommen, daß sich die Bursche hiesiger Stadt mußten messen[89] lassen, und da habe ich mir einen Attestat von H[errn] Hofrath Lehr[90] wegen meiner Brust geben lassen.[91]
Vom 25ten Dec[em]b[er] die Bursche, die noch unter 24 Jahr alt sind, sollen noch nicht zu Burger angenommen werden.[92]
Es war dieses Jahr ein rauhes und kaltes Frühjahr, besonders der April, da hat es noch hart gefrohren, und war doch ein fruchtbares und gutes Jahr. Viel Obst und Zwetschen, Früchte, Kartofflen, Dickwurz, Heu und Stroh hat es gegeben.

<16>
**1809**

Die Kalender für dieses Jahr wurden mit einem Stempel versehen und mußte dafür mehr gezahlt werden.[93]
Feber. Man spricht von Krieg gegen Östreich, die Franzosen aus Hannover[94] maschieren stark oben hinaus nach Östreich[95].

---

[89]  Gemeint ist die Musterung zum Militärdienst.
[90]  Friedrich A. Lehr, Dr.med., Arzt, * Wiesbaden 16.10.1771, + Wiesbaden 5.3.1831. 1803 Hofrat, 1808 Geh. Hofrat, 1810 Geh. Rat, 1815–1818 Obermedizinalrat, seit 1818 Badearzt. Renkhoff, Biographie, S. 454.
[91]  In der Musterungsrolle ist dazu vermerkt, Burk habe »geschwächte Eingeweide« und sei deshalb laut medizinischem Attest untauglich. StadtA WI/1/576. 1810 wird er als »zugsfähig« aufgeführt.
[92]  Im Jahr 1808 fanden die weitaus meisten Bürgerneuaufnahmen seit 1739 statt, die jetzt wohl vor allem deshalb beantragt wurden, um dem Militärdienst zu entgehen. Vgl. Weichel, Kur- und Verwaltungsstadt, S. 336.
[93]  Die Kalender mußten von jedem Haushalt gekauft werden und wurden durch den »Stempel« mit einer Sondersteuer belegt. Der Zwangsverkauf wurde auch bei jenen Familien durchgesetzt, in denen niemand des Lesens mächtig war. Das geringe Steuerergebnis (1812: 2650 Gulden im gesamten Herzogtum) stand in keinem Verhältnis zu diesem Vorgehen. Der Kalenderstempel wurde durch Verordnung vom 9./11.12.1815 wieder aufgehoben. Merker, Steuerreform, S. 83ff.; Sammlung, Bd. 1, S. 337.
[94]  Gemeint ist das mit dem englischen Königshaus in Personalunion verbundene Königreich Hannover, das seit 1803 von französischen Truppen besetzt war und teilweise

Das Frohnen unter den Befuhrten in der Stadt durch die neue Anlagen[96] gehet jetzt stark.

Febr[uar]. Der alte Herrngarten[97] vor dem Sonnenbergerthor wird zum Theil hinweg gemacht.

Am 14ten Feber abends um 8 Uhr auf Fastnacht hatten wir 2 Gewitter, das eine zog über dem Rhein, das andere über dem Wald.

In der Nerostraaß wird stark gebaut.[98]

Merz. Die Stadt mußte die erste 4 Mann Soldaten in das Feld stellen, ließen aber noch nicht die Bürgers-Kinder spielen[99], sondern stellten 4 Mann für Geld. Den Lorenz Zollinger[100], Vinzens Roos[101], Friedrich Dehn[102] und den Seewald[103], wovon jeder 300 Gulden 1 Großen Thaler bekam.

Jeder Bursch, der jetzt heuratete und nicht Soldat war, muß von seinem Vermögen

---

      dem neugegründeten und von Napoleons Bruder, Jérôme Bonaparte, regierten Königreich Westphalen angegliedert worden war.

95    Bei dem Truppenaufmarsch handelt es sich um die Vorbereitungen Napoleons für den Krieg gegen Österreich, der sich bereits seit Ende 1808 abzuzeichnen begann. Der Krieg endete nach Anfangserfolgen der Österreicher mit dem Sieg Napoleons und dem Frieden von Wien am 14.10.1809.

96    Kurhausanlagen, insbes. Allee vom Sonnenberger Tor zum Kurhaus. Vgl. Struck, Goethezeit, S. 114.

97    Gemeint ist der 1776 angelegte Neue Herrngarten (im Gegensatz zum Alten Herrngarten von 1688 an der heutigen Friedrichstraße). Vgl. Spielmann/Krake, S. 5.

98    Die Nerostraße war die erste Straße des heutigen Bergkirchenviertels. Hier bauten vor allem Handwerker mit nur geringem Vermögen.

99    Gemeint ist auslosen.

100   Georg Lorenz Zollinger, Dreher, * 17.11.1785, wird in der Konskriptionsliste von 1808 als Freiwilliger aufgeführt, 1810 als Soldat beim 1. Regiment. StadtA WI/1/576.

101   Vincenz Roos, Schneider, * 1788 »im Österreichischen«, 1813 Bürger Wiesbaden, + Wiesbaden 26.12.1816. StadtA WI/1/212, WI/1/1134.

102   Johann Friedrich Dehn, Tagelöhner, * 22.9.1792, + Wiesbaden 7.5.1838. Er wurde vom aktiven Militärdienst jedoch zurückgestellt, weil sein einziger Bruder, Philipp Peter Dehn, bereits in Spanien stand. StadtA WI/1/576, WI/BA/1505, WI/BA/1507.

103   Philipp Conrad Seewald, * 26.10.1784, erscheint in der Konskriptionsliste der Beisassensöhne und Spuriorum 1808 als Müllerlehrling. StadtA WI/1/1134.

<17>
1809

von jedem 100 5 Gulden abgeben.
Es werden die Landjäger errichtet.[104]
Es war dieses Jahr ein sehr schöner Merz, es fängt schon alles an zu grünen und zu wachsen.
April. Das 1te Regiment Nassau maschierte den 8ten nach Ostreich.[105]
Es wird gesprochen, daß eine Veränderung in den Abgaben gemacht werde, und eine neue Versteuerung der Felder und den Gewerben gemacht werde.[106]
Der April war nicht wie der Merz, sondern kalt.
May. Es sind in der Nerostraß von den ersten Häuser aufgeschlagen[107] worden.
Es sind große Wiedersprüche gegen die Schaafe und sollen gänzlich abgeschafft werden, mußten auch den 18ten May aus dem Feld, durch Einkommen der Schaafbesitzer gingen sie den 20ten wieder hinaus.
28ter May. Die Ortschaften Bierstadt und Erbenheim werden hart exuqu[ie]rt[108], weil sie die neue Steuer nicht annehmen wollen.
Juni den 4ten, morgens bey Tagesanbruch, sind 5 Bürger von Bierstadt wegen dem Wiedersprechen gegen die neue Steuer hierher in das Kriminal gesetzt worden.

---

[104] Verordnung vom 4.12.1808 über »Die Errichtung der Landjägerregimenter«, u.a. damit »der Dienst im Land beim Ausmarsch unserer Feldtruppen hinlänglich versehen werden kann«. Vgl. Sammlung, Bd. 1, S. 112.

[105] Hilfstruppen für die französische Armee während das französisch-österreichischen Krieges. Vgl. Anm. 95.

[106] »Die Gleichheit der Abgaben und Einführung eines directen Steuersystems in dem Herzogthum Nassau«. Verordnung vom 10./14.2.1809. Vgl. Sammlung, Bd. 1, S. 228–262.

[107] Gemeint ist die Errichtung der Holzteile des Hauses, also der Fachwerkteile und des Daches. Zu den ersten Häusern in der Nerostraße vgl. Hildner, Wiesbadener Wohnbauten, S. 89.

[108] Meint »exequiert«, also der Vollstreckung bzw. Zwangsbeitreibung unterworfen.

<18>
1809

Den 10ten deßgleichen 2 Bürger aus Rambach und 2 von Naurod, weil sie die Abschätzung ihres Feldes nicht annehmen wollten[109], wurden sie in das Kriminal gebracht.
12. Juni. Es stehet unbeschreiblich schöner Klee auf dem Feld.
Juli. Es gehen jetzt täglich 4 Mann aus der Stadt auf den Felder herum, dasselbe abzuschätzen und in Klassen zu legen.
Auf Flörßheim wurde Excution wegen der neuen Steuer gelegt[110].
Sept[ember]. Die Stadt sucht ihr Freyheitsrecht wieder zu erhalten, und hebt von jedem Bürger 16 Kreuzer für Subliken auf.[111]
Die Nachtwächter dürfen die Uhr nicht mehr abblasen, sondern nur ausrufen.
Okt[ober]. Heute, den 8ten, hat der H[err] Pfarrer Handel[112] seine Abschieds-Predigt gethan; das Lied 478 des Gesangbuches, der Text Ephesser das 4te Kap[itel] V[ers] 22 bis 28.
Mit Östreich ist es wieder Friede.[113]

<19>
1809

November. Der Joh[ann] Heinrich[114] ist zu den Landjäger gekommen.

---

[109] Nach § 50 der Steuerverordnung (s. Anm. 106) wurde der Wert überwiegend aufgrund von Kauf- und Pachtverträgen der vergangenen zehn Jahre durch vereidigte Schätzer aufgenommen. Nach den verschiedenen Kulturarten unterschied man mehrere Klassen von Grundstücken.

[110] Folgt als begonnener neuer Absatz: »und ich«.

[111] Der Stadtrat versuchte wiederholt, aber vergeblich, u.a. auf dem Gerichtsweg, die Gültigkeit der alten Privilegien, insbesondere das der Befreiung der Bürger vom Militärdienst, wiederherzustellen. Vgl. Weichel, Kur- und Verwaltungsstadt, S. 336f.

[112] Friedrich Christian Handel, * Wiesbaden 27.3.1763, + Biebrich 26.11.1856. Pfarrer in Wiesbaden, seit 1809 in Mosbach-Biebrich, 1837 Geh. Kirchenrat. Renkhoff, Biographie, S. 272.

[113] Frieden von Schönbrunn.

[114] Der Bruder von Friedrich Ludwig Burk, Johann Henrich Burk, Landmann, * Wiesbaden 5.1.1790, + ebd. 6.4.1855.

Es werden Plaane zu einer neuen Causee [=Chaussee] über Erbenheim nach Frankfurt gemacht.[115]
Heute, den 19ten Nov[ember] hat H[err] Pfarre Heidenreich[116] seine Eintritts-Predigt gethan; sein Text steht Röm[er] 15 V[ers] 19 bis Ende des Kapitels. Lieder sind 538 und 236.
Der Kanditat Krim[117] von Erbenheim ist eingeweiht und dem Inspektor Koch[118] zum Gehülf beygesetzt.
Den 10ten Dec[em]b[er] wurde ein Friedefest gefeiert, die Predigt hat H[err] Pfarre Heidnereich gethan; der vorgeschriebene Text stehet Jeremia 29 V[ers] 11 b[is] 14, gesungen wurde das Lied 547.
Den 13ten habe ich das Fäßche Honig von Walauf [= Walluf] dem Apodeker Lade[119] gefahren.
Wir stehen jetzt am Ende des Jahres, wer hätte es bey dem Anfang desselben denken sollen, daß in demselben der Grund von einer so nie erhörten Last von Abgaben würde gelegt werden.
Der Holzpreis stieg schon hoch, die Klafter 10 Gulden.
Die Früchte sind ziemlich gerathen, aber wenig Obst hat es gegeben.

---

[115] 1808 wurde eine Wege- und Uferbau-Direktion eingesetzt, die das Landstraßensystem verbessern sollte. Der Ausbau der Neuen Frankfurter Straße, der hier angesprochen wird, erfolgte in den Jahren 1808 bis 1813. Vgl. Spielmann/Krake, Karte 2.

[116] August Ludwig Christian Heydenreich, * Wiesbaden 25.7.1773, + ebd. 26.9.1858. Heydenreich war von 1809 bis 1813 Pfarrer in Wiesbaden und wurde dann versetzt. 1837 kehrte er als nassauischer Landesbischof nach Wiesbaden zurück. Er war eine das Kirchenwesen prägende Persönlichkeit, u.a. schuf er die bis 1947 in Nassau gültige Liturgie. Renkhoff, Biographie, S. 319; Struck, Goethezeit, S. 151.

[117] Der Kandidat Henrich Ludwig Grimm wurde am 22.11.1809 zum Assistenten und Vikar bestimmt. Vgl. Struck, Goethezeit, S. 150.

[118] Johann Christian Koch, * Idstein 2.9.1738, + Wiesbaden 26.3.1810. Koch wurde am 12.9.1809 zum Superintendenten über alle Lutheraner des Herzogtums ernannt. Vgl. Struck, Goethezeit, S. 150.

[119] Johann August Lade, Dr. phil., * Wiesbaden 12.12.1781, + ebd. 18.7.1839, Hof- und Amtsapotheker, Stadtrat, Medizinalassessor. Lade übernahm am 1.12.1808 die bis 1813 einzige Apotheke Wiesbadens. Renkhoff, Biographie, S. 441; Struck, Goethezeit, S. 90; Deutsches Geschlechterbuch 49, 1926, S. 218.

*Abb. 9: Landesbischof Heydenreich (1773–1858).*

<21>[120]
# 1810

Jän[ner] den 14ten. Das erste Regiment Nassau, das in Östreich gestanden, gehet bey Mannheim über den Rhein und maschieret nach Spanien. Es wird an der neuen Causse [= Chaussee] nach Erbenheim angefangen, wird alles auf der Frohn gefahren und gearbeitet.
Den 10ten Febr[uar] wurde zum allerersten Mal unter den Burgers-Söhnen mit zu den Soldaten gespielt[121], wovon die Stadt 4 Mann geben soll.
Den 3ten May ist zum allerersten Mal in dem Kursaal gespeist worden.[122]
Von dem 29ten auf den 30ten May sind Bohnen und Kartofflen verfrohren.
Den 23ten Sept[ember] hat der Kanditat Krim[123] seine Abschiedspredig gethan.
Okt[ober] den 7ten hat H[err] General-Suprident Müller[124] von Weilburg seine Eintritts-Predig gethan; sein Text steht Römer 15 V[ers] 29, seine Lieder 233, 538.
Es werden grosse Abgaben auf ausländische Waaren gelegt.
Nov[ember] den 23ten u[nd] 24ten wurde viele englische Waare auf dem hiesigen Markplatz verbrannt. Deßgleichen noch mehrmalen im December verbrannt.[125]


<22>
1810

Die Nachtwächter blasen wieder die Uhr.

---

[120] Seite 20 ist unbeschrieben.
[121] D.h. die Lose gezogen.
[122] Die Eröffnung der Nebengebäude mit Speise-, Spiel- und Kaffeesälen erfolgte am 31.5., des Großen Saales am 1.7. Vgl. Struck, Goethezeit, S. 112; Sebald, Kurhaus, S. 120; Müller-Werth, Geschichte und Kommunalpolitik, S. 84.
[123] Vgl. Anm. 117.
[124] Georg Emanuel Christian Müller, * Löhnberg 18.7.1766, + Wiesbaden 10.12.1836. Müller wurde im September zum Superintendenten im Herzogtum ernannt. Renkhoff, Biographie, S. 529; Struck, Goethezeit, S. 150f.
[125] Die seit 1807 bestehende Kontinentalsperre wurde im Oktober 1810 von Napoleon wesentlich verschärft. Vgl. Struck, Goethezeit, S. 79.

Die Thoren der Stadt werden abgebrochen.[126] Es wurden dieses Jahr mehrere Häußer in der unteren Friedrichsstraß und noch mehr in der Nerostraß gebaut.
Es ist alles ziemlich gut gerathen, nur wenig Obst hat es gegeben.
Der Krieg in Spanien dauerte fort.


<24>[127]
## 1811

Jän[ner]. Das Neue Thor an der Stadt bey dem Waisenhauß wird abgebrochen.[128] Auf unserem Stück Acker auf der Altbach wird angefangen, Kieß zu graben, derselbe wird in die Wege vor das Kursaal gefahren.
Den 19ten Jän[ner] war ich wegen Auseinandersetzung unserer Güter wegen der neuen Steuer auf dem Rathhauß.
In der unteren Friedrichsstraß wird jedem Befuhrten ein Stück abgeplöckt, um Pflästersteine auf der Frohn dahin zu fahren.
Man vermutet einen neuen Krieg mit Russland.
Die Wittrung war im Jän[ner] abwechselnd, nicht hart kalt.
Feb[ruar] den 10ten sind wieder 280 Mann Nassauer nach Spanien.[129]
2 alte Zügelhütten und die Häffnerhütten[130] vor dem Sonneberger Thor werden weggebrochen und werden in die Nerostraaß gebaut.
Den 26ten. Auf Fastnacht hatte ich den mühsamen Gang nach einem Ochse gethan, wo ich nachts 11 Uhr wegen dem großen Dreck erst nach Hauß kam, die große feuriche Kugelen fliegen sahe und unten am Bier-

---

[126] Bis Anfang des 19. Jahrhunderts war Wiesbaden noch eine mit Stadtmauer und Toren befestigte Stadt. Militärisch hatte jedoch diese Befestigung ihren Sinn verloren und behinderte den Ausbau der Stadt. Vgl. Spielmann/Krake, Karte 3. Der Abbruch der Tore erfolgte sukzessiv in den Jahren 1811–1817.
[127] Seite 23 ist unbeschrieben.
[128] Vgl. Spielmann/Krake, Karte 3.
[129] Die Truppen mußten wegen der hohen Verluste ständig ergänzt werden. 62 Prozent der in Spanien eingesetzten Soldaten wurden getötet oder verwundet, starben an Krankheiten oder wurden als vermißt gemeldet. Die beiden Infanterieregimenter und die Reiterei verloren insgesamt 4.091 Mann, deutlich mehr als der übliche Personalbestand der eingesetzten Truppen. Dies entsprach immerhin mehr als 1 Prozent der nassauischen Bevölkerung. Vgl. Wacker, Militärwesen, S. 80.
[130] Häfner = Töpfer.

stadterweg obig der Pletzmühl die 2 Trukfacklen[131] in Männergestalt sahe, die sich einander entsetzlich schlugen, daß ganze Funken davon flogen.
Die Wittrung war ziemlich gelind.

<25>
1811

Merz. Es wird schon von den Ziegehhütten [sic!] in der Nerostraß aufgeschlagen.
17ten. Wir haben 1 1/8 Ruth Pflästersteine auf 1 Paar Ochse auf der Frohn zu dem Pflaster in die untere Friedrichsstraaß gefahren, die Steine mußten in dem Wald auf dem Schläferskopf geholt oder sonst, wo der Befuhrte taugliche Steine hernehmen konnte, herbey geschafft werden. Auch der Sand dazu wird auf der Frohn vom Heßler, von Moßbach und sonstwo dazu herbey gefahren.
Es kommen viele verkrüppelte Soldaten aus Spanien.
Die Wittrung durch den Merz war sehr schön.
Apr[il]. Die Bach[132], die bisher offen durch die untere Webergaß floß, wird mit Diehl zugelegt.
2ter. Schwarzdorn und Kirschen blühen.
14ter. Bierbäume und Schlagsaame[133] blühen.
21ter. Apfelbäume blühen.[134]
28ter. Der Weyher hinter dem Kursaal ist zum erste Mal mit Wasser gefüllt worden.
Die Wittrung war im April schön.

---

[131] Trugfackel: (hessisch für) Irrlicht. Grimm, Wörterbuch.
[132] Fortsetzung des Mühlgrabens. Vgl. Spielmann/Krake, S. 4f.
[133] Schlagsamen = Leinsamen; Leinanbau erfolgt zur Gewinnung von Öl und Flachs.
[134] Folgt zentriert und unterstrichen: »Das Gekr«.

May den 6ten[135] ist wieder hier gezogen worden, der Jo[hann] Fr[iedrich][136] hat N[ummer] 16.[137]
Es werden verschiedne Häuser in der Nerostraß gebaut.
19ter. Die Schaaf wurden geschohren.
Die Salzbach, wo die Erbenheimerchaussee[138] durch geht, wird zugewölbt.
Die Wittrung war im May sehr schön.
Juni den 2ten. Die Trauben blühen. Der Schlagsaame ist zeitig.

<26>
1811

Juni den 12ten/14ten wird schon Heugraß gemäht.
Der Stadtamtmann Ebel[139] und Ph[ilipp] Traub[140] bauen in die untere Friedrichsstraaß, der Traub läßt aufschlagen.
30ter. Das Korn ist zeitig. Die Wittrung war im Juni warm.

---

135 Statt gestrichen: »16te«(?).
136 Der Bruder von Friedrich Ludwig Burk, Johann Friedrich Burk, Ackermann, * Wiesbaden 22.8.1785, + Wiesbaden 3.8.1828. Seine Witwe Marie Elisabeth geb. Maxeiner heiratete am 5.5.1833 den Tagebuchschreiber.
137 Auslosung zum Militärdienst, bei welcher aber der Bruder vermutlich nicht dienstpflichtig wurde.
138 Heute: Frankfurter Straße.
139 Christian Philipp Ebel, Advokat und Stadtamtmann, später Oberappellationsgerichtsprokurator, * Saarwerden 11.10.1782, + Wiesbaden 27.1.1859. Das Haus wurde am 16.11.1811 mit einem Wert von 4.080 Gulden in das Brandkataster eingeschrieben. Vgl. Herrmann, Gräberbuch, S. 127; Spielmann, Wiesbaden und Bewohner, S. 61; StadtA WI/1/24, WI/1/179.
140 Georg Philipp Traub, 1796, aus Igstadt kommend, eingebürgert. Das Haus wurde am 16.11.1811 mit einem Wert von 4.600 Gulden im Brandkataster eingeschrieben. StadtA WI/1/2, WI/1/24, WI/1/179, WI/1/212; Spielmann, Wiesbaden und Bewohner, S. 61.

Juli. Dem Gottfried Hahn[141], Ziegler Rizel[142], Balthaser Schlink[143] ihre Häußer in der Nerostraß werden aufgeschlagen.
14ter. Wir hatten sehr warme Tage, die Hitze war 7 Grad größer als nur je noch gedacht werden konnte.
20. auf den 21ten schwere Gewitter mit Hagel und großer Überschwemmung, das Wasser trang bis in das Kuhrsaal.
21ter. Der Weiz ist zeitig und wird eingeärndet, die Wittrung ist wieder schön.
August den 4ten. Wir hatten regnerische Tage, und konnte die ganze Woche nichts geärndet werden. Die Gerst fängt an zu wachsen und mußte zum Theil gewendet werden.
9ter. Aus den Burschen, die am 16ten May gespielt, sollen jetzt heraus genommen werden, befinden sich aber die mehrsten untauglich.
Die Wittrung stellte sich wieder, und brachten bis den 18ten Gerst und Hafer nach Hauß.

<27>
1811

Die neue Chaussee nach Erbenheim[144] wird jetzt von der Stadt an mit Kieß überfahren.
Den 26ten sind die Weinberge zugethan worden.
Die Wittrung war bis Ende schön und gut.

---

[141] Gottfried Hahn, Ackersmann, baute 1811 in der Nerostraße eine Hofraite im Wert von 3.000 Gulden. StadtA WI/1/24, WI/1/179.
[142] Vermutlich der Ziegler Johann Gottfried Ritzel, + Wiesbaden 1.2.1814, der 1811 seine alte Ziegelei versteigerte und in der Nerostraße eine »Ziegelfabrik« mit zwei Gehilfen betrieb. StadtA WI/1/24, WI/1/179. Die Ziegelbrennereien vor dem Sonnenberger Tor mußten dem Bau des neuen Kurhauses weichen. Vgl. Struck, Goethezeit, S. 115.
[143] Der Taglöhner Johann Balthasar Schlinck, + 14.9.1840 im Alter von 77 Jahren, errichtete 1811 in der Nerostraße ein kleines Haus im Wert von 900 fl. StadtA WI/1/2, WI/1/24, WI/1/179.
[144] Vgl. Anm. 115.

Sept[ember]. Auf die Waldmühl wird ein Saal gebaut.[145] Die Leute fangen an, Obst und Nüsse abzumachen.
8ter. Es läßt sich nach dem Wald zu über den Geißberg hin ein Kometstern sehen.
15ter. Es werden die Kartofflen ausgemacht.
29ter. Diese Woche ist die allererste neue Gewerbsteuer erhoben worden.[146]
Okt[ober]. Den 8ten Okt[ober] war Herbst- oder Weinlese. Der Wein ist dieses Jahr vorzüglich gut und hat auch ziemlich viel gegeben.
Die Wittrung ist immer schön.
Nov[ember] den 15ten sind wieder 500 Mann Nassauerrekruten zu der Armee nach Spanien abmaschhiert [sic!].
Es werden jetzt zu beiden Seiten der neuen Chaussee nach Erbenheim junge Obstbäume gesetzt, welche von Gärtner gesetzt werden, wofür jeder Gutsbesitzer, für das Stämmche, den Pfahl und zu setze, 3[147] Kreuzer bezahlen muß.
Hinter dem Kursaal wird die Anlage angelegt.
Dec[em]b[er]. Der Wald wird geschätzt und soll in die Steuer gelegt werden.

<28>
1811

Dec[em]b[er] den 15ten ist die allererste Grundsteuer gegefodert[sic!] und gehoben worden.[148]
Bis hierher noch immer schöne Wittrung.

---

[145] Gemeint ist die Walkmühle nördlich der heutigen Albrecht-Dürer-Anlagen, im 19. Jahrhundert ein beliebtes Ausflugsziel. Die Walkmühle hatte 1808 die Gastwirtschaftsgerechtsame erhalten. 1811 wurde sie von der Witwe Lenzhaner für 6150 Gulden gekauft; die neue Eigentümerin ließ für 8000 Gulden den hier erwähnten Tanzsaal bauen. Ebhardt, Geschichte, S. 192; Marianne Fischer-Dyck, Geschichten aus dem alten Wiesbaden, in: Wiesbadener Leben 11/1977, S. 16f.; Nassauer Volksblatt vom 9.2.1935.
[146] Vgl. Merker, Steuerreform, S. 131.
[147] In Blei nachgetragen.
[148] Vgl. Merker, Steuerreform, S. 131.

Der Herzog hat viele Weihnachtsverschenkungen gemacht. An den Minister[149] den Bierstadter Hof nebst den Gütern auf dem Felde. An den Vigelius[150] das Nonne hofgebäude[151]. Dem General[152] und sonst noch Verschiednen.
Es ist dieses Jahr alles ziemlich gut gerathen, besonders der Wein, und viele und gute Zwetschen, auch anderes gutes Obst.
Alles war früher und besser wie sonst.


<29>
**1812**

Jän[ner] den 13ten haben wir die Windmühl von dem Gerber Michel[153] auf 1/4 Kühfleisch und die Kühhaut von 47 Pfund getauscht, gibt derselbe 3 Gulden noch an Geld und einen Pelz, nach der Berechnung kommt die Mühl 13 Gulden.
Es sind wieder 4 Mann aus der Stadt zu Soldaten genommen worden.
Den 19ten. Man spricht von neuem Krieg gegen Rußland.

---

[149] Ernst Frhr. Marschall von Bieberstein, * Wallerstein 2.8.1770, + Wiesbaden 22.1.1834. 1809–1834 alleiniger Staatsminister und – neben Regierungspräsident Karl Ibell (1780–1834) – dominierender Politiker und Reformer des Herzogtums Nassau. Renkhoff, Biographie, S. 494.

[150] Ludwig Christian Vigelius, * Wiesbaden 18.4.1765, + ebd. 31.1.1816. 1802 Regierungsrat, 1803 Direktor der Militärdeputation, 1805 Geh. Regierungsrat, 1806 Wirkl. Geh. Rat, 1809 Generalsteuerdirektor, 1813 Generaldirektor der direkten Steuern, 1815 Präsident der Generalsteuerdirektion und Mitglied des Staatsrates. Vgl. Herrmann, Gräberbuch, S. 10f.; Treichel, Primat der Bürokratie, S. 52.

[151] Nonnenhof, Besitz des Klosters Tiefenthal, 1803 säkularisiert. Spielmann, Wiesbaden und Bewohner, S. 25.

[152] August Heinrich Ernst Frhr. von Kruse, * Wiesbaden 5.11.1779, + ebd. 30.1.1848. Kruse befehligte die Nassauischen Truppen im spanischen Bürgerkrieg und gilt als Reorganisator des Nassauischen Militärwesens. Renkhoff, Biographie, S. 433; Wacker, Militärwesen, S. 77f.

[153] Vermutlich der Gerbermeister Johann Philipp Michel (+ Februar 1814) oder dessen Sohn und Geschäftsnachfolger, der spätere Ratsherr Christian Michel. StadtA WI/1/24, WI/1/29, WI/1/181, HHStA 246/893 Bl. 403ff.

Den 20ten ist unser Krautacker hinter dem Spithal[154], den 22ten das auf dem Warmen Damm und das forterste auf der Salz zu Bauplätze und Gärten hinweggefallen.
Feb[ruar] den 20ten habe ich zum allererstenmal geschröft.[155] In der Nerostraße werden verschiedne Häußer angefangen.
Apr[il] den 5ten. Auf die katholische Kirche ist ein Türmchen aufgeschlagen worden.[156]
Wir machen jetzt unsere junge Stiere jochbändig und spannen dieselbe an.
Den 12ten sind wieder bey 700 Mann Rekruten nach Spanien zu der Armee maschiert.

<30>
1812

Apr[il] den 17ten haben wir vor einen Theil von dem Acker hinter dem Spithal vor Bauplätze 312 Gulden 39 Kreuzer, 10 Gulden vor den Baum, bezahlt bekommen.
Den 26ten. Dem Elmer[157] sein Hauß auf unserem Acker in der Nerostraß und daselbst noch verschiedne Häußer wurden aufgeschlagen.
May 3ter. Der Fruchtpreis ist sehr hoch gestiegen, das Malter Korn kostet 12 bis 13 Gulde. Das Malter Weiz, 170 Pfund, kostet 21 bis 23 Gulden.
Den 10ten. Das Korn fängt jetzt an, Ahren zu bekommen.

---

[154] Gemeint ist das alte Hospital, das sich am östlichen Rand des Kranzplatzes befand. Das Baugebiet dahinter war die Nerostraße.

[155] Schröpfen = Blutentziehung durch Aufsetzen von zuvor erwärmten Glaszylindern auf die Haut.

[156] Mit Konzessionsurkunde vom 12.4.1800 wurde den Wiesbadener Katholiken, die bis dahin den Gottesdienst in Frauenstein besuchen mußten, die Errichtung eines »Bethauses ohne Turm« gestattet. Die Behelfskirche wurde im November 1801 in einem Saalbau des Gasthauses Zum Rappen, heute Café Maldaner, eingerichtet. Das hier angesprochene Türmchen mit einem Meßglöckchen wurde im Herbst 1811 vom säkularisierten Kloster Tiefenthal nach Wiesbaden gebracht. Die Behelfskirche wurde erst 1849 von der Pfarrkirche St. Bonifatius abgelöst. Czysz, St. Bonifatius, S. 3; Struck, Goethezeit, S. 140f., S. 144ff.

[157] Johann Georg Adam Ellmer aus Saalfeld, Schuhmachermeister, Bürger seit 1798, + 17.8.1837 im Alter von 67 Jahren, errichtete in der Nerostraße ein kleines Haus im Wert von etwa 1.800 Gulden. StadtA WI/1/2, WI/1/24, WI/1/29, WI/1/212; HHStA 212/12082.

Der Französche Kaiser macht mit einer Armee nach Rußland und ist diese Woche über den Rhein.
Den 24ten. Die Nacht war so kalt, daß die Bohne und Kartofflen auf dem Felde verfrohren sind.
Den 27ten ist das Krautstück auf dem Warmen Damm bezahlt worden mit 219 Gulden 48 Kreuzer.


<31>
1812

May 31ter. Verschiedne Häußer in der untern Friedrichsstraß, auch das vortere Hauß an der Pletzmühl wurden aufgeschlagen. Vor dem Sonneberger Thor der Nassauerhof[158] und gegenüber das Zaißische Hauß[159] werden gebaut.
Juni den 1ten. Noch den Acker an dem Bierstadterweg mit Gerst gesäht.
Den 27ten hat sich die eine Prinsez[160] zu Biebrich versäuft, sie war tiefsinnig.
Die Frucht ist wieder abgeschlagen.
Juli den 14ten hat sich der Jud Mayer in dem Schneider Todt seinem Hauß aufgehengt.[161]
Den 30ten haben wir das erste Korn heimbracht.

---

[158] Der Bauplatz für das Gasthaus Zum Nassauer Hof war im März 1812 bewilligt worden; die Bauarbeiten zogen sich mehrere Jahre hin. Vgl. Struck, Goethezeit, S. 118.
[159] Das Wohnhaus von Christian Zais (vgl. Anm. 289) wurde bis Anfang Oktober 1812 fertiggestellt. Vgl. Struck, Goethezeit, S. 118.
[160] Luise Prinzessin von Nassau-Usingen, Tochter von Friedrich August, * 18.7.1782, + 27.6.1812.
[161] Wilhelm Todt, Schneider und Bürger seit 1784, besaß ein Haus in der Langgasse. 1811 wohnte im gleichen Haus als Mieter ein Johann Henrich Mayer, Schuhmacher, 1813 wird dessen Witwe genannt. Henrich Mayer war aber bereits 1779 in das Bürgerrecht aufgenommen worden, kann mithin nicht mosaischen Glaubens, sondern allenfalls konvertiert gewesen sein. StadtA WI/1/24, WI/1/25, WI/1/212.

August den 23ten. Es wurde eine starke Summe Geld zu der Unterhaltung der Laternen gefodert; wir mußten zu unserem Theil 22 Gulden bezahlen.[162]

Okt[ober] 3ter. Es wird von Erbauung einer Kaserne gesprochen.[163]

<32>
1812

Okt[ober] den 10ten wurde ein Siegesfest gefeuret wegen grossen Siegen der Franzosen in Rußland[164], des Abends wurden die Hauptstraßen der Stadt iliminirt.[165] Der Herzog, seine Gemahlin und Prinßessin und die ganze Dienerschaft waren in der hiesigen Kirche, die obere Lehnen der Kirche wurden zur Fürsorge wegen den vielen Menschen noch gesprießt[166].
Den 17ten. Den Nachrichten nach sind die Franzose in Spanien geschlagen und reteriren.[167]
Den 28ten war Herbst, der Wein ist schlecht.

---

[162] Nachdem schon 1795 und 1800 einige wenige Laternen aufgestellt worden waren, wurde in Wiesbaden eine generelle Straßenbeleuchtung durch Regierungsdekret vom 18.4.1804 in Wiesbaden eingeführt. Die hohe Belastung der Bürgerschaft mit 4.081 Gulden im Jahr 1812 führte zu Beschwerden, woraufhin die Kosten u.a. durch eine Gewerbesteuerumlage bestritten wurden. Vgl. Struck, Goethezeit, S. 131.

[163] Die Soldaten waren zuvor auf Dauer bei den Bürgern einquartiert gewesen. Dies hatte zu ständigen Zwistigkeiten geführt. Deshalb zahlte die Stadt sogar 8.000 Gulden für den Kasernenbau hinzu, um diesen unerträglichen Zustand endlich zu beenden. Vgl. Struck, Goethezeit, S. 128f.; Schüler, Kleinstädtische Verhältnisse, S. 26.

[164] Schlacht bei Borodino am 7.9.1812, Besetzung Moskaus am 14.9.1812.

[165] Auf Druck der französischen Regierung wurde in Nassau für den 11. Oktober ein Dankesfest für das andauernde Waffenglück der französischen Truppen in Rußland abgehalten. Die Datumsangabe Burks (10. Okt.) ist möglicherweise korrekt, da eine Illumination der Stadt angeordnet war, welche eventuell am Abend vor dem Fest stattfand. Vgl. Struck, Goethezeit, S. 8f.

[166] Sprießen = stützen, verstärken.

[167] Wellington schlug mit dem englischen Expeditonsherr und den ihm unterstellten spanischen Truppen im Sommer 1812 die französischen Truppen mehrfach und konnte im August in Madrid einziehen. Die Stadt mußte aber angesichts der überlegenen französischen Truppen bald wieder aufgegeben werden. Die Gerüchte, die Burk hörte, beziehen sich wahrscheinlich auf diese Ereignise im Spätsommer 1812.

Nov[ember] den 6ten sind wieder bey 700 Mann Nassauer Rekruten nach Spanien maschiert.
8ter. Es wird jetzt das Feld, was in die neue Chaussee nach Erbenheim gefallen ist, bezahlt; wir erhielten vor unsere 2 Stücker 76 Gulden 52 Kreuzer 2 Pfennige.
Den 15ten. Man spricht, daß die Franzosen in Rußland geschlagen, und reteriren.[168]

<33>
1812

Dec[ember] den 9ten ist uns unser vorterstes Stück auf der Salz von den Führer[169] bezahlt worden mit 450 Gulden, vom Nid[er]s[chlag][170] 10 Gulden, vor den Kaufbrief wurden 4 Gulden etliche Kreuzer abgezogen.
Wir haben die beyde Stier verkauft vor 14 Carolin[171] aus Besorgnis wegen dem Krieg.
Denn die Franzosen sollen in Rußland in dem erbärmlichsten Zustandt seyn, viele tausend Menschen und faßt alle ihre Pferde seyen erfrohren.
Es war das Jahr 1812 ein kühles, rauhes Jahr, ist aber doch alles so ziemlich gerathen, nur fast gar kein Obst.
Die Steuer wurde 5mal gehoben.[172]

---

[168] Napoleon trat mit seiner Armee am 19. Oktober mit den ihm verbliebenen etwa 100.000 Mann (von ursprünglich etwa 610.000) den Rückzug aus dem abgebrannten Moskau an und wurde am 24. Oktober bei Malo-Jaroslawez geschlagen.
[169] Vgl. Anm. 66.
[170] Flächenmaß. 1 Niederschlag = 16 Schuh, 40 Niederschläge = 1 Rute.
[171] Goldmünze zu 11 Gulden.
[172] Die Besteuerungsprinzipien im Herzogtum Nassau sind den heutigen nicht vergleichbar. Die Steuerhöhe wurde vielmehr nach Bedarf vom Staat jährlich festgesetzt. Besteuerungsgrundlage war die Veranschlagung des Grund- und Hausbesitzes sowie der »Wert« eines Gewerbes (spezifiziert nach Art und Umfang sowie der Zahl der Gehilfen). Das so bestimmte Grund- und Gewerbekapital wurde in Katastern festgehalten und jährlich fortgeschrieben. Aus dem Kapital errechnete sich (1/244) ein Steuergrundbetrag, das sog. Simpel, der je nach den Finanzbedürfnissen von Staat, Gemeinde und Kirche mehrfach erhoben werden konnte. Die jährlich effektiv zu zahlende Steuer schwankte daher stark, vor allem in Krisenzeiten.

Durch das viele Bauen hatten wir auch viele Frohnen mit dem Fuhrwerk zu thun.
Auf der Waldmühl ist das große Saal gebaut worden[173].

<35>[174]
**1813**

Man befürchtet ein trauriges Jahr von wegen dem schröcklichen Kriegswesen allenthalben, die Franzosen, sie mögen siegen oder weigen, so wird es böse für uns.
Der Blutzehnte[175], welcher hier nur bloß von den Schafen gegeben worden, kommt wegen der neuen Steuer ab und mußte von jedem Lamm, daß noch rückständig zu zehnten war, 18 Kreuzer an die Receptur bezahlt werden.
Die Burgstraß wird eröffnet.[176]
Es maschieren viele Franzosen über den Rhein nach der Armee im Preußen.
Feb[ruar] den 8ten ist uns das untere Stück auf der Altbach nebig meinem Petter[177], wo Kieß gegraben worden, welcher um das Kuhrsaal gefahren worden, mit 184 Gulde 41 Kreuzer bezahlt worden, den Nied[er]s[chlag] zu 3 Gulden 45 Kreuzer gerechnet.
Die Wittrung war bisher ziemlich gelind.
Den 23ten wurde die sämtliche Kießkrube auf der Altbach wieder abgegeben und versteigert. Da haben wir dieselbe wieder gesteiget vor 93 Gulden.

---

[173] Vgl. Anm. 145.
[174] Seite 34 ist unbeschrieben.
[175] Tierzehnt, i.d.R. Jungviehzehnt.
[176] Die Anlage der Burgstraße geht auf eine Anregung und die Planung von Christian Zais zurück. Sie wurde im Juni 1813 fertiggestellt und zunächst »Kommunikationsstraße« genannt, wegen ihrer Aufgabe, das alte Stadtzentrum mit der neuen Wilhelmstraße zu verbinden. Die Bezeichnung Burgstraße wurde erst 1821 eingeführt. Vgl. Struck, Goethezeit, S. 119.
[177] Pate von Friedrich Ludwig Burk war sein Onkel Johann Ludwig Burk, * Wiesbaden 3.9.1743, + Wiesbaden 5.3.1822 (ledig).

Es wird in der oberen Friedrichsstraaß viel gebaut gegen der Neuengaß über.


<36>
1813

März den 8ten haben wir den noch übrigen Theil von unserem Krautacker hinter dem Spithal an den Schuhmacher Elmer[178] abgegeben, wie es taxiert war, den Nid[er]s[chlag] zu 6 Gulden 30 Kreuzer.
Den 14ten sind wieder bey 600 Mann Nassauer nach der Armee in Spanien maschiert.
In die Zwetschenlach auf unseren Acker habe ich 5 gute Kirschbäume gesetzt.
Den 21ten. Es maschieren immer sehr viel Franzosen nach der Armee in Preußen.
Vor Kassel [Kastel] und Mainz an den Schanzen wird stark gearbeitet.[179]
Wir müssen wieder Pflastersteine auf der Frohn fahren.
Apr[il] den 4ten. Das Schlößchen[180] am Ecke der Friedrichs- und der Wilhelmsstraaß bey der Pletzmühl wird angefangen.
Wir arbeiten jetzt an der Kießkaut auf der Altbach, um dieselbe zu einer Wiese zu machen.
Die Russische Armee soll weit vorwärts stehen, schon fürchterliche Batalien zwischen denselben und den Franzosen vorgefallen[181].

---

[178] Vgl. Anm. 157.
[179] Mainz wurde 1813 zum größten militärischen Depot am Rhein ausgebaut. Vgl. Lautzas, Festung Mainz, S. 147.
[180] Es handelt sich um das von Christian Zais 1813–1820 errichtete Palais Ecke Friedrich- u. Wilhelmstraße, heute Sitz der Industrie- und Handelskammer. Vgl. Struck, Goethezeit, S. 120ff.
[181] »Frühjahrsfeldzug« mit den Schlachten von Großgörschen und Bautzen.

*Abb. 10: Kirchenrat Schellenberg (1764–1835).*

<37>
1813

May den 2ten hat der H[err] Pfarrer Heidnereich[182] seine Abschied-Predigt gethan und kommt nach Dotzheim.
Ostreich tritt zu der Rußischen Armee und hat Frankreich den Krieg erklärt.
Den 30ten hat der H[err] Pfarre Schellenberg[183] seine Eintritts-Predigt gethan.
Juni den 6ten. Es sey Waffenstillstand zwischen Russen und Preußen mit den Franzosen.[184]
Den 13ten ist wieder ein Siegesfest gefeuert worden. Die Frucht ist etwas abgeschlagen, der Weize kostet 10 Gulden 20 Kreuzer.
Die Wolle verkauft, das Pfund zu 36 Kreuzer.
Juli den 24ten ist die neue Apodeke in dem Wolf[185], oder jetzt die Löwenapodeke genannt, gegen dem Adeler[186] über, zum erstenmal eröffnet worden.[187]
Der Waffenstillstand sey verlängert[188], aber beyde Armeen verstärken sich entsetzlich; es gehen unzählige Franzosen nach der Armee in Sachsen[189],

---

[182] Vgl. Anm. 116.
[183] Carl Adolph Gottlob Schellenberg, * Idstein 2.5.1764, + Wiesbaden 13.9.1835. Schellenberg wurde auf ausdrücklichen Wunsch des nassauischen Reformers Karl Ibell nach Wiesbaden gerufen. In den Folgejahren war er federführend an der Schulreform (Simultanschule) und dem Zustandekommen der Nassauischen Union beteiligt, dem Zusammenschluß der Lutheraner und Reformierten im Herzogtum. Vgl. Renkhoff, Biographie, S. 689; Struck, Goethezeit, S. 155; Deutsches Geschlechterbuch 49, 1926, S. 271.
[184] Waffenstillstand von Poischwitz am 4.6.1813, der von beiden Seiten zu weiteren Rüstungen genutzt wurde.
[185] Gasthaus Zum Goldenen Wolf in der Langgasse. Heute befindet sich noch an dieser Stelle (Haus Nr. 31) die Apotheke Zum Löwen.
[186] Gemeint ist das große Bad- und Gasthaus Zum Adler in der Langgasse.
[187] Der Kandidat der Pharmazie Dr. Philipp Christian Otto, * Idstein 17.10.1784, eröffnete am 24. Juni (!) die Apotheke Zum Goldenen Löwen. Otto flüchtete 1814 wegen Überschuldung und beging später Selbstmord. Vgl. Struck, Goethezeit, S. 90; Renkhoff, Biographie, S. 594.
[188] Bis zum August 1813. Österreichische Vermittlungsbestrebungen in Prag blieben jedoch ergebnislos.
[189] Statt gestrichen: »Preußen«.

ebenso sollen sich auch die Russen verstärken, und in Preußen soll alles in das Gewehr gehen, man fürchtet furchbare Batalien.


<38>
1813

Nachrichten aus Spanien sagen, daß die Nassauer Truppen viel gelitten und viele Leute verlohren haben.
Juli. Die Stadtgemeinde hat dieses Jahr den Fruchtzehnten selbst gesteiget vor 760 Malter und nimmt jetzt jeder seine Garbe von dem Felde mit, welches ihm an Geld soll angeschlagen werden.
August. Dem Kässebir[190] und Zollinger[191] ihr Stall an der Bach hinter unserem Garten hin sind diese Woche aufgeschlagen worden, sie haben auf Bewilligung meiner Mutter dieselbe 1 1/2 Schu, so weit ihr Dachtraif fiel, weiter herausrücken dürfen, mußten aber Giebel nach dem Bach zu stellen.
Den 21ten hat sich der Kässebir unterstanden, in unsere Mauer einbrechen zu lassen, um da die Bach zuwölben zu wollen, welches dann zur Klage kam, durch Zeugen wurde ihm bewilligt, ein 4 Schu breites Ställchen über die Bach zu stellen, dasselbe darf aber nicht in unserer Mauer stehen, sondern muß 1 1/2 Schuh von derselben abstehen.

---

[190] August Ferdinand Käsebier, Metzgermeister aus Küstrin, Wiesbadener Bürger seit 1798, + Wiesbaden 10.10.1826. Vater des bekannten und politisch aktiven Kaufmanns Friedrich Wilhelm Käsebier. HHStA 137/IX/1454, HHStA 246/901 Bl. 630 ff.
[191] Georg Gottfried Zollinger, Drehermeister und Leichenbitter, + 16.3.1840 im Alter von 59 Jahren und 5 Monaten. StadtA WI/1/24, WI/1/29.

*Abb. 11: Briefkopf einer Rechnung des Badhauses Zum Adler.
Oben rechts Ansicht der reformierten Kirche.*

<39>
1813

August. Östreich stehet bey Rußland mit gegen die Franzosen.[192]
Sept[ember] 6ter. Es sind die Güter, welche zu dem Koppersteinischen Hof gehörten, versteiget worden; wir haben die 2 Morgen an dem Schiersteinerweg gesteiget.[193]
Den 10ten blieb unglücklicher Weise ein Zimmermann an dem Bau am Schlößche bey der Pletzmühl tod, indem ihm bey dem Abwerfen eines Stück Holzes dasselbe von den andern auf den Kopf geworfen worden. 7 Zimmerleute trugen zum Aufschlagen im unteren Stock ein schweres

---

[192] Am 12.8.1813 trat Österreich der preußisch-russischen Koaliton gegen Frankreich bei.
[193] Vgl. Anm. 78.

Stück Holz, 6 trugen auf der linken und der 7te auf der rechten; bey dem Abwerfen wurfen sie es dem 7ten auf den Kopf.[194]
In der oberen Friedrichsstraß wurden verschiedne Häußer aufgeschlagen.
Okt[ober] den 6ten. Es kommen blessierte Franzosen hier durch und werden nach Mainz gefahren.
Die Kirchengasse wird nach der Friedrichsstraß durch die Gärte und Stadtmauer durch geführt, die Faulbach daselbst zugewölbt.[195]

<40>
1813

In der Wilhelmsstraß[196] werden Häußer gebaut. Das Feld ist entsetzlich voll Mäus.
Okt[ober]. Bayern und Württemberg sey zu den Verbündeten getreten.[197]
Der[198] Kisselbrunne[199] soll in die Stadt geleitet werden und sind an demselben Versuche gemacht worden.
Den 29ten ist Herbst- oder Weinlese gewesen.
Die Franzosen sind jetzt stark im reterieren[200], wir werden zwar hier nicht so viel davon gewahr, aber von Frankfurt über die Ortschaften nach Hochheim, dann nach Mainz wimmlen die Straßen, doch sind auch diese Wo-

---

[194] Es handelte sich um den 19jährigen Zimmergesellen Jacob Zeiger von Wörsdorf.
[195] Die Friedrichstraße wurde damit unmittelbar mit dem alten Stadtkern verbunden.
[196] Damals hieß die Straße noch Alleestraße, sie wurde im Zuge der Errichtung des Schlößchens Ecke Friedrichstraße angelegt. Den Namen Wilhelmstraße trägt sie seit Ende 1816. Struck, Goethezeit, S. 123.
[197] Im Vertrag von Ried am 8.10.1813 zwischen Österreich und Bayern erklärte Bayern seinen Beitritt zum Bündnis gegen Frankreich.
[198] Davor, verschrieben und nicht eindeutig: »24.«.
[199] Der Kieselborn nahe des Jagdschlosses Platte. Zur unzureichenden Trinkwasserversorgung Anfang des 19. Jahrhunderts vgl. Struck, Goethezeit, S. 133f.; Kopp, Wasser von Taunus, Rhein und Ried, Wiesbaden 1986, S. 33 ff. Nachdem eine Untersuchung 1805 erbracht hatte, daß der Kieselborn unter den Quellen der Umgebung das gesündeste Wasser liefere, beschloß man 1811, ihn in die Stadt zu leiten. Christian Zais ließ ihn 1813–1814 einfassen. Danach gerieten die Arbeiten wegen des Krieges und der ungeklärten Finanzierung ins Stocken. Erst 1821 wurden die Röhren verlegt, finanziert aus Domänenmitteln und durch Spenden der Wiesbadener Bürger. Vgl. auch S. <51>.
[200] Die französischen Truppen mußten sich nach ihrer Niederlage in der Völkerschlacht von Leipzig am 16.–19.10.1813 über den Rhein zurückziehen.

che viele zerstreute Regimenter zum Theil ohne Gewehr, viel Kavallerie ohne Pferde über Idstein hier durch nach Mainz.
Nov[ember] den 2ten hatten wir die letzte französche Einquatierung und kamen ganz glücklich und verschont durch den französchen Ritirat.
Den 4ten gegen 11 Uhr Mittags kamen 5 bis 6 Mann, die erste Kosaken, von der Platt her durch die Stadt, machten durch nach

<41>
1813

Bierstadt zu, wovon aber einer von den Franzosen todt geschossen worden.
Nachmittags kamen Östreicher, Husaren und Ulanen, auch etliche Tirolerjäger zusammen, einige hundert Mann blieben die Nacht in und vor Moßbach stehen.
Den 5ten kamen bey 5000 Kosaken, lagerten sich vor der Stadt auf dem Michelsberg oder vor dem Heidenberg. Es wurde ihnen Brod und Branntwein, Holz und Futrasch[201] hinaus gebracht, sie allerley Gehölz, Bohnestangen, Baumpfäl, Stitzel in und vor der Stadt, bauten sich Strohhütten und blieben eine Nacht.
Bis den 14ten hatte meine Mutter schon 27[202] Centner Heu und 56 Gebund Stroh liefern müssen.
Den 11ten kam das ganze Kosaken-Cor hier her, die ganze Stadt lag voll, in allen Häusern und Scheuern, selbst auf den Gassen an Bäcker-Läden standen Pferde angebunden und wurden auf den Läden gefüttert, auf dem Markplatz standen Strohhütten, brannten große Feuer, wurde gekocht, wahren ganze Reihen Pferde angebunden und gefüttert, aber erst vor der Stadt wimmelte es mit Kosaken, von dem Kursaal an über das Feld nach dem Bierstadterweg, von demselben

---

201  Fourage oder Futterasche = Viehfutter. Grimm, Wörterbuch.
202  Statt überschrieben »23«.

*Abb. 12: Die Kosaken in Wiesbaden 1813–1814.*

<42>
1813

nach der Erbenheimer Chaussee bis an die Hanbrück[203], von da bis an die Neumühl waren ganze Gassen mit Strohhütten. Es wurde Heu und Stroh, Brod und lebendig Vieh vor dieselbe geliefert.
Den 15ten rückten die Preußen hier ein[204] und die Kosaken sollten wieder fort, sie blieben aber doch noch im Lager stehen, sie bekamen deßwegen keine Lebensmittel und Futraschi mehr, da holten sie alles von den nächsten Ortschaften, Heu und Frucht mitsamt dem Stroh, Rind- und Schaafvieh, ja alles, was ihnen nur vorkam, in ihr Lager, die noch nicht lange gesetzte junge Bäume an der Erbenheimer Chaussee gingen alle verlohren.

---

[203] Brücke über den Hainergraben.
[204] Vgl. Struck, Goethezeit, S. 10. Danach zog das preußische Korps des Generalleutnants Graf Yorck von Wartenburg in Wiesbaden bereits am 14. November ein.

Es kamen immer mehr Preußen, und den 17ten[205] gingen die Kosaken wieder ab über Erbenheim nach Frankfurt.
Es sahe unbeschreiblich aus, wo ihr Lager gestanden hatte, todte und halbtodte Pferde lagen da. Das Gedärm, die zerschnittne Häute von dem geschlachteten Vieh, Krüge, Botellien,

<43>
1813

allerley Töpfe mit Butter, Käse, Ladwerge[206], Honig, Bienenkörbe, Mehl, Äpfel, Nüsse, ganze Haufe verdorbenes Heu, Garbe Früchte, Leitern, Bau und Geschirr und Brennholz, Leitern, Stangen, Perchhorten, Schaafhäute, ganze und zerschnittne Säcke, die ihnen mit Hafer gegeben worden, Dörrfleisch, welches alles sie von den Ortschaften holten.
Bey ihrem Abmarsch hatten viele ihre Strohhütten abgebrannt.
Den 22ten. Die Stadt liegt jetzt voll Preußen, meine Mutter hat jetzt 16 Mann im Quatier, hat bis jetzt 30 1/2 Centner Heu geliefert.[207] Der Hafer wird von Stadtvorstands wegen auf den Speigern gesucht, und mußt meine Mutter wieder ein Malt[er] geben.
Den 24ten. Jetzt 24 Mann Einquatierung, auch oft noch 6–8 über Nacht dazu.
Den 25ten muß wieder Heu, Stroh, Hafer geliefert werden, wer keinen Hafer hat, muß Korn geben.
Unser Herzog muß auch Hilfstruppen stellen, und sind die Landjäger-Batallions zusammen nach Usingen und kommen viel Rekruten dahin.[208]

---

[205] Am Rand eingefügt.
[206] Latwerge = Leckware, Pflaumenmus.
[207] Das preußische Korps, etwa 15.000 Mann, lag in und südlich von Wiesbaden.
[208] Nassau trennte sich vergleichsweise spät vom Rheinbund, unterzeichnete erst am 23.11.1813 eine Übertrittserklärung zu den Verbündeten und wurde von diesen zur Stellung von zwei Regimentern mit je 1.680 Soldaten verpflichtet. Vgl. Struck, Goethezeit, S. 11ff.

<44>
1813

Den 30. Nov[ember] mußte mein Bruder Joh[ann] Heinrich[209] auch mit seiner Compagnie dahin, welches meiner Mutter großen Kummer machte.
Dec[em]b[er] den 1ten. Wir haben das ganze Hauß voll Soldaten und die Ställ voll Pferde, und heute Nacht standen noch 5 preußische Ulanen-Pferde im Hof angebunden.
Die Lieferungen gehen noch immer fort. Es liegen jetzt sehr viele Menschen hier krank an einer Art Nervenkrankheit oder, wie es genennt wird, an dem Lazerettfieber[210].
Den 14ten fängt auch mein Bruder Joh[ann] Friedrich[211] an, hart krank zu werden.
Es sterben jetzt viele Menschen. Den 15ten ist auch meiner Mutter Schwester[212] und den 19ten derselben Mann gestorben; die beyde Kinder, der Conrad und seine Schwester, sind hart krank.
Den 19ten. Ich habe nun in 8 Tagen meine Kleider noch nicht ausgethan, bin auch in kein Bett gekomen wegen den großen Unruhen.
Den 30ten/31ten. Es wimmelt mit Preußen und Russen, vom 30. auf den 31ten ging den ganzen Tag und die ganze Nacht Durchmarsch

<45>
1813

durch die Stadt nach Braubach, um da über den Rhein zu gehen.[213] Unvergeßlich wird wohl jedem dieses Jahr bleiben, wer so was nicht selbst erlebt, der glaubt es doch nicht, was der Krieg mit sich führt. 1000te auf dem Schlachtfeld, tausende zu Krüppel, aber noch mehr in Armuth,

---

209 Vgl. Anm. 114.
210 Auch Hospitalfieber genannt, Sammelbegriff für Krankheiten, die in überfüllten Krankenhäusern vorkommen.
211 Vgl. Anm. 136.
212 Christina Barbara Stern geb. Wolf, Frau des Hutmachermeisters Heinrich Jacob Stern. Sie starb ausweislich des Kirchenbuches am 18.12.1813 im Alter von 63 Jahren.
213 Die Mittelarmee der Verbündeten (»Schlesische Armee«) überquerte den Rhein in der Silvesternacht bei Kaub. Vgl. S. <47>.

Unglück und Elend, tausende dadurch vor der Zeit in das Grab, es läßt sich daher all das Elend des Krieges nicht beschreiben.
Es ist dieses Jahr alles recht gut gerathen, besonders hat es viele Kartofflen gegeben, Rüben und Dickwurz.

<47>[214]
**1814**

In der Neujahrsnacht gingen die Verbünde[te]n über den Rhein.
Den 2ten bekamen wir wieder starke Einquatierung russischer Dragoner, eine böse Art Mensche von der türkische Grenze, früher selbst Türke[215]. Wir haben 16 Pferde in der Scheuer und den Ställen, sie füttern das Heu und die Garbe Frucht, den ganzen Tag, auch in der Mitternacht muß Essen bereit stehen; wenn 2 oder 3 gegessen haben, so sind bald wieder andern da, die zu essen verlangen, und so geht es den ganzen Tag; niemand kennt seine ihm zugehörende Soldaten. Hier haben wir Russen kennengelernt, die uns den ganze Monath durch quälten. Ach, wenn es doch nur die Nachwelt besser machen würde als wie wir Betrogne, die wir mit Verlangen auf unsere Verderber warteten, auch wenn Russen als Freunde und Hilfsvölker nach Deutschland kommen wollen, so solle doch alles das Gewehr ergreifen und die barbarische Völker zurückhalten.
Lieber todt als so gequält.
Es sterben sehr viele Menschen.[216]
Auch die Rindvieh-Seuche ist ausgebrochen und auf dem Kloster[217] allein sind 15 Stück gef[allen].

---

[214] Seite 46 ist unbeschrieben.
[215] Vgl. Struck, Goethezeit, S. 13. Die Russen verließen Wiesbaden am 1.2.1814.
[216] Wegen des herrschenden Nervenfiebers (= Typhus) gestattete die Polizeidirektion am 5.3.1814 die Beerdigung von Toten auch an den Abenden. Wiesbader Wochenblatt, 8.3.1814. Die Epidemie begann im Winter und ging Anfang April zurück (Wiesbader Wochenblatt, 12.4.1814). Gleichzeitig gab es auch eine Reihe von Pocken-Fällen. Vgl. Wiesbader Wochenblatt, 8.3. u. 5.4.1814 mit der Aufforderung, die Kinder »oculiren« (impfen) zu lassen.
[217] Kloster Klarenthal. Zur Viehseuche vgl. Wiesbader Wochenblatt, 15.2.1814 (Polizeiverordnung vom 10.2.1814).

<48>
1814

März. Die sämtliche Unterthanen bis zu 60 Jahr mußten die Waffen, ein Gewehr oder eine Lanze, ergreifen und einen Landsturm bilden.[218]
Den 25ten. Das 3te Regiment Nassau und das Landwehr-Regiment besetzten Mainz auf der Seite über dem Rhein, und ein ansehnlicher Theil von Bürger aus den nächsten Ämter als Landsturm besetzten diese Seite Moßbach, Biebrich, die Mühlen Erbenheim und Hochheim. Ich selbst wurde am 2ten Merz unter das Landwehr-Regiment verwickelt, kam aber bald wieder ganz glücklich davon.
Apr[il]. Den 17ten ward ein Siegesfest[219] gehalten und die ganze Stadt ilminirt.
May den 1ten. In diesen Tagen mußten die Franzosen Mainz und alle noch von ihnen besetzt gehaltene Festungen übergeben.
Der französche Kaiser hat sich an die Engländer zum Gefangnen ergeben.


<49>
1814

May den 15ten. Heute kamen russische Durchmärsche aus Frankreich hier durch.
Den 21ten wurde auch unser Vieh an der Seuche krank; sie wurden in den Wald oben in den Alteweiher in ein umzäuntes Gehölz gestellt, sind aber 4 Stück krebirt und 2 wieder gesund worden, ich habe Tag und Nacht bey ihnen gewacht und ihnen alle Stund einen Eßlöffel voll in einer Boteli Wasser eingegeben.
Juni den 2ten kamen unzählig viel Russen und Kosaken hier durch.
Die Viehseuche greift stark um sich.
Den 26ten. Es werden wieder großen Summen gefodert vor die errichtet gewesene Landwehr und Jäger, meine Mutter mußte wieder 60 Gulden bezahlen.

---

218    Verordnung vom 20./21.1.1814.
219    Anlaß war die Abdankung Napoleons am 6.4.1814. Am 30. März hatte Paris kapituliert, und Napoleon wurde von seinen Offizieren am weiteren Kampf gehindert.

Juli den 10ten. Die Früchte, ausgenommen der Hafer, sind wohlfeil, das Korn 4 Gulden 20 Kreuzer, der Weiz 6 Gulden 30 Kreuzer, wer hätte sich dieses den Winter bey der Menge von Völker

<50>
1814

denken können, die noch so viele Frucht mit Füßen traten, jedermann konnte nicht anders denken, als an große Theurung oder gar Hungersnoth. Ja, es hat viel unbeschreiblich bey der Menge Völker gekostet, mehr als mancher glauben wird, und doch jetzt Überfluß; noch kein Jahr wurden bey meiner Mutter Kartofflen als überflüssig auf den Mist geschüttet und jetzt ist es geschehen, ja es ist unglaublich zusammen zuräumen, aber der Segen Gottes ist hier sichtbarlich, ja die allmächtige Hand Gottes waltet wohl überall mächtig, aber doch am allermächtigsten, wo alles verlohren zu gehen scheint, ich weiss es mir selbst nicht zu erklähren, wie nuhr die Bäcker so viel Brod backen konnten, als es gekostet hat, ohne erst, wo das Mehl dazu herkam, fast jeden Tag mußte meine Mutter backen lassen, täglich gingen 15–20 Brod bey den vielen Menschen auf, und das auch die lange Zeit, 4 Monath und darüber.

<51>
1814

Juli den 24ten. Die Früchte schlagen noch immer ab.
August den 4ten. Wir haben die Plästersteine, die wir bey dem wieder gleich und in die Ordnung zu machendem Stück auf der Altbach fanden, gesammlet, haben sie von jedem Tag mit in unsern Hof genommen, diese Steine haben wir diese Woche an die Stadt gegeben zum Pflästern in die obere Friedrichsstraß, es wurde uns für die Ruth 18 Gulden bezahlt, zusamme 72 Gulde für 4 Ruth.
Dieses Geld aber mußten die befuhrten Bürger allein geben, weil sie jetzt wegen der Ernte keine Steine auf der Frohn aus dem Wald herbey fahren konnten.

Den 21ten. Wo der Wald an das Feld oder Wiesen gränzt, sind allenthalben Gränzsteine gesetzt worden.
Sept[ember] den 12ten. Wir hatten schon kalte Nächte mit Reif.
Okt[ober] den 9ten. Der Kisselbrunnen soll in die Stadt geleitet werden, und es werden an demselben Versuche gemacht.

<52>
1814

Okt[ober]. Von dem 10ten auf den 11ten des Nachts hat es hart gefrohren, die Trauben sind alle schwarz.
Den 16ten und 18ten ist das Fest der vorjährichen großen Schlacht bei Leipzig gefeuret worden, wo die Franzosen hundert Tausend Todte und Verwundete auf dem Schlachtfeld liegen liessen und den Retirat bis über bey Hanau und dann über den Rhein nehmen mußten.
In allen Städten und Ortschaften der Verbünteten, Russen, Östreich, Preußen und allen kleinen Monarchen wurde am 18ten abends auf den höchsten Bergen großes Feuer gemacht. Bey Wiesbaden brannten auf dem Bierstadter Berg 3 große Feuer, wo große Baustämme aufgestellt, dieselbe rund mit Wellen, Zimmerspänen, alte Öhlfässer und dergleichen umstellt, welches über 50 Schu hohe Feuer gab.[220]

<53>
1814

Okt[ober] 30ter. Der ganze Herbst war sehr trocken, erst jetzt erhielten wir Regen.

---

[220] An der Bierstädter Warte fand ein wahres, ständeübergreifendes Volksfest mit etwa 3.000 Teilnehmern statt, bei dem sich erneut das während der »Befreiungskriege« entstandene Nationalbewußtsein artikulierte. Im Gefolge dieser Feier bildete sich eine »Teutsche Gesellschaft« aus überwiegend jungen Leuten, größtenteils wohl Beamten. Maßgeblich beeinflußt wurde dieser Kreis, der sich nach einer Intervention des Herzogs aber bald wieder auflöste, von Wilhelm Snell. Tagungsort war der Frankfurter Hof in der Webergasse. Vgl. Struck, Goethezeit, S. 16.

Die Frucht gehet recht schön auf, besonders das Korn, es hat ihm nichts geschadet, daß es 5–6 Wochen lang in der trocknen Erde gelegen hatte.
Dec[ember]. Es läßt sich wieder ein Wolf in unsern Wald-Gebirgen sehen, wurde am 5ten Jagd auf ihn gemacht.
Die Pächte und Zinßen auf den Äcker wurden verändert und zusammen und auf andere gelegt.
Die herrschaftliche Steuer wurde dieses Jahr 5mal gehoben[221],

|  | Gulden | Kreuzer | Pfennig |
|---|---|---|---|
| tath meiner Mutter | 76 | 32 | 2 |
| Städtische Steuer 1 1/2 | 25 | 23 | 3 |
| Eine Vermögen-Steuer[222] | 60 | | |
| Für den gesteigten Fruchtzehnten | 73 | 12 | |

Was an Vieh-Schade war, nicht übersetzt 500.
Man durfte sich noch an dürrem Holz im städtischen Wald beholzigen, und wir haben einige Wagen voll an dem Paffenborn gemacht. Der 1te Nov[em]b[er] war der Tag, wo ich die 2 buchestumpfe Bäume gehauen hatte.

<54>
1814

Das Heu, die Früchte, die Kartofflen sind sparsam gerathen.

---

[221] Zur extrem angespannten Haushaltslage des Herzogtums während der Rheinbundzeit und der daraus resultierenden Ausplünderung des Landes durch immer neue Steuern vgl. Merker, Steuerreform, S. 88ff. Zu den Besteuerungsprinzipien vgl. Anm. 172. 1814 wurden nach Burks Angaben 6 1/2 Simpel erhoben, d.h. es waren an Steuern etwa 2,7 Prozent des insgesamt veranschlagten Kapitals zu zahlen – wobei die Immobilien z.T. stark unterbewertet waren. Trotzdem war die Besteuerung mit 235 Gulden/Jahr für die Familie Burk erheblich, insbesondere wenn man berücksichtigt, daß der Bargeldumsatz im bäuerlichen Betrieb durch den hohen Anteil an Subsistenzwirtschaft relativ gering war. Zum Vergleich: Ein Tagelöhner verdiente 1823 etwa einen halben Gulden pro Tag, mithin kaum mehr als 100–150 Gulden im Jahr. Vgl. zum Tagelöhnerlohn: Struck, Biedermeier, S. 302.

[222] Es handelt sich hierbei vermutlich um eine Restzahlung auf Steuerschulden aus der 1803/04 erhobenen Vermögenssondersteuer zur Tilgung der städtischen Kriegsschulden, die durch die französischen Einquartierungen entstanden waren. Vgl. Weichel, Kur- und Verwaltungsstadt, S. 334f.

Die Früchte sind wieder aufgeschlagen, der Weizen kostet 8 Gulden. Das schöne gute Pferd, welches wir an dem 5ten Juni von einem russischen Oberst vor 13 1/2 Carolin kauft hatten, hatte die Rotzkrankheit in sich und steckte hernach auch das andere Pferd an, welches wir am 1ten Dec[em]b[er] 1813 von einem preußischen Ulanen ganz wohlfeil vor 5 Gulden kauften, es war aber mehr wie 100 Gulden werth. Beyde Pferde waren so gut wie ganz verlohren.
Bey der russischen starken Einquatierung vom 2ten Jänner bekamen wir zu unserem Glück erst von den Dragoner, die in der Nachbarschaft einquatiert waren, die Pferd in unsere Ställe, wir bekamen hernach einen Wagenmeister mit 4 Wagenknechte in das Quatier, dieselben mußten nun ihre Pferde in die Scheuer stellen, jetzt währe wohl alles preis gewesen, aber der Wagenmeister hielte die größte Strenge darüber, und teilete oft Prügel unter ihnen aus, aber doch ging viel Frucht verlohren, an der Gerst fehlten 90 Garbe, auch Hafer und Weizen. Diese Russen wahren die schlimmste, durch deren Mißhandlungen mancher Bürger, auch der Blum[223] in der Herrmühl, seinen Todt fand.

<55>
# 1815

Es wird in der oberen Friedrichsstraß und in der Nerostraße viel gebaut. Merz. Die Wittrung war bisher ziemlich gelind.
Den 8ten haben wir das große Altbachstück mit Sommerkorn, Kleesaame und Heusame gesäht und es zu einer Wies angelegt.
Der französche Kaiser Napoleon ist von der Insul Elba wieder nach Frankreich, man befürchtet wieder Krieg.[224]

---

[223] Da die Russen bereits am Morgen des 1. Februar abmarschierten, dürfte hier nicht der am 27.2.1814 verstorbene Herrenmüller David Balthasar Blum selbst gemeint sein, sondern dessen Sohn Friedrich Christian Blum, der am 19.1.1814 im Alter von 21 Jahren starb. Vgl. Struck, Goethezeit, S. 13.

[224] Napoleon landete am 1.3.1815 bei Cannes in Südfrankreich. Die gegen ihn ausgeschickten Truppen liefen zu ihm über. Ludwig XVIII. floh aus Paris und Napoleon konnte am 20.3. in die Stadt einziehen. Obwohl er seine Friedensliebe proklamierte, erklärte ihn der noch tagende Wiener Kongreß, auf dem die Siegermächte über die

12ter. Es herrscht jetzt eine große Ungerechtigkeit in Wiesbaden, es ist ein Verglich von den starken Einquatierungen, die wir voriges Jahr hatten, gemacht worden, und so, daß die ganze Laßt auf die Feldbegüterte fällt, die schon die mehrste Last getragen haben, sollen auch jetzt noch so viel bezahlen; andere Wohlhabende, die schon die leichteste Einquatierung hatten, sollen jetzt noch dafür Vergütung erhalten.
Den 26ten. Heute hatten wir eine Caisse[225] gekauft.
Die Kriegsrüstungen gegen Frankreich fangen an.

<56>
1815

Apr[il] den 1ten gingen die Schaaf mit den Lämmer in das Feld und blieben in dem Perch.
Vom 1ten April müssen wir die hiesige Soldaten schon wieder auf Kriegs-Fuß verpflegen.
Den 18ten hat es des Nachts Eis gefrohren.
Den 23ten. Der Posthalter Schlichter[226] legt vor dem Stumben Thor[227] rechts den schönen Garten an, läßt da die Mauer erhöhen; wir fahren ihm Steine dazu, ganz vorn an der Todtenhohl werden dieselbe gebrochen, und wird von der Ruth 3 Gulden 30 Kreuzer Fuhrlohn bezahlt.
May. Von dem 1ten auf den 2ten des Nachts ist unser guter Spitz-Hund, ohne dass er krank war, krebirt.
In der oberen Friedrichsstraß, grade gegen der Neugaß über das Hauß mit den steinernen Säulen, wird jetzt von H[errn] Buchhändler

---

neue europäische Ordnung berieten, sofort zum Feind und Störer der Ruhe der Welt und beschloß einen Angriffskrieg gegen Frankreich.

[225] Gemeint ist wohl eine »Chaise« im Sinne von Kutsche oder Fuhrwerk.
[226] Christian Gottfried Schlichter, * 11.10.1777, + 12.11.1828, war herzoglicher Posthalter und unterhielt zu diesem Zweck 1821 zwölf Pferde. Sein Haupteinkommen bezog er jedoch aus dem Gast- und Badehaus Zum Adler in der Langgasse. Die Familie Schlichter zählte zu den reichsten und einflußreichsten in der Stadt. Herrmann, Gräberbuch, S. 83f.; StadtA WI/1/29; HHStA 137IX/1474.
[227] Westliches Stadttor am Ende der Straße Michelsberg.

Schellenberg[228] gebaut, wozu wir viele Sandsteine von Biebrich hierher fahren.
Den 22ten. Heute sind die Nassauer Soldaten von hier abmaschiert über Schwalbach nach den Niederlanden, wo sich ein Theil der deutschen

&lt;57&gt;
1815

Armee gegen die Franzosen sammlet.
Es wird wieder die Burgerschaft zu einem Landsturm zu gerichtet.
Juni den 4ten. Zwischen dem Mahre-Hoff[229] und dem Nonnehof[230] wird die Kirchengaße durch die Gärten in die Friedrichsstraß geführt.
Der Preiß des Holzes ist seit diesem Jahr die Klafter auf 10 Gulde.
18ter ist eine große Batalie zwischen den Deutschen und Franzosen bey Brüssel vorgefallen, wo die Franzosen geschlagen worden und reteriren.[231]
Juli den 16ten ist ein Siegesfest gefeuert worden und am Abend die Stadt iliminirt.
August den 20ten. Wer einen Hund halten will, muß jährlich 1 Gulden 30 Kreuzer davon an die Stadtkasse bezahlen, wo nicht, so wird der Hund todt geschlagen und der Eigentümer gestraft.[232]

---

[228] Ernst Ludwig Theodor Schellenberg, Buchhänder und Buchdrucker. * Usingen 25.3.1772, + Wiesbaden 23.2.1834. Sohn des Bierstädter Pfarrers Jakob Schellenberg. Er gründete 1803 die erste Buchhandlung in Wiesbaden, ab 1808 mit dem Titel »Hofbuchhändler« bedacht. 1809 eröffnete er eine Buchdruckerei, die ihm 1819 den Titel »Hofbuchdrucker« einbrachte. Renkhoff, Biographie, S. 689; Struck, Goethezeit, S. 173ff.; Deutsches Geschlechterbuch Bd. 49, 1926, S. 276.

[229] Der Mahrsche Hof, zuvor Köthscher Hof, wurde 1772 von dem Pfaffenmüller Gottfried Mahr erworben. Vgl. Schüler, Kleinstädtische Verhältnisse, S. 29.

[230] Vgl. Anm. 151.

[231] Schlacht von Waterloo.

[232] Polizeiverordnung vom 22.8.1815 über die Einführung einer Hundetaxe und von Hundemarken aus Blech. Vgl. Wiesbader Wochenblatt Nr. 34/1815. Ein Jahr zuvor wurde durch Polizeiverordnung bereits verfügt, daß alle herrenlosen Hunde zu erschlagen seien. Vgl. Wiesbader Wochenblatt Nr. 29/1814.

*Abb. 13: Die Dietenmühle um 1830. Lithographie von Dielmann/Martens.*

Sept[ember] den 12ten. Die Eigenthümer der Wiesen vor der Dietenmühl lassen zum Wässern ihrer Wiesen daselbst ein Wahr von Steinen machen, wozu ich diese Woche 6 Karrn voll Steine von Sonneberg gefahren habe.

<58>
1815

Okt[ober] den 1ten. Heute sind 400 Mann Rekruten zu den beyden Regimenter nach Pariß maschiert.
Den 8ten. Die Russen kommen aus Frankreich zurück und gehen über Mainz nach Frankfurt.
Den 15ten. In dieser Woche hatten wir auch 3 Täge russische Durchmärsche zu Einquatierung.
Den 31ten war Herbst, es hat wenig Wein geben.
Nov[ember] den 19ten. Es fängt an, zu schneuen und heftig kalt zu werden.

Den 25ten/26ten hatten wir Hessen-Durchmärsche über Nacht.
Dec[em]b[er] den 3ten. Wir hatten unruhige Tage wegen den viel preußischen Durchmärschen, die alle nach Hauß gehen.
Es lassen sich wieder Wölfe in unsern Wald-Bergen sehen, wovon diese Woche einer geschossen und in die Stadt gebracht worden.
Den 17ten. Es sollen Spatzeköpfe geliefert werden.[233]
Dec[em]b[er] den 24ten ist das 1te Regiment Nassau aus Frankreich wieder hier eingerückt.

<59>
1815

Es hat dieses Jahr gar kein Obst gegeben.
Die Früchte und überhaupt alles andere ist mittelmässig gerathen.
Es liegt mir jetzt so etwas besonderes in meinem Gemüte, gleichsam als wenn würklich eine Stimme in mir geredet, künftiges Jahr wird etwas Besonderes, aber so etwas Fehlendes mit dem Feldbau vorkommen, dass vieles nicht recht so vollkommen gedeye wie sonst.

<60>
**1816**

Jän[ner] den 2ten. Heute sind die Wagen-Pferde der hiesigen Truppen, welche mit in Frankreich waren, versteiget worden. Da haben wir das gute braune Wallach-Pferd gesteiget vor 170 Gulden.
Der Ziehbrunne in der Langgaß an der untere Schützenhofecke ist zugeschüttet und weggemacht worden.
7ter. Die Wittrung ist sehr gelind.

---

[233] Polizeiverordnung vom 11.12.1815 wegen der Überhandnahme der Sperlinge und deren Schaden für die Landwirtschaft. Jeder Einwohner muß vom 1.1. bis 1.7.1816 fünfzehn Sperlingsköpfe abliefern, sonst wird er pro fehlendem Sperlingskopf mit acht Kreuzern bestraft. Nester sind zu zerstören. Vgl. Wiesbader Wochenblatt Nr. 50/1815.

Es werden in der oberen Friedrichsstraß verschiedne neue Häußer angef[ang]en.
21ter. Das Römerbad²³⁴ wird neu gebaut und ist diese Woche aufgeschlagen worden, wozu wir das Holz zum Aufschlagen von dem Zimmerplatz herbey gefahren haben, welches 72 Wagen voll gegeben hatte, von jedem Wagen 48 Kreuzer, beträgt 57 Gulden 30 Kreuzer.
Die Hecken auf den Felder allenthalben sollen ausgerottet werden.²³⁵
Die hiesige Soldaten müssen wir noch immer auf Kriegsfuß verpflegen.
Die Wittrung ist immer gelind, aber naß.


<61>
1816

Febr[uar] 11ter. Die Wittrung ist jetzt kalt.
Man siehet jetzt sehr große Herde von Wildengänsen auf den Feldern.
Den 23ten. Wir haben jetzt sehr schöne helle Tage mit Sonnenschein.
Es soll eine neue Schuhle gebauet werden und es werden dazu Pläne gemacht.²³⁶
28ter. Die letzte Tage wahren noch sehr stürmisch und unfreundlich.
Merz den 10ten. Die nasse Wittrung dauerte fort, und kann jetzt in den Felder nichts gearbeitet werden.
Der Kohlsaame, der im Jänner noch so schön wahr, geht durch die Kälte in dem Feber und die Nässe in dem Merz faßt ganz ab.
24ter. Die neue Schuhl, hinter der Mühlgaß, wird angefangen und es müssen die befuhrte Bürger auf der Frohn die Steine von Sonneberg dazu fahren.
Heute den 24ten ist der alte Herzog²³⁷ gestorben, den 27ten des Nachts nach Usingen gefahren worden.

---

234    Am Kranzplatz. Der Name (zuvor Roter Löwe) geht auf Funde römischer Badeanlagen zurück; 1976 abgerissen und durch einen Neubau ersetzt.
235    Polizeidirektion am 27.2.1816: Reinigung des Feldes von überflüssigen Hecken und Sträuchern im Zusammenhang mit dem »Abraupen« und Verbrennen der Raupennester. Vgl. Wiesbader Wochenblatt Nr. 9/1816.
236    Struck, Goethezeit, S. 169; Spielmann/Krake, Karte III Nr. 14.
237    Friedrich August von Nassau-Usingen, * 23.4.1738, + 24.3.1816.

<62>
1816

Merz. Die befuhrte Bürger sind wegen den vielen Frohnden eingekommen, und so wurden die Pflästersteine und der Sand zu der Friedrichsstraß zum Herbeyzufahren zum ersten Mal an die Wenigstnehmende versteigt, wozu aber 1 1/2 Simpel Grundsteuer und 2 Simpel Gewerbsteuer erhoben werden.[238]
Dieses war die allererste Versteigerung von Frohnfahrten.
Den 26ten haben wir den Klee gegipst[239].
Es soll bey dem Hafer-Mark Donnerstags auch andere Früchte auf den Mark gebracht werden, und ein vollständiger Frucht[markt] errichtet werden.[240]
Apr[il] den 3ten. Heute, den 3ten Ap[ril] hat bey dem hiesigen Bürger und Becker Gottfried Daniel Kron[241] auf dem Markplatz eine Kuh ein Kalb gemacht, welches zwey vollständige Köpfe, 4 Augen und 4 Ohren hatte, die Köpfe waren an dem Hals zusammengewachsen, der übrige Körper war wie an jedem andern natürliche Kalb; es mußte aber aus der Kuh geschnitten werden, das Kalb ging aber auch bald todt. Das Fleisch von der Kuh wurde den Armen ausgetheilt.


<63>
1816

Apr[il] 7ter. Zwischen Eppstein und Lorsbach soll sich ein Gesundheits-Brunnen endeckt haben, er soll schon vor 80 Jahren gewesen seyn, weil er aber grade auf der Grenze gewesen, so habe der Kurfürst von Mainz und Darmstadt einen großen Protzess darüber geführt, und während dem Protzessen sey derselbe vertrocknet, jetzt aber wieder neu entsprungen. Es

---

[238] Vgl. Bekanntmachung der Polizeidirektion vom 9.3.1816, Wiesbader Wochenblatt Nr. 12/1816.
[239] Mit Gips gedüngt.
[240] Polizeiverordnung vom 23.3.1816 über die Anlage eines Fruchtmarktes. Vgl. Wiesbader Wochenblatt Nr. 13/1816, 14/1816, 15/1816.
[241] Gottfried Daniel Cron, Bäcker, Ratsherr, + 1822, 1792 Aufnahme in das Bürgerrecht. StadtA WI/1/212; HHStA 246/895 Bl. 97ff., HHStA 246/896 Bl. 36.

wird davon ein ordentliches Merakul gemacht, daß dasselbe Wasser alle innere und äussere Krankheiten so geschwind heilen soll, ja es wird wie ein Wunder Gottes ausgebreitet. Es gehen viele Leute von hier, von weit über dem Wald und über dem Rhein, dahin Wasser zu holen.
Den 13ten sind die Schaaf mit den Lämmer in dem Perg geblieben, wir haben 17 Alte und 7 Lämmer.
Ich habe unsern letzten Weinberg ausgehauen, aber ihn bald wieder jung anzulegen.
Die Wittrung ist veränderlich, Schnee, rauh und kalt, regnerisch, den 19ten hat es vielmal gedonnert, den 20ten die Nacht wieder hart gefrohren.
Die Bäume und die Hecke sind noch alle grau.
Den 27ten ist mein Bruder Joh[ann] Heinrich[242] wieder von der Reserve, früher Landjäger, verabschiedet worden.

<64>
1816

Apr[il] den 27ten. Die Obstbäume fangen an zu blühen.
May den 9ten haben wir die große weisse Kuh gekauft von der Fasaunerie vor 10 Carolin, welche täglich 13 Maas, 1 Schoppe Milch gab.
Die berühmte Quelle bey Lorsbach hat schon ihren Ruf wieder verlohren.
Den 27ten sind die Schaaf geschohren worden, wir haben 4 davon verkauft vor 36 Gulden.
In der Friedrichsstraß und in der Wilhelmsstraß wird gebaut.
Es wird kein Holz mehr den Bürger um den Macherlohn gegeben, sondern das, was für dieses Jahr bestimmt gewesen, wurde der vielen Ausgaben wegen diese Woche, die Klafter zu 12 bis 15 Gulden, versteigt.
Die Wittrung war veränderlich, die letzte Tage aber naß.
Juni den 4ten habe das Eichen-Klotz in dem Himmelöhr gesteigt, 1 3/4 Klaf[ter] taxiert vor 5 Gulden 35 Kreuzer.

---

[242] Vgl. Anm. 114.

Es darf bey Strafe von dem 15ten April bis den 15ten Okt[ober] kein Mist dem Sonnebergerthor hinaus und durch die Wilhelmsstraß gefahren werden.[243]
Die Wittrung war schöne mit Regentage abwechselnd.

<65>
1816

Juni den 18ten wurde der Tag der großen Schlacht, die voriges Jahr bey Watterloh vor, viel gefeuert.
Den 23ten. Die Leute fangen an, Heu zu mähen, aber es regnete die ganze Woche.
Den 29ten habe ich in unserem Hof einen Brunnen zu graben angefangen. Die Woll verkauft vor 40 Kreuzer das Pfund.
Den 30ten. Die regnerische Wittrung währete immer fort. Das Heu fault auf den Wiesen, die Wasser sind allenthalben groß.
Juli.
Traurig, den 3ten Juli wurde Kometi in der Lutherischen Kirch gespielt, der Eintritt 1 Gulden.
Mit Wehmuth sahe ich, wie am 4ten Juli unser Heu an der Wellirzmühl hinweg geschwommen war, und die ganze Wiesen in dem Wasser stehen.
In der Gegend bey Wien soll große Hitze und Dürrung seyn.
Die Frucht schlägt sehr auf, das Korn kostet 10 Gulden, der Weiz 12 Gulden.
Sonntag den 30ten Juni war ein trockner Tag, dann regnete es wieder die ganze Woche fort.
Den 7ten. Hatten wir bisher immer noch so keine schwere Regen, so hatten wir aber diese Woche entsetzliche Platzregen.

---

243   Polizeibefehl vom 28.5.1816: Mistfahren und Führen des Viehs durch die Allee am Kursaal ist während der Kurzeit nach allen Richtungen bei zwei Reichstalern Strafe verboten.

<66>
1816

Juli
In den Felder kann gar nichts gearbeitet werden.
Die Frucht schlägt noch auf, der Weiz 16 Gulden, das Korn 12 Gulden, die Gerst 9 Gulden.
Der Rhein ist sehr groß und überschwemmt das Land.
Hier kann man sehen, dass die Nässe weit schlimmer als die Dürre sey, das wenige, so bey dürrem Wetter wächst, ist doch gut und für das Vieh gesund, aber bey der nassen Wittrung fault auch der stehende Klee und ist dem Vieh ein Ekel.
Den 14ten. Heute stellte sich das Wetter ein wenig, und heute den Sonntag wurde viel Heu gemacht und heimgefahren, den Montag auch noch bis den Nachmittag, da regnete es wieder, aber welches schlechtes Futter dieses ist, läßt sich leicht denken, schwarz wie Mist, ob es das Vieh auch fressen wird und ob es ihm auch nicht schädlich seyn wird, wird sich zeigen, es regnete den Dienstag, Mittwoch, Donnerstag wenig, abwechselnd, und ward beständig Heu gemacht, den Freytag und Samstag war es sehr schön und hatten wir das Glück, auf der Hollerbornwies 2 gute Wage voll Heu zu machen.


<67>
1816

Über die Kümbelwies, da sahe es am traurichsten und verderblichsten aus, und da ist auch faßt das mehrste Heu verdorben und hinweg geschwommen.
Den 21ten. Die Wittrung war heute noch schön bis den Abend, da trübte es sich wieder, regnete die Tage wenig Stunden, und da brachten wir noch 1 Karrn voll Heu, 2 Wage 1 Karrn voll dörre Klee recht gut nachhauß, die letzte Tage der Woche waren wieder regnerisch.
Den 27ten habe ich den Brunnen in dem Hof fertiggebracht.
Den 28ten. Es regnet wieder von Sonntag bis den Freytag, der Samstag blieb trocken, da haben wir das letzte Heu heim gebracht.
Den Kohlsaame haben wir am 1ten August naß und bey leichtem Regnen nachhauß gethan und gleich gedresche.

August. Die Frohnden zu dem Bauen der neuen Schuhl und dem Pflaster der Stadt währen noch fort, wir müssen wieder 3 Ruthe Steine von der Steinkaut vor dem Neroberg und 18 Karrn voll Sand zu der neuen Schuhl fahren. Die Wittrung war von dem 4ten bis den 11ten abwechselnd mit Regen und Sonneblicke.


<68>
1816

August.
Den 8ten. Da haben wir das erste Korn nachhauß gebracht. Die Leute blieben mit der Feldarbeit sehr zurück, der Mist konnte nicht auf das Feld gebracht werden.
Den 11ten. Die Wittrung war diese Woche so ziemlich bis zuletzt etwas rauh und regnerisch. So lange es mir gedenkt, hatte der Storch noch jedes Jahr Jungen zuwege gebracht, aber in diesem Jahr nicht, wiewohl er doch zu rechter Zeit in dem Frühjahr da war.
Den 18ten. Es wird angefangen, Gerst zu schneiden, aber die Wahrheit zu gestehen, so ist noch kein einziger Acker zeitig. Es siehet traurig in unserer Gegend aus, Theurung ist es jetzt schon, was will es aber künftig werden. Der Weizen, der jetzt noch mehrentheils grünlich auf den Felder steht, zwar schön in dem Stroh, aber die Hälfte der Ähren nichts wie verwelkte Körner, auch ganz leere Ähren hat, überhaupt gleicht jetzt das Weizenfeld einem sonst jährichen gar nicht, durch die viele kalte Regen ist er ganz entstellt, hat nur schmale rostige Ähren, die sehr ungleich reifen, es steht Weizen in dem


<69>
1816

August 18ter
Feld, wenn es nicht recht günstige Wittrung giebt, so wird derselbe vor Michaelitag nicht zeitig.
Das Feld liegt sehr fest zusammengeflossen und mit Unkraut verwachsen und kann in keinen Bau und Stand gebracht werden.

Die Wittrung ist trüb, regnerisch, rauh und morgens schon ziemlich kalt. Es hat jeder befuhrde Bürger 75, und jeder unbefuhrde Bürger 50 Welle um den Macherlohn angewiesen bekommen, und das wird auch wohl das letzte Anweisholz seyn.
25ter. Dem Wintermeyer[244] sein Hauß auf der Eck in der oberen Friedrichsstraß ist aufgeschlagen worden.
Wir hatten einige schöne Tage, und es ward fleißig an der Gerst geärndet.
Sept[ember] den 1ten ist der junge Herzog Friedrich Wilhelm[245] als neuer Landesherr eingetreten, wo die ganze Stadt auf das schönste iliminirt war.
Den 6ten. Heute haben wir den Anfang gemacht, mit Weiz zu binden und zu ernden.
Die Wittrung war mit schönen und Regentagen vermischt.

<70>
1816

Sept[ember] den 15ten. Der Galgen sollte zum Abzubrechen versteigt werden, aber niemand wollte ihn steigen.[246]
Den 10ten haben wir das Pferd, ein Kohlfuchs, welches wir vorig Jahr von H[errn] Mahr[247] im Hof gekauft vor 66 Gulden, auf ein paar[?] Ochse vertauscht, geben 10 Car[olin] 3 Grose Th[a]l[e]r, 1/2 Mal[ter] Gerst darauf zu.
An diesem Pferd hätten wir viel gewinnen können, wenn wir es zu rechter Zeit verkauft hätten, es waren vorigen Herbst 18 und dies Frühjahr 20 Carolin dafür geboten, seiner Gutthat wegen aber nicht feil.

---

[244] Jacob Wintermeyer, Fuhrmann, aus Sonnenberg stammend, heiratete am 21.10.1810 nach Wiesbaden ein. 1816 wird er als Lehrer am Pestalozzi-Institut (Privaterziehungsanstalt de Laspée) genannt. Er errichtete in der Friedrichstraße ein zweistöckiges Wohnhaus mit einer Scheune und einem Stall. StadtA WI/1/212, WI/1/181 Nr. 522.

[245] Gemeint ist Wilhelm von Nassau, * 14.6.1792, + 20.8.1839, der 1816 seinem Vater Friedrich Wilhelm als Herzog folgte.

[246] Ausschreibung im Wiesbader Wochenblatt vom 6.9.1816 für den 9.9.1816. Da sich »in termino niemand eingefunden«, wurde neuer Termin auf dem 24. September anberaumt (Wiesbader Wochenblatt, 20.9.1816). Vgl. S. <76> über den Abbruch des Galgens am 29.12.1816.

[247] Johann Andreas Mahr, * 1750, + 1829, Hofbesitzer. Spielmann, Wiesbaden und Bewohner, S. 25, Exemplar mit handschriftlichen Erläuterungen.

Er fing am rechten Voterfuß an zu schnappen, alle Mittel waren vergebens, der Thierarzt behauptete, es sey Gicht, rieth uns zum Abschaffen, da ihm auch einigemal der Rücken geschwollen, wie wir erfuhren, so ist er auch 6 Woche hernach krebirt.
An der lutherischen Kirche wird die Straße tiefer gelegt. Es heißt doch, laßt die Todte ruhen, aber bey dieser Veränderung

<71>
1816

siehet man Hirnschädel und Knochen todter Menschen mit Schutt allenthalben hin fahren, die Knochen zertreten und verfahren. Es siehet doch unchristlich aus, und wäre schöner, wenn diese Gebeine wieder begraben würden; gewiß wird es keiner gerne haben, wenn nach seinem Todte seine Gebeine so zerstreuet werden.[248]
Der Sept[ember] gewährte uns bis zu dem 23ten allein schöne Tage, aber sehr frische Nächte.
Den 23ten bis 29ten. Es regnete beynahe wieder die ganze Woche, und konnte wenig in dem Feld gearbeitet werden, die Schutenfrüchte, Linse und Wicke wollen nicht zeitig werden und blühen immerfort, kein zeitiger Kleesaame, keine zeitige Bohne und sonst vieles gibt es dieses Jahr nicht.
29. Heute auf den Michaelistag ist noch viel Weiz und Gerst, Krummet, der Hafer auf dem Feld.
Es ist wegen der nassen Wittrung noch kein Korn gesäht.
Es wurden 12 Vorsteher in der Stadt gewählt.[249]

---

[248] Der Kirchhof auf dem Mauritiusplatz, 1248 erstmals erwähnt, diente bis 1690 als Begräbnisplatz. Vgl. Buschmann, Nordfriedhof, S. 13f. Zur Einstellung gegenüber den Toten vgl. Ariès, Geschichte des Todes, hier insbes. S. 634ff. (»Die Gleichgültigkeit der Pariser ihren eigenen Toten gegenüber«).
[249] Die alte städtische Ratsverfassung wurde durch das Gemeindeedikt vom 5.6.1816 aufgehoben, und als Vertreter der Bürgerschaft wurde ein zwölfköpfiger Stadtvorstand eingesetzt. Vgl. Weichel, Kur- und Verwaltungsstadt, S. 350.

Es regnete wieder von dem 29ten Sept[ember] bis den 5ten Oktober.
Okt[ober] den 6ten war ein schöner Tag.


<72>
1816

Okt[ober] den 6ten. Es soll dann nun eine Kaserne gebaut werden, und ist dazu ein Platz obig der Friedrichsstraß dazu abgesteckt worden.[250]
Wir haben den mehrsten Hafer nachhaus gebracht.
Den 7ten habe ich das erste Korn an dem Geißberg und dem Galge gesäht, aber so naß, daß das Korn in den Furchen geschwommen ist.
Den 13ten. Zwey Steuern hat die Stadt dieses Jahr gehoben, und zwey sind schon wieder angesetzt. Die Wittrung war für diese Zeit schön.
20ter. Es werden die Fundamente zu der Kaserne gegraben.
Die Schnecken thun großen Schaden – sie fresse ganze Äcker mit jungem Korn ab, welches ich noch nie gesehen. Die Frucht schlägt noch auf, der Weizen kostet 20 Gulden, das Korn ist ihm faßt gleich.
Es fängt schon an, hart zu frieren.
27ter. Die kalte Nächte, die wir hatten, haben den Schnecken nichts geschadet, das Feld kriegt dick voll. Die Leute sähen schon zum 2ten Mal.


<73>
1816

Nov[ember] den 3ten. Es wird eine Brücke über die Bach nach dem Ersberg[251] gemacht bey der Steinkrube.
Die Wittrung war wieder regnerisch.
Den 15ten haben wir unsere Wicken nachhauß gethan, es ist zum Erstaunen, sie waren noch mehrentheils grün, wie ich sie auf Haufen setzte, und regnete und schneuete die Zeit her darauf, und waren doch so schön von der kalte Luft abgetrocknet.

---

250  Vgl. Anm. 163.
251  Neroberg.

Den 17ten. Es fing mit dieser Woche an, viel Schnee zu fallen und kalt zu werden.
Die alte Herzogin ist diese Woche gestorbe.[252]
Den 24ten. Es ist diese Woche eine Forstverordnung bekannt gemacht worden, daß nichts, auch die geringste Kleinigkeit nicht mehr, aus dem Wald darf geholt werden, sogar Steine, Moos, Dorn und dergleichen nicht mehr. Wenn Menschen, die nur vor 20 Jahren noch da wahren und jetzt wieder kämen, sie würden nicht glauben können.[253]
Es ist traurig jetzt für den Unterthanen. Eine Sache, wozu wir sonst Ansprüche hatten, müssen wir ohne Wiederrede aufgeben. Was gefodert wird, müssen wir geben. Die Abgaben haben sich 8- bis 10fach verdoppelt.
Die Wittrung war wieder etwas gelind.

<74>
1816

Dec[em]b[er] den 1ten. Es ist in dem Wochenblatt[254] eine Gleichstellung von der starken Einquatierung der Jahre 1813 und 1814 heraus gekommen. Hier stehen die Namen derer, die zu viel, und derer, die zu wenig Einquatierung hatten, was die erstere an Entschädigung erhalten, und was letztere geben sollen.
Aber grade diejenige, die damals am mehrsten beträngt und überfüllt mit Einquatierung waren, die jetzt noch mit Schröcken an jene Tage gedenken müssen, auf diese fällt jetzt noch ansehliche Summen von 80 Gulde, 150 Gulden, 200 Gulden bis 1000 Gulden zu bezahlen.
Es war damals so, daß jedermann an jedem Morgen die Zahl seiner Einquatierung auf einen Nachtzettel schreiben und seinen Namen unterschreiben, denselben auf dem Billeten-Amt abgeben [müssen].[255]

---

[252] Luise von Waldeck, Frau von Friedrich August von Nassau-Usingen, * 29.1.1751, + 17.11.1816.
[253] Forstfrevelordnung vom 9.11.1816. Verordnungsblatt des Herzogthums Nassau 1816, S. 289ff.; Sammlung, Bd. 2, S. 176ff.
[254] Beilage zum Wiesbader Wochenblatt, 29.11.1816.
[255] Der Nachsatz ab »denselben« ist nachträglich eingefügt.

Viele Leute schrieben keine Zettel, viele konnten wegen Krankheiten und andern Stöhrungen nicht schreiben, in vielen ansehlichen Bürgers-Häußer war die Menge Völker zuviel, daß sie selbst nicht wußten, wieviel und welches ihre Soldaten waren, selbst bey uns war das schon der Fall, wenn 15 Mann gegessen hatten, dann kamen bald

<75>
1816

wieder andere, die auch Essen verlangten, nach diesen wieder andere, und so ging es jeden Tag; wer konnte von 24–28 Mann, die wir, wiewohl sie sehr oft umquatiert wurden, doch beständig im Quatier hatten, wer konnte die Menschen so genau kennen, erst wo noch mehr, 50–80 Mann, im Quatier wahren, da waren ja die Leute nicht mehr Herr im Hauß, mußten es gehen lassen, wie es ging, am Letzten war kein Teller, kein Löffel, keine Gabel mehr im Hauß. Das Hauß stand preis, jeder Soldat ging aus und ein, wo er wollte, besonders die Russe. Viele aber schickten auch jeden Morgen ihren Nachtzettel auf das Billettenamt, und anstadt dass sie 8 oder 10 Mann hatten, schrieben sie 12 oder 14 Mann, und diese Betrüger erhalten jetzt die Entsädigung[sic!], werden entschädigt von denen, die beynahe nichts wie ihre Wohnung und Feldgüter, und zum größten Glück noch ihr Leben, davon brachten.
Die Staats-Diener, die damals oft Officier in die Quatier nehmen mußten, werden dafür jetzt ganz entschädigt, indem dieselbe der Krieg nichts angehe.[256]
Da ich zu dieser Zeit gesund war und auch immer gesund blieb, so sorgte ich dafür, daß jeden

---

[256] Staatsbeamte waren von den »bürgerlichen Lasten« befreit.

<76>
1816

Morgen[257] unser Nachtzettel richtig abgegeben wurde, gab soweit es möglich war, auch jedes Mal die richtige Zahl an, und bey der Ausgleichung hatten wir nichts zu viel und nichts zu wenig.
Den 15ten. Es ist was ganz Sonderbares, die Bäcker können beynahe nicht so viel Brod backen als gegessen wird, es scheint, die Menschen müßten in teuern Zeiten mehr essen wie sonst.
Es wurden diese Woche noch Wicke von dem Feld heim gethan.
Den 29ten. Der Galge wird jetzt abgebrochen.
Das Malt[er] Weiz kostet jetzt 18 Gulden, das Korn 15, die Gerst 9, der Hafer 4 1/2 Gulden.
Die letzte Tage des Jahres waren noch regnerisch.
Auch das Jahr 1816 ist dahin, ob es gleichwohl kein Kriegs-Jahr war, so wird es uns doch lang in dem Andenken bleiben, wer weiss, ob wohl seit hundert Jahren ein so anhaldentes Regenwetter gewesen war, wovon fast ein jedes vorstehende Blatt bezeuget.


<77>
1816

Doch bey all dem vielen Regenwetter, muß ich bezeugen, ist keine Frucht auf dem Felde ausgewachsen noch verdorben, und bey all den großen Hindernissen des Regenwetters ist doch alles nach Hauß gebracht worden. Ja, Gottes Allmacht und Güte war jeden Morgen auch in diesem trüben Jahr bey uns neu.
An das Jahr 1816 wollen wir gedenken, wenn uns ungünstiges Wetter in unserer Feldarbeit stöhrt, und dann nicht verzagen, es kann ja nicht trauriger werden, als es dies Jahr gewesen, und doch hat uns der gute Gott glücklich durchgeholfen.
Man kann wohl sagen, es ist alles nicht recht gerathen, es hat viel Heu gegeben, aber es ist viel verdorben und kam schlecht nach Hauß.

---

257    Am Rand: »Dec[em]b[er]«.

Die Früchte sind gut im Stroh, aber wenig und leichte Körner. Wenig Obst und das war nicht gut. Wenig Zwetsche, aber die waren gut. Keinen Wein. Kartofflen, Dickwurz und Rüben so mittelmässig.


<78>
1816

Die Ahnungen, die ich an dem Schluße des Jahrs 1815 hatte, waren soweit eingetroffen, aber faßt die gleiche Stimme und Ahnung reget sich jetzt in meinem Gemüthe, sagt mir gleichsam, künftiges Jahr wird alles besser – wird alles ersetzt werden.
Das Allermerkwürdigste ist schon auf dem vorigen Blatt angeführet, daß die Bäcker beynahe nicht so viel Brod backen können als die Menschen zu kaufen verlangen.
Die Früchte sind wohl das lange nicht, was sie sonst in den mehrsten Jahren sind, durch die viele Nässe wohl nicht gewachsen, aber doch verschrumpft und leicht, wenig Mehl enthaltend, und scheint nicht das Sättigende zu haben, was es sonst hat, aber doch scheint noch was Besonderes in spaarsamen Jahren die Menschen nach Brod begierig zu machen.


<79>
**1817**

Jänn[er]. Es sind die neue Kalender, die mehrere Jahre gestempelt werden mußten, wo der Stempel 4 Kreuzer kostete, dieses [Jahr] wieder nicht mehr gestempelt.[258]
Den 18ten haben wir die 2 Ochsen, so wir vorigen Nachsommer getauscht, fett verkauft an alte Herz[259] vor 220 Gulden.

---

[258] Vgl. Anm. 93.
[259] Es handelt sich hierbei vermutlich um den Ratsherrn und Metzgermeister Philipp Reinhard Herz (1751–1825), der allerdings sein Haus in der Metzgergasse und die Metzgerei bereits 1809 seinem Sohn Heinrich Daniel überschrieben hatte. Spielmann, Wiesbaden und Bewohner, S. 58, Exemplar mit handschriftlichen Erläuterungen; HHStA 137IIIb/31, HHStA 137IX/1478.

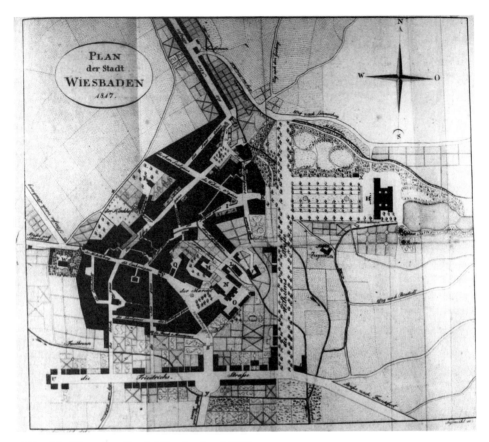

Abb. 14: Plan der Stadt Wiesbaden 1817.

Die Früchte schlagen auf, der Weiz 22, das Korn 19, die Gerst 15, der Hafer 6 Gulde.
Die Wittrung war durch diesen Monath sehr gelind, das Feld grünet.
Feb[ruar] den 16ten. Es muß jedermann seine Anzahl Obstbäume, große wie kleine, angeben. Die Wittrung war schöne mit Regentage vermischt.
Merz den 27ten haben wir Gips auf der Churfürstemühl[260] geholt, das Malter 1 Gulden 8 Kreuzer.
Das Pfund Ochsenfleisch kostet jetzt 15 Kreuzer.

---

260  Kurfürstenmühle im Salzbachtal, nahe des Rheins bei Biebrich.

Die Wittrung war durch den Merz schöne mit rauhen Tagen abwechselnd.
Ap[ril] den 7ten. Der Sonnebergerweg wird jetzt breiter gemacht und in
bessern Stand gestellt. Der vierpfündige Laib Brod kostet jetzt 28 Kreuzer
1 Heller.


<80>
1817

Apr[il]. Die Eckhäuser in der oberen Friedrichsstraß, von der Kirchgaß
her, werden jetzt gebaut.
Die Bürger bekommen kein Holz mehr wie sonst um den Macherlohn
angewiesen, es muß sich jeder sein Holz im Wald steigen.
Den 29ten. Meine Mutter hat 12 Malter Weiz verkauft, das Malter zu 26
Gulde 30 Kreuzer.
May. Das Malter Kartoffeln kostet jetzt 6 Gulde. Die Wittrung war durch
den May sehr schön.
Juni den 10ten hat meine Mutter den Rest von ihrem Weiz verkauft, ongefähr 10 bis 12 Malt[er], das Malter vor 32 Gulden.
Den 15ten. Es ist viel Heu gemacht worden und gut nach Hauß gethan
worden.
Den 22ten. Heute auf Sonntag ist unter Feyerlichkeit der Grundstein zu
der neuen Kaserne[261] am Eingang unter einen Thürpeiler gelegt worden.
Den 30ten. Die Frucht schlägt wieder ab[262]. Die Wittrung war immer sehr
schön.

---

[261] In der Schwalbacher Straße, gegenüber der Friedrichstraße, wurde am 22.6.1817 der Grundstein zur Infanterie-Kaserne gelegt. Vgl. Struck, Goethezeit, S. 128.

[262] Ausweislich der Marktnotierungen im Wiesbader Wochenblatt blieben hingegen die Getreidepreise im Juni/Juli 1817 unverändert hoch. Da der Getreidemangel ein zu frühes Ernten des Getreides nahelegte, sah sich die Polizeidirektion am 5.7.1817 veranlaßt, das Ernten unreifer Frucht zu verbieten. Vgl. Wiesbader Wochenblatt Nr. 27/1817.

Abb. 15: Briefkopf mit Ansicht der Infanterie-Kaserne.

<81>
1817

Juli den 20ten. Es wird angefangen mit Korn zu ernden.
Die Wittrung war viel mit Regen abwechselnd.
Aug[ust]. Die Weizen- und Gerstenernde kamen etwas spät, erst in der letzte Hälfte vom August. Wir hatten viele Regentage im August.
Sep[tember] den 20ten. Die Leute fangen an, Obst abzumachen. Das Malter Äpfel kostet 4 bis 5 Gulde. Der Sept[ember] hatte viele schöne Tage.
Okt[ober] den 19ten. Das Stumbe Thor wird abgebrochen.[263]

---

[263] Ausschreibung im Wiesbader Wochenblatt, 5.5.1817.

Den 31ten wurde das Fest der Reformation gefeuert, welches jetzt grade 300 Jahren seyen, dass Dr. Luther auftrat.[264]
Heute an diesem Tag haben sich in unserem Herzogthum die Lutherische und die Reformierte Religion miteinander vereinigt.[265]
Nov[ember] den 2ten. In diesen Tagen haben wir den Acker an dem Galgen mit junge Apfelbäum gesetzt.
Die neue Schuhl wurde eingeweihet und mit dieser Woche der erste Schuhlunterricht gehalten.
Den 9ten. Von der Kursaalanlage wird ein Spazierweg bis nach der Dietemühl gemacht.
Der Dotzheimerweg wurde von hier ganz grade nach Dotzheim durch das Feld gelegt.
Die kleine Schnecke thun wieder Schaden an der jungen Saat.

<82>
1817

Nov[ember] den 28ten hat meine Mutter eine Wanduhr gekauft vor 6 Gulden 30 Kreuzer.
Die Wittrung war für diese Zeit schön.
Von dem Boden Bauholz von Biebrich hierher zu fahren, werden jetzt 5 Gulden bezahlt.
Dec[em]b[er] den 7ten. Auf den Hauptbau der Kaserne wird jetzt das Dach gemacht.
Der neu abgesteckte Dotzheimerweg wird jetzt mit Bäume besetzt.

---

264    Martin Luther (1483–1546) schlug am 31.10.1517 seine Ablaßthesen an der Schloßkirche zu Wittenberg an.

265    Herzogliches Edikt vom 11.8.1817 über die Vereinigung der beiden protestantischen Landeskirchen. Das Reformationsfest dieses Jahres wurde demgemäß als »Vereinigungsfest« gefeiert. Statt der bisherigen Bezeichnungen »lutherisch« und »reformiert« wurde die vereinigte Kirche »evangelisch-christlich« genannt. Die Kirchenunion bildete Grundlage für die im darauf folgenden Jahr durchgeführte Neuorganisation der Kirche des nassauischen Staates. Vgl. Struck, Goethezeit, S. 155f.; Steitz, Nassauische Kirchenorganisation, S. 77ff.; Heinemann, Evangelische Union, S. 229f.; Grün, Nassauische Union, S. 157ff.

Den 29ten sind die Schaaf nachhauß gethan worden. Die Früchte und Gemüße, das Futter für das Vieh ist gut gerathen, wurde auch gut nachhaus gebracht.
Die Ahnung an dem Schluß des Jahres 1816 ist wieder eingetroffen, es ist alles wieder gut gerathen.
Mag[266] es Ahnungen geben oder nicht geben. Gewiß aber gibt es in dem Leben oft Stunden, in denen die Zukunft gleichsam in dunklen Schattenbilder vor dem aufgeregten Geiste vorüber vorüberzieht und in ihm Eindrucke und ein Vorgefühl zurückläßt, daß nicht so schnell wieder schwindet und auch in Erfüllung geht.

<83>
**1818**

Jänner. Die Wittrung war durch diesen Monath sehr gelind.
Feb[ruar]. Es wurde am 6ten wieder eine Wölfin bey der Silberbach geschossen.
Den 8ten. Es soll eine Sitzung von ansehlichen und vernünftigen Männer errichtet werden, welche als ein Vorstand für das Land seye, und sind diese Woche unter dem Nahmen Landstände gewählt worden.[267]
Die Bäcker verlangen 20 Kreuzer von dem Firnsel[268] Brod zu backe, welches bis hierher nur 12 Kreuzer gekostet.
Den 15ten. Es muß jeder Fuhrmann 1/8 Ruth Steine auf jedes Pferd von Nauroth aus der schwarze Steinkaut auf die Biebricher Chaussee fahren.
Die Wittrung wahr gelind, und schöne Tage.
Merz den 1ten. Den 3ten wahr die allererste Versammlung oder Sitzung der Landstände.

---

[266] Der folgende Absatz ist in deutlich abweichender Schrift verfaßt und könnte von Burk in hohem Lebensalter nachträglich eingefügt worden sein.
[267] Die Wahlen zu den Landständen fanden für die begüterten Grundeigentümer am 9. Februar statt, die erste nassauische Ständeversammlung wurde am 3.3.1818 eröffnet. Vgl. Struck, Goethezeit, S. 25f.; 175 Jahre Nassauische Verfassung, Ausstellungskatalog, S. 38.
[268] Ein Viernsel ist 1/4 Malter Getreide, umgerechnet etwa 42,5 Liter.

Den 15ten. An die Eckhäußer der Gassen sind die Nahmen der Gassen angeschrieben worden.[269]
Die Wittrung war sehr veränderlich.
Apr[il] den 7ten sind die Schaaf und Lämmer im das Feld gethan worden.
Wir haben den Gips gestreit, das Malt[er] kost 1 Gulden.
Den 14ten. Ich habe den alte Holzäpfelbaum am Wald geproft[270].
Die Taunusstraß wird angefangen zu bauen.
Den 30ten. Auf Himmelfahrt-Tag hat mein alter Bien[271] geschwärmt.

<84>
1818

May den 18ten. Die Neubauende ausserhalb der alten Stadt erhalten keine Baudesur[272] mehr und müssen auch die Bauplätze kaufen, welche sie bisher frey bekamen, welches von den Landständen bewirkt wurde.[273]
Wir hatten viel Regentage.
Juni den 3ten sind von 5 Nid[er]s[chlägen] von dem unteren Altbachstück 26 Gulden bezahlt worden.
Die Nacht von dem 1ten Juni sind auf verschiednen Orten Kartoffeln und Bohne verfrohren.
Den 7ten. In dieser Woche haben wir das mehrste Heu gemacht.

---

[269] Zwar waren Straßennamen schon seit geraumer Zeit üblich, aber offensichtlich waren sie bis dato noch nicht als schriftliche Orientierungshilfe in Gebrauch. Hausnummern im heutigen Sinne fanden erst seit Mitte des 19. Jahrhunderts Verwendung, allerdings waren bereits um 1806 alle Häuser der Stadt zur sicheren Indentifizierung im Rahmen der Brandversicherung fortlaufend durchnumeriert worden. Zur allgemeinen Orientierung dienten so manche der alten Häuser mit einem Eigennamen, insbesondere alte Bauernhöfe und Gastwirtschaften.

[270] Gepfropft, also durch Einsetzen von Zweigen einer besseren Sorte veredelt.

[271] Bienenstock.

[272] Verballhornt statt »Baudouceur« im Sinne von »Baugeschenk«, Bewilligung einer Bauprämie. Vgl. Hildner, Wiesbadener Wohnbauten, S. 104.

[273] Die 1818 berufenen Landstände hoben in ihren Haushaltsbeschlüssen die bisher gewährten Baubegünstigungen zum weiteren Ausbau Wiesbadens im wesentlichen auf: insbesondere unentgeltliche Bauplätze und Bauprämien je nach Lage und Bauweise des Hauses (Beschlüsse der Deputiertenversammlung vom 15.4. und der Herrenbank vom 29.4.). Vgl. Struck, Goethezeit, S. 116; Struck, Biedermeier, S. 154f.; Hildner, Wiesbadener Wohnbauten, S. 102ff.

Die Schwalbacher Straß wird zu Bauen angefangen.
Den 18ten war ein fürchterliches Gewitter, welches großen Schaden gethan hat.
Juli den 15ten. Es wird angefangen, Korn zu schneiden.
Heute, den 12ten, hat der 3te Prediger, Herr Pfarrer Wilhelmi[274], seine Eintritts-Predigt gethan, es ward gesunge das Lied 366.
Den 31. Es wird der Anfang gemacht, Weiz zu schneide.
Den 31ten habe ich unsere Frühbiern abgemacht. Die Wittrung wahr durch diesen Monath mehr trocke.

<85>
1818

Aug[ust]. Wir hatten sehr heiße Tage, zwische 30 u[nd] 31 Grad. Es ist in den ersten Tagen beynah all der Weiz geärndet worden.
Es sterben viele Menschen an der rothe Ruhr.[275]
Den 20ten ist von den beyden Gärten an der Schwalbacherstraß das, was zu der Straß kam, bez[ahlt] worden, von dem oberen nebig Kimmel und Stern 26 Gulde 33 Kreuzer; von dem untere nebig Erkel und Junker 16 Gulde 33 Kreuzer.[276]
Sept[ember]. Das Eckhaus von der Wilhelmsstraß und der Taunusstraß obig dem Theater ist diese Woch aufgeschlagen worden.[277]
Okt[ober]. Die Burgstraß wird angefangen zu bauen.
Den 21ten. Heute war Herbst.
Die Mund- und die Klauenseuche herrscht unter dem Rindvieh.

---

274 Ludwig Wilhelm Wilhelmi, Dr.theol., * Neuenhain 19.11.1796, + Wiesbaden 11.5.1882. Seit 1816 Hilfsprediger in Frankfurt/M., 1818 Hofkaplan und Pfarrer in Biebrich, 1830 Kirchenrat, 1836 erster Pfarrer in Wiesbaden, 1841 Geh. Kirchenrat und bischöfl. Kommissar, 1858 bis zu seinem Tod Landesbischof. Struck, Goethezeit, S. 156; Renkhoff, Biographie, S. 872.
275 Blutige Dysenterie im Gegensatz zur »weißen Ruhr«.
276 Das erstgenannte Grundstück findet sich im Feldgrundsteuerkataster 1823 vor dem Stumpfen Tor (zwischen Daniel Kimmel und Conrad Stern), das zweite Grundstück läßt sich dort jedoch nicht mehr nachweisen. StadtA WI/1/131.
277 Wohnhaus des Badewirtes H. von Block, später Hotel Cecilie. Versteigerungsankündigung im Wiesbader Wochenblatt, 19.6.1820; Spielmann/Krake, Karte IV.

*Abb. 16: Landesbischof Wilhelmi (1796–1882).*

Den 31ten sind die erste Soldaten in die Kaserne eingezogen, da sie bisher noch bey den Bürger einquatiert waren.[278]
Nov[ember]. Der Herbst ist sehr trocken.
Den 15ten sind die noch übrige Soldaten in die Kaserne eingerückt.
An den Sonnebergerweg werden junge Obstbäume gesetzt, und derselbe wurde caussiert.
Die Wittrung war trocke, und es fängt an kalt zu werden.

<86>
1818

Dec[em]b[er]. Die Früchte sind sehr wohlfeil.
Den 24ten sind die Schaaf nach Hauß gethan worden.
Die Früchte sind gut gerathen, auch das übrige. Obst hat es ziemlich gegeben.
Der Holzpreiß stieg höher.
Die Steuern wurden 11mal gehoben, nehmlich 5 herrsch[aftliche] und 6 städtische, es ist aber doch bald nicht mehr aufzubringe.[279]

<87>
**1819**

Jänn[er] den 11ten sind meiner Mutter 33 Gulden 27 Kreuzer vor das Gehölz an unserer Wies bey der Dietenmühl bezahlt worden, so daß dasselbe soll stehen bleiben und Schatten auf den Spatzierweg mache.
Feb[ruar] den 21ten. Die wilde Mensche aus Amerika, die vor einigen Jahren schon einmal hier waren, sind wieder hier im Schützenhof zu sehen.[280]

---

278  Vgl. Anm. 163.
279  Vgl. zum Steuerwesen Anm. 172.
280  Im Wiesbader Wochenblatt Nr. 7/1819 findet sich für den 21.2.1819 lediglich die Ankündigung eines Maskenballs.

Merz den 21ten haben wir den Gips gestreit, das Malt[er] kostet 1 Gulden 4 Kreuzer.
May. Die evanielische Kirch wird verbutzt.
Die Vier Jahreszeiten werden aufgeschlagen.[281]
Den 18ten. Wir wollen noch eine neue Scheuer bauen, und ist heute von den Maurer der Anfang daran gemacht worden.
Den 30ten sind die Kartoffle und Bohne verfrohren.
Vor den Spazierweg durch unsere Wies in der Blumewies sind meiner Mutter 11 Gulde und 15 Kreuzer, meinem Petter[282] 12 Gulden bezahlt worden.
Juni. Die Wittrung war nicht recht günstig zu der Heuernde.
Juli den 6ten. Es läßt sich wieder ein Kometstern sehen. Es wird schon angefangen, Korn zu schneide.
Den 26ten ist unsere neue Scheuer aufgeschlagen worden.
Es wird der Anfang an der Weizeernde gemacht.

*Abb. 17: Das Hotel Vierjahreszeiten um 1850. Lithographie von Dielmann/ Dawson.*

---

[281] Zum Bau des Hotels Vier Jahreszeiten vgl. die Einleitung sowie Struck, Biedermeier, S. 87ff.
[282] Vgl. Anm. 177.

<88>
1819

August. Alle Zünfte der Handwerker sind aufgehoben[283], und es darf jeder arbeiten, nur muß er sein Geschäft versteuren.
Von dem 25ten auf den 26ten hat mir der Marder alle meine Tauben todt gebissen, ich halte auch jetzt keine mehr.
Sept[ember]. Der Wein geräht dieses Jahr wieder sehr gut.
Okt[ober] den 8ten war Herbst.
Nov[ember] den 8ten wurde meiner Mutter 40 Nid[er]sch[läge] Krautacker am Altbachweg hinziehen, welches vor 2 Jahr zu der Kaserne gekommen, von der Stadtkasse mit 205 Gulde bezahlt. Vor der Erbauung der Kaserne hatte sich der Stadtvorstand erwilligt, eine Summa Geld, mehrere Morgen Feld, jährlich 12 Klafter Holz dazu zu geben.
An alle Vicinalwege[284] sind Wegweiser mit dem Nahmen und wie weit nach dem Dorf es sey.
Dec[em]b[er]. Am 13ten mittags zwische 11 u[nd] 12 Uhr hat sich ein hiesiger Bürger N. Weyrauch[285] in seinem Hauß erschossen, er lebte aber noch bis den andern Tag, der Schuß ging unter dem Kien vorn durch den Mund und Kopf.


<89>
1819

Dec[em]b[er] den 17ten ward mit der Schelle bekannt gemacht, jedermann solle den frisch gefallnen Schnee von seinen Häuser auf den Dächer herunter mache. Welche Zumutungen, kein Mensch tath es aber auch nicht.
Die Wittrung war wie immer abwechselnd kalt.

---

283   Vgl. Struck, Goethezeit, S. 68ff.
284   Nebenstraßen (im Gegensatz zu den Post- und Landstraßen).
285   Joh. Heinrich Weyrauch, öffentlicher Taxator und Badekommissar, starb am 14.12.1819 im Alter von 49 Jahren. Er wird auch als Schneider, beim Tod seiner Frau 1814 als Stadtwachtmeister genannt. Wiesbader Wochenblatt Nr. 52/1819; StadtA WI/1/24.

Die Früchte, wie alles andere ist gut gerathen. Wenig Obst, aber viel und sehr guter Wein.
Die Steuern sind 9 Mal gehoben worden.

<90>
**1820**

Jän[ner] 1ter. Von dem erste an dürfen die Nachtwächter die Stunden der Nacht nicht mehr mit dem gewöhnlichen Horn abblasen, sondern dieselbe nur ausrufen.[286]
Den 21ten wurde verordenet, dass bey Strafe von 3 Gulden alle Scheuer-Gebälke mit Diehlen belegt und fest vernahgelt seyn.
Die Wittrung war bis den 17ten sehr anhaltend kalt.
Febr[uar] den 22ten hat Nachbar Stiehl[287] unsern großen Nußbaum auf dem Mainzerfeld gekauft mit allem Gehölz vor 54 Gulde, er war wohl viel mehr werth, aber wegen sonst großen Gefälligkeiten und Vortheilen ward es so hoch nicht genommen, er ward gleich ausgegrabe.
Merz den 9ten brachte ich die ganze Nacht bey dem Schlosser Schweizer[288] zu, wo wir mit einer Wind das Kalb todt von einer Kuh tathen, der Thierarzt hatte die Kuh aufgegeben und verordnet, sie nur todt zu stechen, denn es sey doch keine Rettung, der Mann übergab sie mir und noch mehreren, und die Kuh blieb glücklich leben.
26ter. Heute den 26ten ist wieder, nach einer 9 Monate langen Reperatur, in der lutherischen Kirche Gottesdienst gewesen, die Kirche ward inwendig und auswendig verbutzt.

---

[286] Anordnung des Amtmanns vom 13.12.1819. Vgl. Struck, Biedermeier, S. 59.
[287] Es handelt sich um den Schreinermeister Heinrich Stiehl, der zwei Häuser neben den Burks wohnte und dort eine große Schreinerei mit vier bis acht Gesellen betrieb und zeitweise auch ein Möbelmagazin (Möbel auf Vorrat) unterhielt. StadtA WI/1/24, WI/1/29, WI/1/179.
[288] Heinrich Balthasar Schweitzer, Bürger seit 1798. Nach dem Tod seiner Frau Johanna Gertraud Venzo heiratete er am 12.6.1814 Maria Christiana Engel. StadtA WI/1/212.

<91>
1820

Apr[il]. Der Bauinspektor Zais[289] sucht warmes Wasser in der Nähe bey dem Brühbrunnen, über der Bach in dem Erkel[290] seinem Garten.
Es entstand dadurch ein großer Aufstand unter den Badwirten, als entging ihnen allen, sogar im Schützenhof, das Wasser. Der Bauinspektor Zais entsetzte sich hierüber, bekam die Nervekrankheit und starb.
Den 29ten. Es blühen jetzt alle Bäume.
Den 11ten April blieben die Schaaf und Lämmer in dem Pferch.
Juni. Das gemeine Baad wird verändert.[291]
Juli den 30ten wird angefangen, Korn zu schneiden.
Es wird auf jeden Gulden Steuer, so der Mann zu geben hat, ein Gulde und 10 Kreuzer gefodert für das für die Kriegsvölker gelieferte Schlachtvieh in den Jahren 1813–1814 zu bezahle.
Aug[ust] den 11ten ist das 2te Regiment Nassau, welches von dem Jahr 1814 in holländischen Diensten gestanden hat, wieder hier eingerückt.[292]
Den 13ten. Es wird an der Weizenernde angefangen. Es ist aber kein günstiges Erndewetter. Die Früchte sind wohlfeil, das Malter Weiz kostet 5 Gulde.

---

[289] Christian Zais, Architekt, * Cannstatt 4.3.1770, + Wiesbaden 26.4.1820. Seit 1805 in Wiesbaden, nassauischer Bauinspektor, seit 1816 Landbaumeister. Erbauer des (alten) Kurhauses, des Erbprinzenpalais und des Hotels Vier Jahreszeiten. Renkhoff, Biographie, S. 892; Struck, Goethezeit, S. 94ff.

[290] Philipp Jakob Erkel, Bäcker und Landwirt, wohnhaft in der Langgasse, 1790 in das Wiesbadener Bürgerrecht aufgenommen. StadtA, Karten und Pläne II/64; WI/1/212.

[291] Die Stadt wurde 1820 angewiesen, das Gemeindebadhaus für eine Pächterwohnung aufzustocken. Gleichzeitig teilte man das Bad in vier Zellen auf. Für die Baumaßnahmen, nach einer Klage der Stadt »sehr schlecht ausgeführt«, wurden 1821 2.981 Gulden 50 Kreuzer aufgewandt. Das Badehaus stand den Wiesbadener Bürgern kostenlos zur Verfügung. StadtA WI/1/1025; Struck, Biedermeier, S. 129.

[292] Vgl. Weichel, Kur- und Verwaltungsstadt, S. 347.

<92>
1820

Sept[ember]. Die Wittrung war durch diesen Monath schön, und das Krummet ward gut gemacht.
Okt[ober]. Das Malter Äpfel kostet 1 Gulde.
Den 22ten ist auf herrsch[aftlichen] Befehl wieder in dem Erkel[293] seinem Garten, wo in dem April schon gegraben war, wieder aufgegraben worden, und in die übrige Badhäußer an die Kochbrunne Militärwacht gestellt worden, um ganz gewiß zu sehen, wie die Badwirte vorgaben, daß ihnen ihr Wasser dadurch entgehe.[294]
Nov[ember] den 13ten war der Fall mit meinem Bruder Heinr[ich][295], wo ihn wie ein Schlag am rechte Fuß rührte.
Die Wittrung wird schon heftig kalt.
Dec[em]b[er] den 3ten. Mein Bruder Heinrich ist sehr krank.
Die Früchte sind sehr wohlfeil, der Weiz 5 Gulden, die Gerst 2 Gulden. In diesem Jahr ist alles gut gerathen, besonders hat es viel Obst und Zwetsche gegeben, aber wenig und geringe Wein.

<93>
**1821**

Jän[ner]. Das Jahr fängt mit großer Kälte an.
Es wird das warme Wasser aus dem Erkel seinem Garten an dem Brühbrunne hin duchr [sic!] die Spiegelgaß durch einen großen Kanal nach den Vierjahrszeiten geleitet.
Die reformierte Kirche ward verkauft, dieselbe hat Herr Posthalter Schlichter[296] zu seinem dahin grenzenden Garten gekauft.
Feb[ruar] den 18ten. Für die lutherische Kirche wird zum allerersten Mal 1/2 Simpel Steuer gehoben.

---

[293] Vgl. Anm. 290.
[294] Die Untersuchung erbrachte Manipulationen der Badewirte an den Quell-Leitungen. Dem Badehaus Vierjahreszeiten durfte nach dem Tode von Zais das nötige Wasser zugeleitet werden.
[295] Vgl. Anm. 114.
[296] Vgl. Anm. 226.

Merz den 6ten haben wir den großen Braunen auf einen 3jährigen Braune dem Heium von Medebach vertauscht, Pferd für Pferd.
Apr[il]. Dem Dambtman[297] haben wir unser Pläulche[298] auf den Röder, auf dem Köpp[299] seine Ruth gleich dabey vertauscht.
Der Kirchhof wird um etwas größer gemacht.[300]
Der Gips kost 1 Gulden 4 Kreuzer.
Den 22ten war Ostern, es fangen viel Bäume an zu blühen.
May. Die Früchte sind wohlfeil, das Korn 3 Gulde, der Weiz 5 Gulden, die Gerst 2 Gulden, der Hafer 1 Gulden 40 Kreuzer.
Juni den 8–9ten haben wir die Dickwurz-Pflanze gesetzt.

<94>
1821

Juni. Es wird an der Wasserleitung von dem Kisselbrunne stark gearbeitet.[301]
Den 21ten hat es des Nachts gereift, und sind Bohne und Kartofflen an verschiednen Orten verfrohren.
Zu der Wasserleitung von dem Kisselbrunne wird eine freywillige Beysteuer gehoben, welche in 3 Terminen können bezahlt werden; meine Mutter hat 8 Gulde 6 Kreuzer dazu gegeben.
Juli. Die Grundsteuer ist wieder verändert worden. Es ist die Rede, daß das Feld neu gemessen, die Gewannen verlegt werden, der Zehnte solle abgehen, dafür aber soll das Feld abgeschetzt werden, und davon der 10te

---

[297] Johann Balthasar Dambmann, + Wiesbaden 13.1.1836 im Alter von 67 Jahren, Küfermeister und Wirt Zu den Drei Königen. Er stammte aus Rüsselsheim und wurde 1798 in das Wiesbadener Bürgerrecht aufgenommen. Spielmann, Wiesbaden und Bewohner, S. 21; StadtA WI/1/212.
[298] Ein Pleuel ist eigentlich ein schmales Stück Holz zum Wäscheklopfen; gemeint ist hier ein kleines, wohl schmales Stück Ackerland. Vgl. StadtA WI/1/131, Ackerstück der Burks Auf den Rödern.
[299] Vermutlich ist der Gasthalter und Landkommissar Friedrich Reinhard Köpp (1756–1834) gemeint. Vgl. Koepp, Geschlechterfolge, S. 4.
[300] Der Friedhof an der Heidenmauer wurde von 7.850 qm auf etwa 16.000 qm vergrößert. Buschmann, Nordfriedhof, S. 15.
[301] Vgl. Anm. 199.

Gulde des Werthes abgegeben werden; wer das nicht kann, soll den 10te Morge Acker dafür abgeben. Es sind sehr verdrüßliche Zeiten für den Landmann, vor alten Zeiten war der Zehnte, die Abgaben, aber jetzt müssen wir die viele Steuern bezahlen, und der Zehnte, wie doch in dem Anfang der Steuer versprochen, er solle abgehen, bleibt doch fort. Bey den jetzigen Zeiten hat es Mühe, daß der Landmann seine

<95>
1821

Juli
Abgaben aus seinen Felder bringt.
Die Wittrung war mehrentheils veränderlich und regnerisch.
August. Die Ernde kommt wegen der ungünstigen Wittrung spät.
Den 6ten haben wir den Anfang mit Korn zu schneide gemacht, den 21ten den Anfang mit Weiz schneide gemacht. Die Wittrung ist recht schön zu der Ernde.
Sept[ember] den 10ten. Die Früchte sind sehr wohlfeil, das Malter Weizen kostet etwas auf 4 Gulde, das Korn ward verkauft das Malt[er] 2 Gulden 6 Kreuzer.
Den 17ten. Die Arbeiten vom Kisselbrunnen gehen stark voraus, sie sind schon damit bis in der Stadt.
Okt[ober] den 1ten war der unglückliche Tag, wo der Karrn über mich ging, wo ich so viele Mittel gebrauchte, aber doch nicht wieder ganz konnte hergestellt werden.
Dec[em]b[er] den 1ten fingen die neuen Brunne von dem Kisselbrunnen in der Stadt an zu laufen. Der Herbst und Vorwinter blieb sehr gelind, es hat bis das neue Jahr weder gefrohren noch Schnee gegeben.

<97>[302]

**1822**

Jän[ner]
Der ganze Winter war sehr gelind, nur 2 Nächte in dem Januari hat es ein wenig gefrohren, der Anfang von dem April war nur etwas unfreundlich mit Schnee vermischt.
Merz den 21ten hat ein Aprikosenbaum in unserem Garten schon geblüht. Ende des Jänners fing mein Petter[303] an, krank zu werden, wurde aber bald wieder besser, fing aber nach 8 Tagen wieder an und hatte durch den Monath Febr[uar] viel gelitten, ging am 2ten Merz, da es sehr schön Wetter war, vor die Stadt, kam doch bald wieder nachhauß. Den 3ten trank er des Morgens seinen Kaffee und klagte noch nichts, gegen 8 Uhr fing er an, über heftige Brustschmerzen zu klagen, wurde den 4ten des Abends und Nachts sehr krank und starb gegen Morgen um 3 Uhr. Etwas sehr Merkwürdiges, und wenn ich es nicht selbst gesehen und dabey gestanden hätte, so würde ich es selbst nicht glauben, wie der Sarg sollte zugemacht werden, da trat meine Schwester, welche ihn sehr gerne hatte, näher zu ihm, drückte ihm die Hände, und strich das Gesicht, fing an zu weinen, und sagte dann adieu lieber Petter, ich stand hinter ihr, und unsere Magd neben ihr, wie sich meine Schwester wieder von ihm aufrichtete, da veränderte sich sein Gesicht, und es ist ganz gewiß, er lächelte und nickte

<98>
1822

mit dem Kopf, als wollte er auch adieu sagen, meine Schwester und die Magd gingen erschrocken der Thür hinaus, und ich ging einige Schritte zurück, glaubte meinen Augen fast selbst nicht, ging wieder zu ihm, befühlte ihn, er aber war todt, ich ging auch der Thür hinaus und erzählte dieses meiner Mutter, dieselbe sagte dann, dass ihr schon meine Schwester und auch die Magd dasselbe erzählt habe, sie hätte es aber noch nicht glauben können, da ich aber eben dasselbe sage, so müsse sie es glauben,

---

[302]  Seite 96 ist unbeschrieben.
[303]  Vgl. Anm. 177.

und gewiß, so gewiß als es hier geschrieben stehet, ist es auch so gewesen, beweiset, daß der Menschengeist beständig fort dauert.
März. Die Lungenfäul ist unter dem Rindvieh, sind schon mehrere Stück gefallen.
Die Wilhelmsstraße wird gepflästert, wozu die Steine bey Nauroth gebrochen, und zum hierher zu fahren versteigt worden, es wird die Ruth um 8 Gulde gefahren.
Apr[il] den 4ten habe ich mich seit dem 1ten Okt[ober] 1821 zum ersten Mal wieder barbieren können, und es ging noch schlecht.

<99>
1822

Ap[ril] den 13ten habe ich angefangen zu baden[304].
Die Wittrung ist sehr schön.
Die Bäume und der Kohlsaame blüht schön. Die Früchte sind sehr wohlfeil, meine Mutter hat 20 Malter Weiz verkauft, das Malt[er] 4 Gulden 40 Kreuzer.
Den 28ten. Die schöne Wittrung währet fort.
May den 15ten. Das Korn blühet, es wird Ewiger Klee[305] zum Dörren gemäht.
Den 26ten. Es fängt auch bey uns das Vieh an, krank an der Lungefäul zu werden.
Juni den 3ten ist meine Kuh an der Lungefäul krebirt.
Den 9ten. Der Kohlsaame ist zeitig und wird geschniden.
Ich habe nun sechs Woche gebadet, aber es konnte mich auch nicht wieder ganz herstellen.
Den 16ten. Zu Kassel [Kastel] wurde Korn geschniden und gedreschen, es gibt aber wenig in das Maas, von dem Zehnte nur 5 Kümb[306].

---

[304] Gemeint ist hier das Baden im Heilwasser.
[305] Luzerne.
[306] Hohlmaß. Ein Kumpf ist 1/4 Viernsel, also der sechzehnte Teil eines Malters.

Die Früchte schlagen wieder sehr auf, es ist ein wahres Sprichwort, wenn die Früchte am unwerthesten seyen, so soll man 2 Besen dabey stellen und zusammen halten[307].
Den 18ten ist wieder eine von unsern Kühen an der Lungenfäul krebirt.


<100>
1822

Juni den 24ten. Heute auf Johannis Tag hatte der David Steiner[308], Müller auf der 2ten Mühle vor der Stadt[309] an der Schwalbacher Chaussee, selbstgezogenes neues Brod, welches Korn Überhoben auf seinem Acker gewachsen ist[310], bey Menschendenken war der Fall hier noch nicht auf Johanni, dass gewöhnliche Korn schon reif war. Die Wittrung ist schön, aber die Erde sehr ausgetrocknet.
Den 26ten. Es wird Korn geschnitten. Die Früchte schlagen noch auf.
Juli den 11ten haben wir angefangen, Weiz zu binden.
Die dürre Wittrung dauerte bis den 15ten fort.
Den 18ten ist uns wieder eine Kuh an der Lungefäul krebirt.
August. Das Feld ist sehr voll Hamster, es muß daher jeder Gutsbesitzer 5 Hamster liefern. Wir hatten sehr gedeihliche Witterung.
Den 25ten. Das Obst und die Zwetsche sind schon zeitig.
Sept[ember] den 1ten. Das Obst wird abgemacht, das Malter Äpfel vor 48 Kreuzer, auch zu einem Gulde, verkauft.
Den 8ten habe ich wieder angefangen zu baden.
Den 15ten. Die schöne Wittrung währet fort.

---

[307] Seitlicher, senkrechter Vermerk: »Jahr 1858 im Juni« in leicht zittriger Schrift.
[308] David Steiner, Müllermeister, * Uffhofen b. Flonheim 28.10.1774, † Wiesbaden 6.4.1823, 1800 Bürgeraufnahme Wiesbaden. Spielmann, Valentin Dahlem, S. 42; StadtA WI/1/212.
[309] Kaufmannsmühle, auch Junkersmühle, Steinersmühle und Stubersmühle (nach den jeweiligen Besitzern) genannt.
[310] Statt gestrichen: [welches Korn] »vor seiner Mühle an der Chaussee« [gewachsen ist].

<101>
1822

Sept[ember] den 15ten. Von heute an fängt der Zoll an, so fast auf alles, was aus dem Ausland kommt, gelegt ist, und wird streng darüber verfahren.[311]
Den 27ten. Die Trauben sind zeitig und heute ist Herbst.
27. Heute ist uns ein schön Schwein krebirt, sie wahr nehmlich ganz gesund aus dem Stall gesprungen, fiel auf dem Hof hin und war bald todt, bey dem Aufschneiden befand es sich, daß das Netz[312] zerrissen war, welches durch das heftige Springen geschehen seyn muß.
Okt[ober]. Ich habe diesen Nachsommer noch 5 1/2 Woche gebadet, aber es hat mir nichts mehr geholfen.
Die alte Spithal-Bäder nahe bey dem Kochbrunne wurden hinweg gemacht, der Platz zur Promnade gemacht, ein neues Baadhauß hinter das Spithal auf die Wiesen gebaut.[313]
Der Schiersteinerweg ist strack gelegt und mit jungen Obstbäumen besetzt worden.
Die Wittrung war bis den 15ten Dec[em]b[er] schön, da fing es an, kalt zu werden.
Merkwürdig ist, dass zwische den Jahre 1821–1822 kein Winter war, frühe schon im Febr[uar] fing es an, schön zu werden, und währte bis in den Herbst.

---

[311] Die sich mehrenden Forderungen nach Schutzzöllen aus den Kreisen der nassauischen Wirtschaft, die ihrerseits durch das preußische Zollgesetz von 1818 in ihren Exporten behindert war, und die schlechte Finanzlage Nassaus bewirkten 1822 die Einführung von Grenzzöllen. Vgl. Hahn, Einzelstaatliche Souveränität, S. 95.

[312] Teil des Bauchfells.

[313] Das baufällig gewordene Armenbad wurde 1823/24 durch einen Neubau ersetzt. Nach Einführung der Trinkkur im Frühjahr 1823 legte man einen Promenadenweg vom Kochbrunnen zur Taunusstraße an, gleichzeitig wurde der Hospitalgarten umgestaltet. Vgl. Struck, Biedermeier, S. 141; Spielmann/Krake, Karte IV; Müller-Werth, Geschichte und Kommunalpolitik, S. 93.

<102>
1822

Die Winterfrucht ist gut gerathen, aber die Sommerfrucht wegen der trocknen Wittrung weniger gut.
Die Herbstgewächse, Kartoffle, Dickwurz und Kraut und Rübe wieder gut.
Obst hat es viel und recht gutes Obst gegeben.
Der Wein wurde ganz besonders gut.

# Das Tagebuch Burk – Notizen zu den Jahren 1822–1837

<103>

In den Jahren **1826** u[nd] [**18**]**27**/[**18**]**28** wurde das Theater gebaut.[314]
In der Louisenstraße wurden in den Jahren **1829** bis **1831** die mehrste Häußer gebaut.
Die Atiliri-Kaserne wurde auch **1829** gebaut.[315]
Ein merkwürdig langer und anhaltender Winter war von **1829** bis **1830**, schon im November fing es an zu schneuen, und derselbe Schnee blieb liegen bis in den Merz.
Eine neue katholische Kirche wurde in den Jahren **1829** bis [**18**]**31** in der Louisenstraß gebaut, aber an dem 11ten Feber 1831, einem Freytag, Abends zwischen 5 und 6 Uhr stürzte das Dachwerk und obere Mauerwerk alles wieder zusammen, das eingestürzte Mauerwerk blieb so stehen bis **1836/37**, da wurde alles wieder von Grund abgebrochen, und der Platz mit[316] Bäumen besetzt.[317]

---

[314] Theateraufführungen wurden zuvor in einem Saal des Schützenhofes gegeben. Die Grundsteinlegung zum Theaterbau erfolgte 1825 gegenüber der Alten Kolonnade an der Wilhelmstraße; die Eröffnung fand am 26.6.1827 statt. 1893/94 wurde das Theater durch den Neubau an heutiger Stelle ersetzt. Vgl. Struck, Biedermeier, S. 229f.; Müller-Werth, Geschichte und Kommunalpolitik, S. 114.

[315] Die Artilleriekaserne wurde 1828–1829 zwischen Schwalbacher Straße und Kirchgasse jenseits der Luisenstraße errichtet. Die Bebauung der Luisenstraße und die Anlage des Luisenplatzes mit der Münze und dem Pädagogium (1829–1831), werden hier nicht erwähnt. Vgl. Spielmann/Krake, Karte V.

[316] Folgt eine Lücke.

[317] Der Baumeister der Kirche, Hofbaumeister Friedrich Ludwig Schrumpf (1765–1844), wurde von der katholischen Kirchengemeinde in Regreß genommen und mußte für den Schaden von 30.188 Gulden aufkommen. Vgl. Häbel, Vom Zeichenlehrer zum Hofbaumeister, S. 139f.

*Abb. 18: Neue katholische Kirche in Wiesbaden (Entwurf).*

Die Röderstraße und die Steingaß wurden in den Jahren [**18**]**32** bis [**18**]**35** gebaut.[318]
Der Heidenberg in den Jahren [**18**]**34** bis [**18**]**38/39** geba[ut].[319] Die obere Kolenade im Anfang der [**18**]**30**[er] gebaut.[320]

---

[318] Die Röderstraße war bereits früher angelegt worden, wenn auch die Bebauung sukzessive erfolgte. Wahrscheinlich meint Burk hier den Ausbau der Straße Römerberg parallel zur Steingasse. Vgl. Spielmann/Krake, Karten IV und V.

[319] Die heutige Adlerstraße. Vgl. Spielmann/Krake, Karten V und VI.

[320] Die Alte Kolonnade wurde bereits im Mai 1827 fertiggestellt, die südliche Kolonnade folgte erst 1838/39. Vgl. Struck, Biedermeier, S. 161; Spielmann/Krake, Karte IV.

Im Anfang der [18]30[er] bauete der Obrist von Hagen[321] auf den Berg gegen dem Kursaal ein grosses Hauß.[322] In den Jahren [18]36 u[nd] [18]37 bauete ein Gärtner und noch einige Herrn daselbst.[323]

<104>

In dem Jahr **1830** ward eine Colecte für neue Glocken gesammlet.[324]
**1831**. Der Sonntag nach Ostern als der 11te April war der letzte Sonntag, an welchem die alte Glocken geläutet worden.
Am 23ten Juni des Abends wurden die neue Glocken zum ersten Mal geläutet, und Sonntags den 26ten Juni bey dem Morgen-Gottesdienst eingeweyhet, dabey folgender Gesang gesungen, von dem Lied N[umer]o 408 die 4 erste Vers, bey dem Anfang dann folgendes dazu gedichtetes Lied.
1. Die Glocken, die wir heute weih
Zu festlich ernstem Läuten,
Sie sollen uns Ermuntrung seyn,
Des Lebens Ernst uns deuten.
Sie seyn im schnellen Flug der Zeit,
Im Kampf mit Welt und Eitelkeit,
Uns Mahnungsruf nach oben.
2. Dem, der sich nicht besinnen mag,
Den ganz die Erde bindet,
Verkündiget ihr reger Schlag:
O Mensch, das Leben schwindet!
Sie sprechen dem, der gern erfreut

---

[321] Adolph Ferdinand Leopold Hans Frhr. von Hagen (1779–1844), nassauischer Kammerherr, Oberst, Teilnehmer des Spanienfeldzuges und der Schlacht von Waterloo. Vgl. Herrmann, Gräberbuch, S. 49.
[322] An der gleichen Stelle wie später das Paulinenschlößchen in den Jahren 1824–1827 erbaut. Vgl. Spielmann/Krake, Karte IV.
[323] Als erster Bau neben dem Hagenschen Palais entstand das Wohnhaus des Oberstleutnants Robert Raban von und zum Canstein (1796–1875), das zum 1.1.1839 in das Brandkataster eingetragen wurde. Es folgten einige Landhäuser an der Sonnenberger Straße. Russ, Villen, S. 699; StadtA WI/1/143; Herrmann, Gräberbuch, S. 169; vgl. auch S. <111>.
[324] Vgl. Struck, Biedermeier, S. 187.

Und hilft und milde Gaben streut,
Vom Lohn bey Dir, o Vater.
3. Sie mahnen den, der traurent naht
An seines Leidens Ende,
Den Sünder auch, vom irren Pfad,
Daß er zu Dir sich wende.
Sie tönen Ruh ins wunde Herz
Und Lindrung jedem bittern Schmerz,
Sie wecken, stärken, trösten.

&lt;105&gt;

4. Ihr Schall ruft uns ins Vaters Hauß
Aus dieser Welt Getümmel.
Da ruhn wir von den Sorgen aus,
Den Blick gericht gen Himmel.
Da sucht die Seele höhre Kraft
Und findet, was ihr Heil verschafft:
Glaub, Liebe, feste Hoffnung.
5. Erzeucht im finsteren Reich der Nacht,
Aus Erdenstoff gewoben,
Geläutert durch des Feuers Macht,
Und rein hervor gehoben,
Nun in das Reich des Lichts erhöht,
Von heiteren Lüften rings umweht,
Seyn sie uns Bild und Hoffnung.
6. Wir sind wie sie entkeimt vom Staub,
Wie sie erprobt hienieden,
Doch sind wir nicht der Erde Raub,
Du rufst dem Lebensmüden,
Dein Kind, o Gott, hinauf zu Dir,
Die Erde sinkt, bald athmen wir
Des Himmels reine Lüfte.
7. Erschalle, jauchzender Gesang,
Steigt feuriger, Gebete
Mit Orgelton und Glockenklang
Von der geweihten Stätte.

Wir sind, ob Kinder wohl der Zeit,
Auch Erben der Unsterblichkeit,
Sind Deines Reiches Erben[325].


<106>

In den Jahren von **1826** bis in die [**18**]**30**[er] wurde das ganze Feld gemessen und nach einem neuen Metermaas eingetheilet; die Kosten wurden von dem Rückgriff[?] vom Zehnten, welchen die Stadtkasse bezieht, ausbezahlt.
In dem Jahr **1826** hat Herr Düringer[326] den Garten vor dem Stumbenthor an der Schwalbacher Chaussee angelegt[327] und ein schönes Gartenhauß gebaut, später in den [**18**]**30**[ern] ein noch grösseres Hauß dahin gebaut, dann an H[errn] Malepart[328] verkauft, welcher **1838–39** Scheuer und Stallung dahin stellte und noch vieles Feld um die Leimenkaut dazu kaufte.
**1831** in dem May den unterste Garten, welcher damals noch eine Wiese war, mit Grund überfahren und zu einem Garten gemacht.
**1857**[329] in dem Sept[ember] ist mir der Garten zu einem Bauplatz abgeschätzt worden, für die Ruth 60 Gulden, die Bäume und das Geländer 180 Gulden. Zusammen für 1627 Gulden 48 Kreuzer an den Bauaccisten Moriz[330].

---

[325] Senkrechte Randbemerkung in deutlich abweichender Schrift über die ganze Seitenlänge: »1850 den 27ten Juli Nachmittag 3/4 auf 3 Uhr wurden die schönen Glocken samt der schönen Orgel, die ganze Kirch mit allem durch das Feuer vernichtet.«

[326] Daniel Düringer, Gastwirt, geboren in Straßburg, + 1852. Er gehörte zu den wohlhabendsten Bürgern Wiesbadens. Schüler, Erinnerungsblätter, S. 45; StadtA WI/BA/1820.

[327] Die Anlage war bis 1836 ein öffentlicher Vergnügungsgarten, aus ihr ging das Landgut Philippsberg hervor. Vgl. Spielmann/Krake, Karte IV; StadtA, Slg. Gärtner J 43.

[328] Im Jahr 1836. Vgl. Spielmann/Krake, Karte VI. – Wilh. Gust. Adolf Frhr. von Malapert-Neufville, Regierungsdirektor, * 28.1.1787, + Wiesbaden 12.6.1862. Vgl. Herrmann, Gräberbuch, S. 54.

[329] Statt gestrichen »1858«.

[330] August Moritz, * Wiesbaden 17.6.1823, + ebd. 18.8.1889. 1848–1854 Bauakzessist bei der Landbaumeisterei Wiesbaden, 1854–1858 bei der Kreisbaumeisterei, 1858–1870 bei der Hochbauinspektion, 1870–1876 Assistent bei der Landkreisbauinspektion, 1876–1877 Kreisbaumeister, 1877–1889 Bauinspektor. Vgl. Herrmann, Gräberbuch, S. 276f.

**1858** den 4ten März bezahlt nebst 20 Gulden 12 Kreuzer Zins.


<107>
**1834**

War ein sehr gelinder Winter, es blühten schon in dem Januari Mandel- und Aprikosen-Bäume.
In dem Jahr **1826** waren die Früchte sehr billig, das Malter Weiz, 170 Pfund, 4 Gulden, das Korn 3 Gulden 40 Kreuzer, die Gerst 2 Gulden 30 Kreuzer, der Hafer 2 Gulden 10 Kreuzer.[331]


<108>

In dem Jahr **1831** ist auf den Röder Feld angekauft worden, 10 Morgen gross, zu einem neuen Kirchhof und ist bis in dem Jahr **1832**, mit Mauer umgeben, dazu eingerichtet worden. Ende Sept[ember] 1832 wurde derselbe von Herr Pfarre Schuhlrath Schellenberg[332] eingeweiht. Zu Ende Oktober 1832[333] die erste dahin begraben. In den Jahren **1854** und **1855** ist der Kirchhof nach oben der Caussee vergrössert worden.[334] Ende Juli 1855 war der untere Theil voll Gräber, und ward an dem oberen Theil begraben.

---

[331] Dieser zweite Absatz ist deutlich später (1850er oder 1860er Jahre) nachgetragen.
[332] Vgl. Anm. 183.
[333] Nicht Ende Oktober, sondern am 7.9.1832 fand das erste Begräbnis statt. Der Friedhof an der Platter Chaussee wurde 1829 geplant und 1831 angelegt; die Einweihung erfolgte am 6.9.1832. Buschmann, Nordfriedhof, S. 17ff.; Struck, Biedermeier, S. 139.
[334] Die Vergrößerung erfolgte aufgrund des Gemeinderatsbeschlusses vom 7.3.1851, das neue Areal wurde am 12.8.1854 eingeweiht. Eine weitere Fläche wurde 1861 erworben und 1863 angelegt. 1877 wurde der Alte Friedhof durch den Nordfriedhof abgelöst, 1973 entwidmet und zu einem Freizeitpark umgewandelt. Vgl. Buschmann, a.a.O.

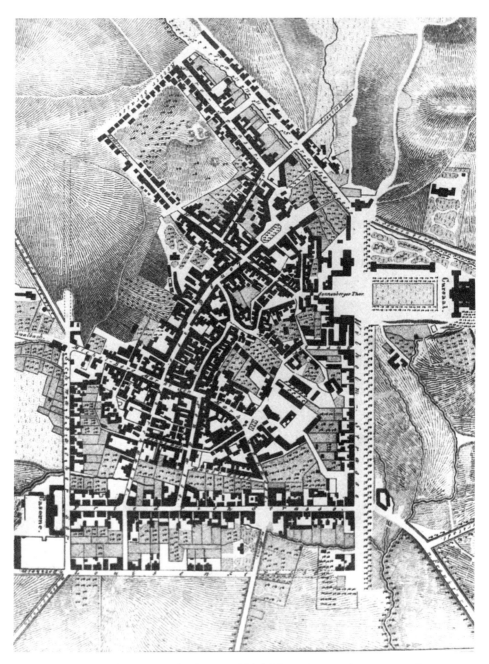

Abb. 19: *Grundriß von Wiesbaden um 1826/27. Lithographie von Weidner.*

<109>

**1835**[335] hat der Schulz[336] die Fabrik in des Feld nach Dotzheim gebaut, und das Brennen der Backensteinen in großen Haufen auf dem Felde angefangen.
**1847** Alles wieder aufgegeben.

---

[335] Statt überschrieben: »1836«.
[336] Anton Scholz, Lithograph und Schreibmaterialienhändler, * Wiesbaden 6.6.1808, nach 1846 in Amerika verschollen. Er erscheint erstmals im Gewerbesteuerkataster für 1837, zuletzt 1845 als »Backsteinfabrikant im Freien«, daneben betrieb er noch eine Kalkbrennerei. StadtA WI/1/34, WI/1/36, WI/1/38; Scholz, Josef Scholz und seine Nachkommen, S. 7 u. S. 50.

# Das Tagebuch Burk – zweiter Teil: 1837–1866

<110>
**1837**[337]

Ein langer Winter. Was eigentlich Winter seyn sollte, war gelind, erst Ende Merz, den 22ten/23ten, den Grüne-Donnerstag und Karfreytag hat es am härtesten gefrohren, die Fenster waren hart gefrohren, Dickwurz in unserem Stall waren gefrohren.
April den 7ten u[nd] 8ten hat es die ganze Täge geschneiet, der Schnee blieb liegen den 9ten/10ten, dabey hart gefrohren.
Viele arme Vögelein, die über Winter nicht hier bleiben und jetzt schon da waren, flogen traurig in der Stadt auf den Gaßen herum, ja Vögel sahe man, derer ich noch nie gesehen habe, es blieb rauh und kalt, doch hatten wir den 25ten schon 2 Gewitter.
Der Herzog will seine Residens hierher verlegen, ein Schloß bauen, hat dazu einige Häußer auf dem Mark gekauft, dieselbe wurden vom 20ten bis den 30ten April abgebrochen.
Den 25ten April sind die 1/2- und 1/4-Cronthaler aus[ser] Kurs gesetzt worden.
In der untern Webergaß sind einige alte Häußer abgebrochen und dafür neue 3stöckige aufgeschlagen worden.
Der May war mehrentheils naß, um den 20ten May fängt das Korn an, Ähren zu bekommen, einige Bäume fangen an zu blühen.

<111>
1837

May. Das Malter Kartofflen kostet jetzt 2 Gulden.

---

[337] Statt überschrieben: »1838«.

Das Pfund Butter 32 Kreuzer.
Der Holzpreis steigt noch immer, es ist diese Woche die Klafter Holz in dem Wald zu 24 Gulden, das 100 Pländer Welle[338] zu 18 Gulden versteiget worden.
Die Holz-Abfahrt aus dem Altenstein[339] war schlecht, wir fuhren am 8ten, 9ten, 11ten May mit Holz aus dem hinteren Altenstein über Wehen, erhielten Fuhrlohn von der Klafter 4 Gulden 30 Kreuzer.
Heute den 21ten May hat der Pfarre Apel[340], nachdem er über 13 Monath krank war, wieder gepredigt, seyn Text steht Eph[eser] 5 V[ers] 20, der Gesang war N[umer]o 2, Hauptlied N[umer]o 398, Schluß 399 Vers 11.
Den 25ten u[nd] 26ten May waren die 2 erste warme Tage.
Juni. Gegen dem Kuhrsaal über auf den Berg werden wieder 3 Häußer angefangen zu bauen.
Juli, erst am 14ten konnte angefangen werden, die Dickwurz zu setzen. Der Kohlsaame war am 20ten Juli zeitig.
Aug[ust] den 3ten u[nd] 4ten wird angefangen, Korn zu schneiden. In der Nacht von dem 16ten bis 17ten hatten wir ein schweres Gewitter mit Hagel, welches in der Gegend zwischen Dotzheim, der Wellirzmühl, dem Kloster, vielen Schaden gethan, auch Überhoben vielen Weiz ausgeschlagen hat, dabey ein großes Wasser. Das Wasser lief dieselbe Nacht zu unserer Thorfahrt, so breit dieselbe war, hinein, die Scheuer, der ganze Hof war mit Wasser.


<112>
1837

August. An dem Bauplatz zu dem herzoglichen Schloß stehen viele Arbeiter.

---

[338] Gemeint sind Holzbündel (=Wellen) aus dem forstwirtschaftlichen Plentern des Waldes, d.h. der Beseitigung abgestorbenen Holzes und des Fehlwuchses. Zum Anstieg der Holzpreise vgl. Vogel, Beschreibung des Herzogthums, S. 455.
[339] Berghöhe bei Wehen.
[340] Wilhelm Opel, * Staffel 25.11.1801, + Nassau 29.5.1890, seit 1834 Kaplan, seit 1835 dritter Pfarrer zu Wiesbaden, seit 1845 Pfarrer in Oberneisen, seit 1848 in Nassau. Staats- und Adreßhandbuch des Herzogthums Nassau für das Jahr 1837; Spiess, Verzeichnis aller Lehrer des Pädagogiums, S. 44.

Sept[ember] den 27ten waren die Thäler weiss gereifet.
Okt[ober] den 29ten hat H[err] Heidenreich³⁴¹ als Landes-Bischof seine Eintrittspredigt gehalten, sein Text stehet Ev[angelium] Joh[anni] 21. Cap[itel] Vers 15 bis 19, der Gesang Lied N[umer]o 538³⁴².
An den Anlagen um das Kursaal werden große Veränderungen gemacht, es arbeiten täglich über 300 Menschen daselbst.
In der Nacht auf den Hochheimer-Mark fiel der erste Schnee.
Es sind viele auswärtige 6- und 3-Kreuzer-Stücke verschlagen³⁴³ worden.
Es hat viele Nüsse, aber kein Obst gegeben.
Zu einer Eisenbahn nach Mainz und Frankfurt werden Plane und Anstalten gemacht.³⁴⁴
Es wird sogar auch des Sonntags an dem neuen herzoglichen Schloß gearbeitet.

<113>
## 1838

Ein ziemlich anhaltender Winter.
Von Ende des Jänners bis Ende April brachte ich meine Zeit mehrentheils in den Bett an Gichtleiden hin.
In der Faßte ward jeden Donnerstag gegen 4 Uhr Abend Predigt in der Kirche gehalten, und die Kirche jedesmal stark besetzt, angeordnet von dem Landes-Bischof Heidenereich.³⁴⁵

---

341 Vgl. Anm. 116.

342 Nachträglich eingeschobene Zeile: »1858 d[en] 26. Sept[ember] gestorbe«.

343 Ungültig gemacht. Die Münzkonvention vom 25.8.1837 zwischen Bayern, Württemberg, Baden, Hessen-Darmstadt, Nassau und Frankfurt a.M. bestimmte, daß die gemeinsame Scheidemünze aus 6- und 3-Kreuzer-Stücken in Silber auf der Basis des 24 1/2 Guldenfußes bestehen sollte. Vgl. Lerner, Wirtschafts- und Sozialgeschichte, S. 41f.; Isenbeck, Nassauisches Münzwesen, in: Nassauische Annalen 21/1889, S. 107ff., hier S. 158f.

344 Im Juni 1836 bildete sich in Wiesbaden ein Taunusbahnkomitee, das Anfang des folgenden Jahres eine vorläufige Konzession zum Bau einer Eisenbahn von Wiesbaden nach Frankfurt erhielt. Mit dem Grunderwerb wurde im Juli 1837 begonnen. Vgl. Brake, Eisenbahnen, S. 37ff.

345 Der Nachsatz (»angeordnet ...«) ist nachträglich eingefügt.

Es wird ganz neue Münz in ganzen und halben Gulden geschlagen.[346]
Am dem 24ten May auf Himmelfahrttag, wo die Waldungen stark besucht werden, wurde bey der Faßaunerie ein Kind verlohren von 4 Jahren alt, welches den andern Tag durch viele Menschen gesucht, ja selbst das Militär wurde ausgeschickt, aber fast vergebens, erst spät am Abend von[347] einen Bürger ober dem Paffenborn durch einen großen weißen Hirsch gefunden worden und wieder gesund seinen Eltern gebracht worden.
Den 24ten Juni war ich wieder zum ersten Mal in der Kirch. Dem Aßman[348] sein Hauß wird 4stöckig aufgeschlagen. Die Ernde war wieder spät, aber doch sind alle Früchte gut gerathen. In dem Nachsommer war eine besondere Krankheit unter dem Rindvieh, die Mund- und Klauen-Seuche, das öftere Auswaschen mit Essig und Salz war das Beste.
Das herzogliche Schloß ward mehrentheils in dem Rauhen fertig.
Der obere Hollerborn wird in die Stadt geleitet und daran gearbeitet.[349]


<114>
1838

Es hat hier vieles Obst und Zwetschen gegeben.
Der Zentner Äpfel zu Äpfelwein kostete zu Anfang 1 Gulden und 1 Gulden 6 Kreuzer, später 1 Gulden 24 Kreuzer, auch 30 Kreuzer. Die gebrochne Apfel das Malter 2 Gulden 42 Kreuzer.

---

[346] Vgl. Isenbeck, Nassauisches Münzwesen, wie Anm. 343.
[347] Statt korrigiert »durch«.
[348] Christian Aßmann, Küfer und Schankwirt in der Langgasse (Zur Stadt Mannheim), geb. um 1795/97 in Wiesbaden. Adreßbuch 1839; StadtA WI/BA/176.
[349] Vgl. Kopp, Wasser von Taunus, Rhein und Ried, S. 36.

Am 8ten December ist die Herzogin[350] von Biebrich unter großer Feyerlichkeit, mit Fackelzug und Illimination hier neben das neu gebaute Schloß in das vom Kalb[351] gekaufte Hauß eingezogen.
Den 9ten kam der Herzog von der Jagd zurück und wurde ebenfalls von Seiten den Bürger und Angestellten bey der Platt empfangen und hierher begleitet.
An der anzulegenden Eisenbahn wird viel gearbeitet.
Man befürchtet Krieg in den Niederlanden und dadurch wird viel Frucht aufgekauft und schlägt dieselbe sehr auf. Der Weizen über 11 Gulden.
Wegen dem immer höher steigenden Preis des Holzes wird die Steinkohlenfeurung stark eingeführt.
Der Zimmermann Berghof[352] legte einen großen Bleichgarten hinter dem Faulbrunnen an.

<115>
**1839**

Es ist diesen Sommer durch die untere Colnade [Kolonnade], rechts vor dem Kursaal gebaut worden.
Der Brunne in den Wiesen obig der Wellirzmühl, Sankborn genannt, ist dieses Frühjahr in das neue herzogliche Schloß geleitet worden.[353] Auch Sonntäge daran gearbeitet worden.
An dem Froh[n]leichnamstag, der sonst nur ein Feyertag der Katholischen war, durfte dieses Jahr zum ersten Mal von den evanielischen Christen nichts gearbeitet werden, sondern mußte still hingebracht werden.

---

[350] Pauline Herzogin von Nassau, geb. Prinzessin von Württemberg, * Stuttgart 25.2.1810, + Wiesbaden 7.7.1856. Sie wohnte seit 1843 im sog. Paulinenschlößchen (vgl. S. <117>). Renkhoff, Biographie, S. 565.
[351] Johann Konrad Kalb, Steindecker und Bauunternehmer, Stadtrat, * Frielendorf 1.12.1782, + Wiesbaden 14.5.1852. Auskünfte der Ev. Gesamtgemeinde Wiesbaden und des Ev. Pfarramtes Spieskappel.
[352] Philipp Caspar Berghof. Er unterhielt bereits zuvor eine kleine Bleichanstalt. StadtA WI/1/32.
[353] Vgl. Struck, Biedermeier, S. 178.

Es ist eine Probe von einer Art Pflaster auf den Trotwa³⁵⁴ gemacht worden, welches aus heißem Pech, gebranndem Stein und Sand bestehet, und Aspalat-Plaster genannt wird.³⁵⁵
Der Hollerbrunne wurde diesen Herbst noch in die Stadt, die Rheinstraß und Wilhelmsstraß geleidet, aber dadurch leidet unsere große Wies schon bedeutendt Schaden.
Gegen Ende August starb der Herzog Wilhelm.³⁵⁶


<117>³⁵⁷
**1840**

Wir hatten diesen Winter wenig Schnee, nach Neujahr einige kalte Tage, dann wieder ganz gelinde, schöne Tage bis den halben Feber, wieder trockne kalte Tage, und da ist all der Kohlsaame verfrohren.
In dem Monath Merz fing die Eisenbahn an, von hier nach Kastel zu fahren, und von dem 12ten April von Kastel nach Frankfurt zu fahren an.³⁵⁸
April. Das Landhauß, welches der Oberst v[on] Hagen³⁵⁹ ongefähr vor 10 Jahre neu auf den Berg gegen dem Cursaal über gebauet hatte, wird wieder abgebrochen, und ein neues und größeres zum Witwensitz der Herzogin dahin gebaut.³⁶⁰
Den 14ten April blieben die Schaaf in dem Perch.
Durch die Langgaß und Goldgaß wird ein neuer Kanal geführt und die Langgaß neu gepflästert.

---

354  Trottoir.
355  Die Straßenasphaltierung setzte sich erst in der zweiten Hälfte des 19. Jahrhunderts durch.
356  Wilhelm Herzog von Nassau, * Kirchheimbolanden 14.6.1792, + Bad Kissingen 20.8.1839. Renkhoff, Biographie, S. 565.
357  Seite 116 ist unbeschrieben.
358  Die erste Probefahrt auf der Teilstrecke Frankfurt-Hattersheim hatte bereits am 11.9.1839 stattgefunden. Vgl. Struck, Biedermeier, S. 118.
359  Vgl. Anm. 321.
360  Vgl. Anm. 322 u. 350.

*Abb. 20: Ein Landhaus von Wilhelm Rücker. Lithographie von Wilh. Zingel.*

Es wurden verschiedne neue Landhäußer um die Stadt gebauet, 2 auf dem Warmen Damm, dem H[errn] von Dungern[361] und dem H[errn] Obrist von Nauendorf[362], eines der Tüncher Hammelman[363] an dem Sonneberger- u[nd] Leberbergerweg, an dem Bierstadterweg wird von H[errn] Zimmerman[364] im Kursaal der Bau vom Obrist von Hagen wieder aufgebaut, bey der Diebwies an der Erbenheimer Chaussee bauete der Zimmermeister Seilberger[365].

<118>

An dem Neumühlweg[366] hinter den Galgenacker bauete der H[err] Regierungsrath von Trapp[367]. Die Cicorifabrik[368] bey der Neumühle wird von einem Baumeister verändert und größer gebaut. Der junge Ruß[369] bauet in die Gärten an der Schwalbacherstraß und die Frau Machenheimer[370] an die Schwalbacher Chaussee.

---

[361] Emil August Victor Frhr. von Dungern, * Weilburg 29.10.1802, + Frankfurt a.M. 3.8.1862. Seit 1824 im nassauischen Staatsdienst in Wiesbaden, 1844–1848 Innenminister; Bundestagsgesandter in Frankfurt. Renkhoff, Biographie, S. 153; Herrmann, Gräberbuch, S. 31.

[362] Adolf Heinrich Ludwig Frhr. von Nauendorf., * Hachenburg 9.11.1781, + Wiesbaden 18.10.1842. 1814 Major, 1817 Oberstleutnant, 1830 Oberst, 1840 Generalmajor. Renkhoff, Biographie, S. 566f.; Herrmann, Gräberbuch, S.136.

[363] Johann Heinrich Hammelmann aus Hann.Münden, Tünchermeister, 1814 Aufnahme in die Wiesbadener Bürgerschaft, am 27.3.1814 Heirat mit Anna Kling. StadtA WI/1/212; Wiesbader Wochenblatt 1814.

[364] Georg Conrad Ludwig Zimmermann, Kursaalrestaurateur, * Ems 1799, + Wiesbaden 23.3.1842, Bürger seit 31.1.1832. StadtA WI/BA/1; Begräbnisregister Alter Friedhof.

[365] Philipp Seilberger (auch: Seulberger), Zimmermann.

[366] Heute Mainzer Straße.

[367] Johann Josef von Trapp, * 15.7.1800, + 20.5.1885. Seit 1832 Geh. Kammerrat im nassauischen Staatsdienst. Obstzüchter. Vgl. Herrmann, Gräberbuch, S. 73, Renkhoff, Biographie, S. 814 f.

[368] Seit Anfang des 19. Jh. wurden erste Fabriken zur Herstellung des sog. Zichorienkaffees (Kaffeesurrogat aus der Cichorienpflanze) errichtet.

[369] Friedrich Konrad Ruß, Kaufmann, * Wiesbaden 21.9.1811, + ebd. 24.4.1843, 1838 Bürger. Auskunft der Ev. Gesamtgemeinde Wiesbaden; StadtA WI/BA/1.

[370] Die Witwe des Gast- und Schankwirtes Zur weißen Traube in der Neugasse, Conrad Machenheimer, der am 29.6.1836 im Alter von 33 Jahren gestorben war. Adreßbuch 1839; StadtA WI/1/32.

Wegen dem steigenden Holzpreiß wurden sehr viele Steinkohlen hierher gebracht und verbrennt.
Die Früchte allesamt sind dieses Jahr gut gerathen und gut eingebracht worden, nur der Kohlsaame war bey der trockne Kälte gänzlich verfrohren. Auch ziemlich viel Obst hatte es gegeben, 2 Zentner Apfel koste 1 Gulden 45 Kreuzer.
Das Badhauß der Bärn wurde diesen Herbst spät noch repariert, und aus einem zweystöckigen ein vierstöckiges schönes Hauß gemacht.[371]

<119>
1840

Der Winter fängt frühe an, schon von dem 12ten auf den 13ten Oktober hat es gefrohren und von dem 13ten auf den 14ten hart gefrohren. Den 20ten Nov[ember] war der Wald weiss mit Schnee und von dem 26ten Nov[ember] beständig hart kalt bis den 31ten Dec[em]b[er].
Das Jahr, die letzte Monathe, endeten mit Kriegsgesprächen und großen Besorgnissen eines Krieges mit Frankreich.[372]
Schon im Nachsommer und Herbst wurden in unseren Gegenden und sonst allenthalben die Pferde von fremden Handelsleuten aufgekauft und gut bezahlt, nach Frankreich geliefert, welches aber bald von allen deutschen Potentaten untersagt ward, viele noch an der Gränze wieder zurückgewiesen wurden.

---

[371] 1890 niedergelegt. Im Bären logierte Goethe bei seinen Aufenthalten in Wiesbaden 1814 und 1815. Vgl. (mit Abb. des vierstöckigen Badhauses) Th[omas], Ein Stück Wiesbadener Geschichte, in: Wiesbadener Leben 11/1976, S. 12f.; Spielmann/Krake, S. 16.

[372] Die französische Forderung nach der Rheingrenze löste Proteste in ganz Deutschland aus und provozierte auch die Entstehung des »Rheinliedes« von Nikolaus Becker (vgl. Anm. 48).

<120>
**1841**

Mit dem Anfang des Jahres werden die Besorgnüsse eines Krieges mit Frankreich noch größer, alle deutsche Monarchen rüsten sich auf das möglichste, auch in unserem Lande, in jedem Amte war eine Musterung unter den Pferden, wer dieselbe freywillig gegen Verkauf zu der Atiliri abgeben wollte, auch die Rekruten, die für dieses Jahr wie gewöhnlich erst an dem 1ten April eingefodert wurden, mußten sich schon an dem 14ten Jänner einstellen, wurden aber doch nur in die Kompanien eingetheilt und wieder in Uhrlaub geschickt.

Der Januar war ziemlich kalt mit vielem Schnee, es war der 8te Jän[ner] ein unfreundlicher Schneetag, wo mehrere Menschen auf dem Felde von den Wegen abkamen, sich verirrten und durch Schnee und Kälte um das Leben kamen. Zu Ende des Monathes einige gelinde Tage und große Gewässer mit Überschwemmungen allenthalben, wo Häußer umgerissen und unbeschreiblicher Schaden geschehen.

Der Feber wahr ebenso mit strenger Kälte und vielem vielem Schnee, abwechselnd

<121>

groß Gewässer, wieder streng kalt, viel Schnee.

In der Nacht von dem 28ten Feb[ruar] auf den 1ten März kamen von Mainz aus 60 große Segelschiffe mit Stein beladen, um die Durchfahrt der Dampfschiffe und anderer großen Schiffen von Mainz nach Biebrich zwischen den Inseln ober[halb] Biebrich zu sperren, sie versenkten ongefähr 18 mit Stein schwer beladene Schiffe, warfen dann aus den überigen Schiffen die Steine auf dieselbe, und sperrten somit die Durchfahrt.[373]

Der gefesselte Rhein

Aufgesetzt von einem Wiesbader nahmens Stanarius[374].

1) Was faselt ihr so gerne
   Vom freien deutschen Rhein,

---

[373] Der sog. Nebeljungenstreich, vgl. Einleitung, S. 33f.
[374] Georg Stannarius, Rittmeister, + 6.12.1873 im Alter von 76 Jahren. StadtA WI/2/204.

Vom deutschen Glückessterne -
   Hier wurzelt kein Verein.
2) Den Handel zu zerstören
   In Freundes Nachbarland,
   Kommt nächtlich zu empören,
   Den Stein in seiner Hand
3) Der Katt (Hess) mit hundert Schiffen
   Voll Fesslen für den Rhein,
   Selbst in der Nacht begriffen
   Hemmt seinen Lauf mit Stein.


<122>

4) So streut man schöne Saaten,
   Wo jetzt die Eintracht nützt,
   Der Zwietracht in die Staaten,
   Wann bald der Donner blitzt.[375]
5) Welch Freude für die Franken,[376]
   Welch Hoffnung für den Sieg,
   Wenn sich die Deutschen zanken,
   So fördern sie den Krieg.
6) Ihr Katten und ihr Quelchen[377],
   Ihr grabt uns einen Schlund,
   Doch kann es euch nichts helfen,
   Selbst stürzt ihr in den Grund.
7) Was fabelt ihr so gerne
   Vom deutschen Stammverein,
   Blickt traurig in die Ferne,[378]
   Gefesselt ist der Rhein.

---

[375] Am Rand später eingefügt: »Französche Kanonen«.
[376] Am Rand später eingefügt: »Franzosen«.
[377] Gemeint sind »Welsche« im Sinne von Franzosen.
[378] Am Rand später eingefügt: »Ahnung wegen Krieg mit den Franzosen«.

Schon an dem 18ten Merz wurde an den Steinen wieder aus dem Rhein zu schaffen angefangen auf höchsten Befehl von dem König von Preußen.

<123>
1841

Der Monath Merz fing ebenfalls mit strenger Kälte und vielem Schnee an, doch nur einige Tage, da gab es wieder großes Wasser und wie schnell ganz umgeändert, wir hatten von dem 8ten an bis heute den 14ten die schönste, heiterste, angenehmste Tage.
Die Ausnahme, die der Winter mit dem vielen Schnee und Gewässer machte, macht der Monath März mit den schönsten, heitersten Tagen, wenige Nachtfröste mehr, keine rauhe, sondern eine ganz milde Luft wehete bis an das Ende.
Der Kohlsaame ist wieder bey der trocknen Kälte in dem December gänzlich verfrohren, und für dieses Jahr wieder keiner zu hoffen. Am 27ten Merz, an der Schwalbacherchaussee, grade gegen der 2ten Mühle über, werden 2 Häußer zu bauen angefangen.
Die Bäume blüheten schön, aber durch eine besondere Art von Raupen stehen jetzt ganze Fluhren von Bäumen, besonders der Leberberg und Königsstuhl, ganz ohne Blätter wie den Winter da.
Diese Art Raupen setzen seit 15–20 Jahren den Obstbäumen entsetzlich zu, welches früher nicht so gewesen.
Auch besonders merkwürdig und traurig ist es mit den Katzen, seit 2 Jahren herrscht eine garstige und ansteckende Krankheit unter ihnen, so daß faßt wenige mehr da sind, sie werden

<124>
1841

nehmlich räudig oder grindig und sterben, wie es scheint, unter großen Schmerzen.
Der Monath May war sehr warm, aber kein Regen, die Winter- und Sommerfrucht, und besonders das Futter für das Vieh stehen sehr

schlecht, die Kartofflen und das Feld zu Dickwurz kann nicht in Standt gebracht werden.

Den 17ten May haben wir das Scheuerntenn mit frischen Leimen befahren und angefangen zu machen. Den 18ten den Leimen naß gemacht und über Nacht anziehen lassen, den 19ten mit den Pferden zusammentreten lassen und gleiche gemacht, den 20ten angefangen zu schlagen, bis den ersten Juli war es wieder so weit trucken und sind zum ersten Mal wieder hinein gefahren.

Von dem 8ten auf den 9ten Juni erhielten wir Regen und von da an fruchtbares Wetter durch den ganzen Monath Juni, doch gibt es keinen deutschen Klee, die Sommerfrüchte und Sommergewächse haben sich noch sehr schön gemacht.

Das Heu und der Weizen fallen dieses Jahr sehr sparsam aus, woran der harte Winter schon vor Weynachten, die trockne Kälte nach Weynachten, das Auftauen und schnelle Frieren schuld sein mag. Noch nie sahe ich die Winterfrüchte in dem Frühjahr so vergangen und todt wie dieses

<125>
1841

Jahr, nichts war mehr grün, alle Blätter todt, nur die Wurzel schien noch matt zu leben, wenn nicht der ganz besonders günstige Merz gewesen währe, wenn da noch Nachtfrost, über Tag Auftauen gewesen währe, dann war die Winterfrucht ganz verlohren, doch beweißt es sich, daß das Korn mehr als der Weizen vertragen kann, dasselbe stellte sich so ziemlich vollkommen wieder hin, aber der Weizen nicht die Hälfte, viele Äcker, wo es kaum den Sähsaamen geben wird, mehrere wurden ganz umgezackert. Auch die Wiesen scheinen durch den Frost viel gelitten zu haben, man sahe große Plätze in den Wiesen, wo in Frühjahr der Wasen ganz todt war, besonders, wo dicker Eis gelegen war, dann folgte hernach die trockne Wittrung, bis zu dem 9ten Juni kein Regen, so folgte eine sparsame Heuernde, besonders merkwürdig, es hat das Ansehen gar nicht wie sonst, wo doch sonst in den mehrsten Wiesen große Halmen mit Saamen gewachsen sind, ist es dieses Jahr nicht, es gibt kein Heusaamen, das Gras scheint mehr dem Krummet als dem Heu ähnlich, auch auf Wiesen, wo sonst der schöne ewige Steinklee gewachsen, siehet man nicht mehr die Art davon.

Der Preiß des Heues war auch ziemlich gestiegen, der Zentner kostete durch den Monath May u[nd] Juni 3 Gulden bis 3 Gulden 30 Kreuzer. Auch der Weizen ist bedeudent aufgeschlagen, das Malter 9 Gulden 30 Kreuzer.

<126>

An dem 27ten Juni wurde noch ein 4ter Prediger, der Kaplan Schulz[379], hierher eingesetzt, er hielte die Vormittags-Predigt als seine Eintritts-Rede sehr schön, sein Text stehet in dem 27ten Psalm, der erste Vers. Lieder im Gesangbuch, zu Anfang N[umer]o 233, das Hauptlied 349, zum Schluß 538 der 3te Vers.
An dem 1ten Juli wurde nassauisches Papiergeld in 1 Gulden, 5 Gulden und 25 Gulden in den Kurß gegeben.[380]
Den 18ten Juli Sonntags nachmittags gegen 3 bis 4 Uhr erhob sich ein merkwürdiger starker Sturmwind, welcher das mehrste Obst, ob es gleichwohl noch nicht über halb ausgewachsen war, dennoch von den Bäumen schüttelte, und an dem beynahe reifen Korn bedeuteten Schaden gethan, wo auf unserem Acker 1 Morge an dem Erkelborn-Weg in dem kleinen Heiner mehr denn die Hälfte auf der Erde lag.
Es wahr eine sehr mühsame Ernde, denn in der Weizen-Ernde regnete es fast täglich und war dieß nur eine sehr

<127>

geringe Weizen-Ernde, nur 1/3 Ernde. Die Sommerfrucht war gut. Bedeutent viel Krummet und dabey auch gute Wittrung.

---

[379] Heinrich Schulz (1817–1864), später Pfarrer in Holzappel. Struck, Biedermeier, S. 300; Bonnet, Nassovica.

[380] Am 1.4.1840 hatte die durch Edikt vom 22.1.1840 ins Leben gerufene Herzoglich Nassauische Landeskreditkasse, die spätere Nassauische Landesbank, ihren Geschäftsbetrieb aufgenommen. Sie gab bis Ende 1842 Banknoten im Gesamtbetrag von 500.000 Gulden aus. Vgl. 110 Jahre Nassauische Landesbank, S. 21.

Der Sommersaat war dieses Jahr besonders gut gerathen, als es mir noch je ein Jahr gedenkt. Viele Kartofflen, Rüben und Dickwurz, aber etwas mühsam, sie bey der nassen Wittrung einzubringen.
Es war eine nasse, sehr mühsame Herbstsaat. Den 15ten Okt[ober] hatten wir die Maul- und Klauenseuche an dem Rindvieh, hernach kam es auch ebenso an die Schweine, und so war es faßt in der ganzen Stadt.
Es sind jetzt neue evantielische Gesangbücher in Arbeit, aber noch keine ausgegeben.
Den 16ten Nov[ember] fiel der erste Schnee, hatten zwar von dem 20ten bis den 23ten Okt[ober] schon kalte Nächte, wo es so hart gefrohren war. Wenig Obst, und ganz wenig Nüsse hat es gegeben.

<128>
## 1842

Von dem 1ten Jänner an wurde der Preis des Salzes wieder erhöhet, dass jetzt das Pfund 3 Kreuzer kostet, da es bisher nur 2 1/2 Kreuzer gekostet hatte.
Den 3ten April wurde zum letzten Mal aus den alten Gesangbücher gesungen, die letzte Lieder waren N[umer]o 6 und 308: Dich Jesum laß ich ewig nicht.
Den 10ten Apr[il] dann das erste Mal aus den neuen Gesangbücher, das erste Lied war N[umer]o 8 und 273. Die Predigt von H[errn] Bischof Heidnereich[381], sein Text steht Ep[h]es[er] 5. Kap[itel] 19. Vers. Nachmittag Kaplan Schulz, Lied N[umer]o 6 – 560.
Der neu angelegte und chaussierte Weg von der Neumühl bis an das Khursaal ist beynahe fertig.[382]
May. Es sind die Kinder, die in dem Nachsommer ihr 14tes Jahr erreichen und dann den 1ten Sonntag nach Michaeli konfirmiert werden sollten, schon jetzt an dem 1ten Pfingsttag, den 15ten May, konfirmiert worden.

---

[381] Vgl. Anm. 116.
[382] Mainzer Straße.

Den 5ten May, auf Christi Himmelfahrt, brach in Hamburg ein großes Feuer aus und währte 8 Tage.[383]

<129>

Wir haben wieder wie das vorigen Jahr sehr trockne Wittrung, und siehet um die Sommerfrucht bis heute den 23ten traurig aus, viele Gerst und Hafer liegt noch ohne gekeimt in der Erde.
Die trockne Wittrung dauerte fort, wenn es je auch einmal regnete, so war es in wenig Stunden wieder aufgetrocknet.
Es gibt wieder wenig Heu.
Am 23ten Juni war der Kohlsaame zeitig.
Den 8ten Juli haben wir das erste Korn gebunden, den 25ten Juli den ersten Weizen.
Das Korn und der Weizen hauptsächlich ist in den Körner sehr schön und gut, ob es wohl in dem Stroh weniger gab, so gab es doch gut in das Maas, bey einigen das Korn der Zehnte 1 Malter, bey mir von 7 Zehne 5 Malter. Der Weizen am 12ten August gedresche, 6 Zehne 6 Gar, davon 6 Malter gefaßt.
Den 20. August 7 Zehne 3 Garbe 5 Malter 3 Firnsel.
Den 10ten August die erste Gerst gebunden, aber sie fiel sehr dünne aus, ich hatte überhaupt nur 28 Zehne 3 Garben, bekam 20 Malter 1 Firnsel. In dem kleinen Heiner waren viele Äcker, wo es die Sähfrucht nicht wieder gab, viele, wo gar nichts gewachsen war, ebenso war auch der Hafer.

<130>

Die trockne und sehr warme Wittrung währte durch den August fort, auf trocknen Äcker ist kein 2ter Klee mehr nachgewachsen, die mehrsten Wiesen sind ganz verdörrt, so wenig Krummet denkt mir noch nie, Kraut, Kartofflen, Rüben und Dickwurz stehen sehr schlecht, es stehen viele Äcker Kartofflen auf dem Feld, wo es gar keine gibt, viele, wo es kaum

---

[383] Vom 5.–8.5.1842 legte eine Feuersbrunst in Hamburg über 4.200 Gebäude in Asche.

die Setzkartoffeln wieder gibt. Das Malter Kartoffle wurde heute den 15ten Sept[ember] verkauft zu 3 Gulden 12 Kreuzer. Das ganze Feld ist merkwürdig voll Mäus, und sie fressen ganze Äcker mit Dickwurz und Kartoffeln, auch Rüben, leer. Es wird von vielen Begüterten Gift in ihre Löcher gelegt.
Die trockne Wittrung dauerte bis den halben Oktober fort.
Den 5ten Nov[em]b[er] war der Wald weiss mit Schnee, und fing auch an, einige Tage kalt zu werden.
Den 13ten Nov[ember] hat der Kapilan Bernhard[384] seine Antritts-Predig gethan, sein Text stehet bey Jesaia 40. Kap[itel] Vers 26 bis Ende. Lied 420 – 127, den 1ten u[nd] 2ten Vers, und 223 den 7ten Vers.
Den 22ten Nov[ember] hat der Friedrich[385] mit zu der Reserv gespielt und N[umer]o 57 gezogen und ist frey geblieben; hier liegt noch seine Nummer beygelegt.[386]

<131>

Es war ein merkwürdiges Jahr für Deutschland, ein grosses Unglücks-Jahr, faßt jeder Tag, mehrentheils in der ersten Hälfte des Jahres, ist mit Feuersnoth bezeichnet, wo halbe Städte und Dörfer wegbrannten.
Große Unglücker auf den Dampfschiffen und große Unglücker auf den Eisenbahnen.
Nach wenig kalten Tagen in dem November blieb die Wittrung ganz gilind.
Den 22ten Nov[ember], als der Friedrich mit spielen mußte, war ich nach Mainz gefahren, Bord vor den Freinßheim[387] zu hohlen, und war da so hart von dem Herzklopfen befallen worden, dass mir es faßt bange geworden, wieder nach Hauß zu kommen.

---

[384] Heinrich Philipp Friedrich Bernhard, begr. 22.1.1843 im Alter von fast 24 Jahren. StadtA, Begräbnisregister des Alten Friedhofs.
[385] Der Stiefsohn des Tagebuchschreibers: Friedrich Burk (1823–1890). Vgl. StadtA WI/BA/2, WI/BA/1173.
[386] Der Nachsatz ist später zugefügt. Die Anlage fehlt.
[387] Gemeint ist wohl Philipp Wilhelm Freinsheim, Schreiner, * Wiesbaden 10.10.1819, † 17.8.1885 ebd., Bürger seit 1845. StadtA WI/BA/1, WI/1/39, WI/2/206.

<132>
**1843**

Der erst in dem November eingesetzte Kapilan Bernhard starb in den ersten Tagen des Jahres wieder.[388]
Den 25ten Feber habe ich mein Krautstück auf der Salz an H[errn] Düringer[389] verkauft vor die Summa von 600 Gulden, 11 Gulde Trinkgeld.
Merz den 24ten. Der Winter war sehr gelind und die Wittrung bisher sehr schön. Die Früchte haben ziemlich Preis, das Korn kostet 8 Gulden 10 Kreuzer, Weiz 9 Gulden 35 Kreuzer, Gerst 7 Gulden. Der Hafer wurde heute zu 6 Gulde 20 Kreuzer verkauft, die Kartofflen 2 Gulden 30 Kreuzer.
Es schien dieses Jahr ein recht gesegnetes Jahr zu werden, wir hatten bis um den 13ten May ganz trockne Wittrung und es schien bald wie das vorige Jahr zu werden, von da an erhielten wir Regen, aber es regnete faßt jeden Tag, durch den ganzen Juni und Anfang Juli, es war eine zum Theil mühsame und leichte Heuernde, da mitunter einige schöne Tage waren. Sonntags, den 2ten Juli, wurde es bekannt gemacht, Heu zu machen und nach Hauß zu fahren, es war ein schöner Tag und ist viel Heu heimgefahren worden.

<133>

Es folgten noch einige schöne Tage und war noch schönes Heu gemacht. Obgleich Heu 10 bis 14 Tage gelegen, so ist es doch kein Verglich gegen das Jahr 1816, weil es nur leichte Staub-Regen waren, so hat das Heu nur die Farbe, aber an der Güte wenig verlohren und hat viel Heu gegeben. Durch die Regenwittrung schlugen die Früchte bedeutent wieder auf, da sie eben erst etwas abgeschlagen waren. Der 4pfündige Laib Brod kostete am 3ten Juli 22 Kreuzer, aber schon einige Tage später wieder 20, 19 u[nd] 18 Kreuzer. Der Fruchtpreis war: Weizen 15 Gulden 36 Kreuzer, Korn 14 Gulden 20 Kreuzer, Gerste 11 Gulden 15 Kreuzer, Hafer 6 Gulden.

---

[388] Vgl. Anm. 384.
[389] Vgl. Anm. 326.

Die Früchte auf den Felder stehen sehr gut, nur scheint es spät Ernde zu werden.
An einer 2ten neuen Schuhle auf dem Römerberg wird gebaut.[390] An dem Schlößchen auf dem Todtenberg, dem Kuhrsaal gegenüber, wird gebaut.
Den 30ten Juli bis heute ist noch sehr wenig Korn geschnitten. Keine günstige Witterung für zu ernden.


<134>

Der Himmel ist beständig trübe, mit kalten Wolken und Staubregen bedeckt.
Den 27ten Juli nachmittags um 4 Uhr wurde der Grundstein an der Schuhle auf dem Römerberg gelegt, alle Schuhlkinder mit ihren Lehrer, der Stadtrath, der Kirchenvorstand, die Geistlichen – Evantielische wie Katholische –, der Landes-Bischof Heidenereich gingen in einem Zuge aus dem Schuhlgebäude an den vier Jahreszeiten vorbey durch die Webergaß nach dem gedachten Platz, es ward eine Rede gehalten, nach diesem[391] wurde von den größten Schuhlkinder gesungen, dann ging der Zug der Kinder wieder mit ihren Lehrer zurück in ihre Schuhle, und jedes der so vielen Kinder erhielt zu einem Andenken ein Kimmel-Brödchen.
Den 14ten August haben wir die erste Gerst und den 15ten den ersten Weizen gebunden.
Es ist sehr abwechselende Wittrung, wenige schöne Tage wechseln mit trüben, wiewohl


<135>

nur leichten Regentagen ab, ist dadurch eine etwas mühsame Ernde, und können die Früchte nicht recht dürre eingebracht werden, zumal da die Früchte allesamt so merkwürdig in dem Stroh gerathen sind, der Weizen und die mehrste Gerste, auch viel Hafer, haben sich gelegt und sind da-

---

[390] Lehrstraßenschule. Vgl. Struck, Biedermeier, S. 206.
[391] Folgt: »gingen die«.

durch, besonders der Weizen, schlecht an Körner, von 6 Zehne 5 Garbe 2 Malter erhalten, aber an Garben bekam ich von 8 1/2 Morgen 122 Zehne und 7 Garbe in die Scheuer und von 9 1/2 Morge Gerst 112 Zehne 2 Garbe.

Den 31ten August den erste Hafer gebunden und den[392] Sept[ember] den letzte und erhielt von 5 1/2 Morgen 53 Malter 1 Firnsil.[393]

In der Nacht von dem 1ten auf den 2ten Sept[ember] brach auf der Hammermühl ein großes Feuer aus, wo die Scheuer mit vielen Früchten und mehreren Gebäuden verbrannte.[394]

Es wird unter dem Nahmen Gustav-Adolphsstiftung[395] Kollekten für auswärtige evantielische Gemeinden zu Erbauung für Kirchen gesammlet.

&lt;136&gt;
## 1844

In dem Sommer wurde zu Trier durch den Bischof der Rock, welchen Jesus getragen haben soll, ausgestellt, wo sehr viele katholische Christen hin wallfahrten gingen und eine große Summe Geldes dahin brachten, aber es entstandt dadurch ein großer Zwiespalt in der katholis Gläubigen.[396]

---

[392] Folgt eine Lücke.

[393] Die Mengenangabe ist nachträglich eingefügt.

[394] Die Hammermühle am Salzbach in der Gemarkung von Biebrich, im Besitz von Bernhard May (1783–1856), wurde später ein Stützpunkt der deutsch-katholischen Missionsarbeit. Das Feuer brach in der Bäckerei aus und zerstörte alle Nebengebäude des Anwesens, nur das Wohnhaus mit der eigentlichen Mühle und das Waschhaus blieben verschont. Vgl. Kraus, Hammermühle, S. 32f; Scholz, Hammermühle, S. 19.

[395] 1832 wurde in Leipzig ein Gustav-Adolf-Verein gegründet, der sich 1842 unter dem Namen Ev. Verein der Gustav-Adolf-Stiftung für ganz Deutschland etablierte (heute: Gustav-Adolf-Werk der Evangelischen Kirche in Deutschland). In Wiesbaden konstituierte sich ein Zweigverein am 14.6.1843 als Nassauischer Verein zur Unterstützung hilfsbedürftiger protestantischer Gemeinden. Zweck der Stiftung war und ist die geistige und materielle Förderung evangelischer Diasporagemeinden. Vgl. Struck, Biedermeier, S. 191; Wilhelm Müller, Gustav-Adolf-Verein, S. 8.

[396] Anläßlich der Ausstellung des Heiligen Rockes in Trier begründete Johannes Ronge, Kaplan zu Breslau, den Deutschkatholizismus, der sich gegen Heiligenverehrung, kirchliche Hierarchie und Dogmen sowie den Primat des Papstes wandte. Einzige Glaubensgrundlage war nur die Bibel. Der Reformbewegung schlossen sich auch viele Protestanten an. Der Deutschkatholizismus fand in Wiesbaden regen Zulauf. Am

Auf dem Louisenplatz auf derselben Stelle, wo an dem 11ten Febr[uar] 1831 die erbauente katholise Kirche einstürzte, soll wieder eine gebauet werden und werden die Fundamente gegraben und ausgemauert.
Die am 28ten Jänner verstorbene Frau Herzogin wurde bis auf weiteres in die evantielische Kirche gestellt.
E[s] wurden einige Landhäußer nach der Neumühl zu gebaut.[397]

<137>
## 1845

Merkwürdig der lange Winter, schon voriges Jahr durch den ganzen December war es gefrohren. Der Jänner war nicht hart kalt, doch beständig trocke und kalt ohne Schnee.
Der Feber war heftiger kalt mit sehr viel Schnee, der März blieb immer kalt und noch immer vieler Schnee, in dem Wald liegt der Schnee so dick, als es mir noch je gedenkt. Der Storch kam einige Mal, mußte aber immer wieder fort.
Heute, den 23ten März[398], ist Ostern, der Schnee aber von dem Feber an liegt noch auf den Felder und in der Stadt, ja es fiel noch frischer dazu.
Das Wasser in dem Rhein wahr über 100 Jahren nicht so klein wie jetzt, es zeigte sich ein Felsen in dem Rhein mit der Jahreszahl, wo er ebenfalls so klein war. Der Rhein ist heute, den 23ten/24ten Merz[399], auf die Oster-Feyertäge noch zugefrohren, noch wird darüber gegangen, es ist noch völlig Winter.
Mit dem 26./27ten März fing es an zu tauen und der Schnee ging sehr schnell ab.

---

Protestanten an. Der Deutschkatholizismus fand in Wiesbaden regen Zulauf. Am 8.3.1845 wurde eine deutschkatholische Zentralgemeinde für das Herzogtum Nassau gegründet. Ronge sprach am 10.10.1845 vor mehreren tausend Personen im Schützenhof. 1859 ging der Deutschkatholizismus im Bund Freireligiöser Gemeinden Deutschlands auf. Vgl. Struck, Biedermeier, S. 198; weiterführend: Lothar Silberhorn, Der Deutschkatholizismus im Herzogtum Nassau, Diss. Mainz 1953.

397 Am Mühlweg, heute Mainzer Straße. Vgl. Russ, Villen, S. 170ff.
398 Statt gestrichen: »April«.
399 Statt gestrichen: »April«.

<138>
1845

Durch den vielen Schnee und schnellen Abgang gab es großes Gewässer, welches Schaden that. So merkwürdig klein, als der Rhein war, ebenso merkwürdig hoch stieg dießmal das Wasser.
Durch den heiligen Rock zu Trier voriges Jahrs trennte sich die katholische Glaubensgemeinden und sind allenthalben neue Gemeinden im Entstehen, die sich deutsch-katholisch nennen, auch hier wird seit dem Nachsommer alle 14 Tage in dem Schützenhof in dem hinteren Saal Gottesdienst gehalten und ist jedes Mal stark besetzt.[400]
Es hat diesen Nachsommer wieder sehr viele Schnecken gegeben, welche großen Schaden an der Herbstsaat gethan.
Es wurden einige Landhäußer gebaut.

Abb. 21: *Briefkopf des Gasthauses Zum Schützenhof 1841.*

---

[400] Die Versuche der Deutschkatholiken seit 1846, ein eigenes Gotteshaus zu errichten, scheiterten insbesondere am Widerstand der nassauischen Behörden. Struck, Biedermeier, S. 198.

<139>

Die Landesherrschaft trägt stark auf Ablösung des Zehnten an, ist auch schon von vielen Ortschaften dazu gekommen; es beträgt aber große Summen, woran zwar 40 Jahren bezahlt werden kann.[401]
Für diese Gelder kauft dieselbe besonders hier in Wiesbaden wieder Güter an und verlehnt dieselbe, dadurch wurde aber das Feld immer sehr teurer. Es ist diesen Herbst eine besondere Krankheit an den Kartofflen, die noch nie gewesen, im dem bey dem Ausmachen sich schon eine grosse Menge trocken faule sich befanden und in den Keller noch sehr viele verfaulten, und dieses erstreckte sich faßt über ganz Deutschland, auswärtig noch mehr als hier; in Holland und den Niederlanden sollen ganze Felder verfault seyn.[402]

<140>

Sie werden deßwegen aufgekauft, und gehen viele Schiffe voll den Rhein hinunter.
Sie wurden um die Weynachten hier der Kumpf[403] zu 15 Kreuzer bezahlt. Auch die Früchte sind sehr aufgeschlagen, der Weize 13 Gulden, Korn 10 Gulden, Gerst 8 Gulden. Es hat wenig Obst gegeben, das Malter Apfel zu Apfelwein kostete 5 Gulden.
Ziemlich Futter, Rübe u[nd] Dickwurz, und die Wittrung blieb ganz gelind bis Ende des Jahres.

---

[401] Herzog Adolf erließ zwar schon am 20.1.1840 ein Edikt zur Ablösung des Zehnten, doch waren viele Bauern finanziell außerstande, die Ablösungsbeträge zu zahlen. Vgl. Wilhelmi, Die Zehntfrage, S. 177f.

[402] In der Folge versuchte die Regierung, durch Aufklärung über bessere Anbauformen und durch Nachzucht von Kartoffeln aus Samen der Fäulekrankheit zu begegnen. Vgl. Schirm, Die Kartoffel und ihre Cultur.

[403] Vgl. Anm. 306.

<141>
**1846**

Wir hatten einen sehr gelinden Winter, wenig Kälte, aber fast immer Regen. Ende Feber u[nd] anfangs Merz die schönste Tage, dann aber wieder immer Regen. Wegen der Religion hauptsächlich der Deutschkatholischen wurde von den evanielischen Landesherrn ein Concilium in Berlin gehalten, wo aus unserem Land H[err] G[eheimer] K[irchenrat] Wilhelmi[404] den Auftrag erhielt und von Weynachten bis die Hälfte Feber verweilte.[405]
Merz. An der Erbauung einer Kapelle zur Gruft für die Frau Herzogin wird der Anfang gemacht auf dem Neroberg nahe bey dem herzoglichen Weinberg.[406]
Der Weg, die Steinhohl genannt, welcher zu der Kapell führt, wurde breiter gemacht, geebenet und als Chaussee angelegt, welche erste Anlage der Herzog bezahlte, aber in Zukunft die Stadtkasse sie unterhalten soll.


<142>

Es werden an der Erbenheimer Chaussee bey der Stadt wieder einige Landhäußer gebaut. An der neuen katholischen Kirche wird fleißig gebauet.
An dem Korn, da es eben die Ähren bekommen, zeigt sich eine Krankheit, die noch nie gesehen worden, die Halmen und Ähren sind sehr viel mit einem gelben rostigem Staub umzogen, man fürchtet, dass es ihm Schade bringe, aber es fängt gleichwohl doch an zu blühen.

---

[404] Vgl. Anm. 274.
[405] Vom 5.1. bis zum 13.2.1846 tagte in Berlin die »Konferenz obrigkeitlicher Beauftragter« aus 27 evangelischen Staaten, aus der die seit 1852 in regelmäßigem Turnus abgehaltene Eisenacher Konferenz zur Beratung der Einigungsbestrebungen der evangelischen Landeskirchen hervorging. Nach seinen Lebenserinnerungen hielt sich Wilhelmi bereits seit »gegen Ende 1846« (meint: 1845) in Berlin auf. Vgl. Theologische Realenzyklopädie, Bd. 10, Berlin/New York 1982, S. 657; Straub (Hrsg.), Aus meinen Erdentagen, S. 47f.
[406] Die von Philipp Hofmann entworfene sog. Griechische Kapelle wurde 1847–1855 als Gruftkirche für die erste Frau von Herzog Adolf, die russische Großfürstin Elisabeth Michailovna, errichtet. Vgl. Struck, Biedermeier, S. 165.

Die Deutsch-Katholisen halten ihre gottesdienstliche Versammelungen alle 14 Täge in dem Schützenhofsaal, ohne dass ihnen etwas dagegen eingewendet wird, fort.
Mittwoch am 29ten Juli abends 3/4 auf zehn 10 Uhr war bey ganz heiterem und windstillem Himmel eine Erderschütterung, wo alle Häuser 3mal wankten, welches weit in der Umgegend gespürt worden, es war mehrere Wochen vor und nach derselben die schönste Tage.

<143>

Die Ernde war wegen dem schönen Sommer wieder früh, den 14. Juli haben wir das 1te Korn gebunden, aber es fällt an Körner sehr gering aus.[407] Zu dem Heumachen und zu der ganzen Ernde samt dem Krummet hatten wir die schönste Wittrung.
Der Kimmel[408], welcher seit dem Sommer um das Kathrinchen[409] ansuchte, ist am 13ten Sept[ember] mit ihr kopuliert worden.
Die Frucht gibt wenig an Körner und schlägt auf, Erbse hat es faßt keine geben. Die Kartoffeln sind wieder wie voriges Jahr mit der trocken faule Krankheit stark befallen. Dickwurz, Rüben, die Stoppelrübe besonders sind gut gerathen. Viel Heu und dörre Klee. Wenig Obst, die Zwetschenbäume, da sie eben schön blühten, wurden im May in einigen Nächten Blüte und Blätter schwarz und gekringelt.

---

[407] Die Mißernte führte 1847 europaweit zu Hungersnöten. Vgl. Anm. 412.
[408] Heinrich Wilhelm Kimmel, Oeconom, * Wiesbaden 6.12.1815. Bürgerannahme 20.6.1846. StadtA WI/BA Nr. 1.
[409] Catharina Burk, * Wiesbaden 28.10.1827, + 13.10.1858, Stieftochter des Friedrich Ludwig Burk.

<144>
1846

Es hat viel und guten Wein gegeben. Der Herbst blieb ziemlich lang trocken, in der Hälfte vom Dece[m]b[er] fing es an, ziemlich kalt zu werden und viel Schnee.
Den 26. Dec[em]b[er]. Das Malter Weiz kostet jetzt 14 Gulden 30 Kreuzer, das Korn 12 Gulden 15 Kreuzer, die Gerst 10 Gulden, Hafer 4 Gulden 40.
Auch die Lungenseuche war diesen Herbst wieder hier in einigen Ställen, besonders auf dem Kloster[410], ausgebrochen. Auch uns ist am 12ten Dec[em]b[er] eine gute Kuh, kaum 1/2 Tag krank, an dem Rückblut[411] krebirt.

<145>
**1847**

Jänner. Vieler Schnee und abwechselnd ziemlich kalt. Die Frucht schlägt immer auf, der Weiz 13 Gulden, das Kor[n] 11 Gulden.
Feber. Ebenfalls viel Schnee und abwechselnd kalt, grosses Gewässer, die Frucht schlägt noch immer auf.
Merz. Der Anfang kalt, der 11te/12te wahren die Fenster stark gefrohren und waren die kälteste Tage diesen Winter, von dem 17ten an erhielten wir die schönste Tage, heiter, windstill und warm.
Die Frucht schlägt noch immer auf, der Weiz 19 Gulden, das Korn 15 Gulden, die Gerst 12 1/2 Gulden, Hafer 5 Gulden 10 Kreuzer, die Kartoffle das Malter über 5 Gulden.
April. Der Storch ist dieses Jahr um 3 Woche später gekommen.
Der April war fortwährend naßkalte, schneeische Tage, der 18te April war ein rechter Wintertag, es hat den ganzen Tag geschneiet. Die Früchte schlagen noch immer auf, der Weiz 22 Gulden, Korn 16 Gulden 30, Gerst 15 Gulden 30 Kreuzer, Hafer 7 Gulden, das Brod 27 Kreuzer 4 Pfund.

---

[410] Kloster Klarenthal.
[411] Verursacht wohl durch bei Lungenseuche auftretenden Bluthusten.

*Abb. 22: Die Bonifatiuskirche 1849–1863.*

Der Schnee am 18ten blieb 3 bis 4 Tage liegen, mußte in Waldwegen weggescheppt werden.


<146>
1847

Den 1ten May. Die Wittrung war bisher regnerisch, mit Schnee, naß und kalt. Erst nach wenig Tagen lassen sich Schwalben sehen.
Heute den 1ten sind die Schaaf mit den Lämmer in den Pferch gethan worden, und es ist heute noch unfreundliches Wetter. Das Korn, welches sonst um diese Zeit die Ähren bekam, ist noch weit zurück. Die Frucht schlägt noch auf, der Weiz 23 Gulden 30 Kreuzer, das Korn 18 Gulden,

die Gerst 16 Gulden 30 Kreuzer, der Hafer 7 Gulden 15 Kreuzer, das Malter Kartoffle kostet 6 Gulden.
Den 5ten May wurde durch den Stadtrath und Vorstand auf Befehl der Regierung in der Stadt in allen Häußern alle Vorräthe an Früchten und Kartofflen aufgeschrieben, was es bedeuten soll, weiss man noch nicht.[412]
Den 15ten. Wer Früchte oder Kartofflen verkauft, soll davon an H[errn] Stadtschultheis die Anzeige machen.
Wir haben jetzt die schönste Wittrung. Das Korn fängt an, Ähren zu bekommen.

<147>
1847

Es sind Plane und ein Anfang zu einer Gasbeleichtung in der Stadt gemacht worden. Den 25ten May sind die Röhren dazu durch die Langgaß gelegt worden.[413]
Wir hatten sehr schöne, angenehme Tage. Die Bäume haben jetzt verblüht, und es scheinet viel Obst zu geben. Die Früchte schlagen etwas ab.
Juni. Es gibt viel und gutes Heu.
Juli. Die Früchte stehen schön auf dem Felde, und ist gutes Ernde-wetter.
August. Die Wittrung ist schön.
Sept[ember] war regnerisch und kühl und hat die Hoffnung, die der Weinstock zeigte, ganz vereitelt.
Okt[ober]. Das Obst, besonders die Äpfel, sind aber so gut und allenthalben so zahlreich gerathen, als vielleicht in 100 Jahren. Der gewöhnliche Preis für 100 Pfund geschittelte Äpfel ist 15 Kreuzer, zuletzt warden noch 200 Pfund vor 15–18 Kreuzer verkauft. Die Kartofflen waren mittelmässig gerathen, aber wieder viele kranke darunter. Rüben und Kartofflen sind vortrefflich gut gerathen.

---

[412] Durch Verfügung vom 17.5.1847 verbot die Regierung den Verkauf von Getreide, Mehl und Kartoffeln außer Landes. Vgl. Wiesbadener Wochenblatt, 24.5.1847. Die Fruchtpreise in Wiesbaden waren noch relativ niedrig geblieben; auf anderen Märkten wurde zum Teil das Doppelte bezahlt. Vgl. die Aufstellungen über die Marktpreise im Wiesbadener Wochenblatt. Zur Wirtschaftskrise von 1847 im allgemeinen vgl. Obermann, Deutschland von 1815 bis 1849, S. 173ff.
[413] Vgl. Struck, Biedermeier, S. 175f.

<148>
1847

Dec[em]b[er] den 9ten haben zum ersten Mal, aber nur einige von den Gaslichter in den Straßen gebrennt, nachher von Tag zu Tag immer mehrere.
Die Wittrung war bis Ende gelind und kein Schnee.
Es sind wieder viele Menschen nach Amerika ausgewandert.[414]
Die katholische Kirche ist noch unter Dach gekommen, ausgenommen die Türme nicht.


<149>
**1848**

Jänner. Die Wittrung war durch diesen Monath immer trocken und nicht zu sehr kalt.
Feb[ruar]. Von Anfang bis Ende dieses Monaths war es immer regnerisch. In Ober-Schlesien herrscht die Hungerpest und sterben viele Menschen.[415]
In den letzten Tagen dieses Monaths war wieder Revulation in Paris. Der König mußte fort, und sie erklären sich wieder für eine freie Republik.[416]
Merz den 1ten. Es scheint ein trauriges Ereignis im Entstehen zu seyn, es sind durch ausgegebne Zettel alle Bürger aufgefodert, mittags 3 Uhr vor den 4 Jahreszeiten zu erscheinen, wurden da aufgefodert, nachstehende Punkte der Freyheit von dem Herzog zu verlangen:[417]

---

[414] Dies betrifft jedoch weniger die Stadt Wiesbaden selbst, die insgesamt von der Auswanderungswelle nur in geringem Maße betroffen war. In den ersten fünf Monaten des Jahres 1847 lassen sich neun Amerika-Auswanderer feststellen. Struck, Biedermeier, S. 67.

[415] Gemeint ist Hungertyphus. In Schlesien starben etwa 16.000 Menschen an der Epidemie.

[416] Das Verbot der öffentlich abgehaltenen »Reformbankette« mit der Forderung nach einer Erweiterung des Wahlrechts gaben den Anlaß zur Februarrevolution in Paris (22.–24.2.) und der Proklamation der Zweiten Republik.

[417] Die nun aufgeführten »Punkte« sind nachträglich geschrieben. Es handelt sich um die etwas vereinfachten Formulierungen des Flugblattes »Die Forderungen der Nassauer« vom 2.3.1848. Vgl. Abb. 23.

## Die Forderungen der Nassauer!

Die neueste französische Revolution, hervorgerufen durch die Treulosigkeit und Corruption der Regierung, hat Europa erschüttert. Sie klopft an die Pforten von Deutschland.

Es ist Zeit, daß Alles, was von nationaler Kraft, was von Freiheitsgefühl in der deutschen Nation ruht, zur schleunigsten Entfaltung gerufen werde.

Es ist Vieles, was die Deutschen, was namentlich der Stamm der Nassauer zu fordern berechtigt ist.

Aber die Zeit drängt, sie gestattet nicht Alles, was seit 33 Jahren versäumt worden ist, auf **einmal** zu ordnen.

Folgende Forderungen aber sind es, welche sofort erfüllt werden müssen:

1) Allgemeine Volksbewaffnung mit freier Wahl seiner Anführer, namentlich sofortige Abgabe von 2000 Flinten und Munition an die Stadtbehörde von Wiesbaden.
2) Unbedingte Preßfreiheit.
3) Sofortige Einberufung eines deutschen Parlaments.
4) Sofortige Vereidigung des Militärs auf die Verfassung.
5) Recht der freien Vereinigung.
6) Oeffentlichkeit, öffentliches mündliches Verfahren mit Schwurgerichten.
7) Erklärung der Domänen zum Staatseigenthum, unter Controle der Verwaltung durch die Stände.
8) Sofortige Einberufung der zweiten Kammer lediglich zur Entwerfung eines neuen Wahlgesetzes, welches auf dem Hauptgrundsatz beruht, daß die Wählbarkeit nicht an einen gewissen Vermögensbesitz gebunden ist.
9) Beseitigung aller Beengungen der uns verfassungsmäßig zustehenden Religionsfreiheit.

Wiesbaden, den 2. März 1848.

*Abb. 23: „Die Forderungen der Nassauer".*

1. Allgemeine Volksbewaffnung und 2000 Gewehr u[nd] Pulver
2. Preßfreiheit
3. Einberufung von Männer zu einem deutschen Parlament
4. Beeidigung des Militärs auf die Verfassung
5. Das Recht der freien Vereinigung
6. Schwurgerichte, die Assisen
7. Erklärung der Domäni als Eigenthum des Landes
8. Nur eine Kammer der Landstände
9. Religionsfreiheit

<150>
1848

2ter Merz. Die Unruhe ist heute sehr groß in der Stadt und alle Menschen in großer Verlegenheit. 2000 Flinten sind von dem Generalkommando gefodert und auch gutwillig hergegeben worden und an die Bürger verteilt worden.
Der Herzog ist nach Berlin verreißt und wird stündlich erwartet.
3[ter]. Die Bewegung in der Stadt ist groß; es sind noch viele Flinten aus dem Zeuchhauß, auch die Kanonen, an die Bürger abgegeben worden, auch ein ziemlicher Vorrath von Pulver. Die Bürger stehen an vielen Orten Warthe und machen Batrolie[418] in der Stadt.
Es ist merkwürdig, wie sich das gemeine Militär an die Bürger anschließt und selbst ihren Oberen nicht gehorcht.
Es ist stark die Rede von dem Einrücken fremder Soldaten und ist vielen Leuten sehr bange, doch hat noch spät am Abend der Minister die Versicherung gegeben, daß nichts zu fürchten sey.
Der Herzog ist bis heute Abend noch nicht hier.

---

[418] Patrouille. Am gleichen Tag wurde mittags ein Sicherheitskomitee zur Aufrechterhaltung der öffentlichen Ordnung gegründet. Vgl. S. <151>. Struck, Biedermeier, S. 18; Wettengel, Revolution von 1848/49, S. 104.

<151>
1848

4ter Merz. Frühe morgens war folgende Schrift an den Ecken der Gassen angeklebt:[419]
Mitbürger
Die Regierung hat das Militär und die Polizei zurückgezogen, die Aufrechthaltung des Gesetzes ist den Bürger anvertraut. Wiesbadens Bürger haben gestern das Comite gewählt. Der heutige Tag ist aber nicht bloss für Wiesbaden, er ist für ganz Nassau. Jede ankommende Gemeinde wird daher ersucht, zwey Vertreter aus ihrer Mitte zu wählen, die in das hiesige Comite eintreten, dessen Sitz auf dem Rathhauß ist. Das Zeichen des Comites ist eine weisse Binde. Mitbürger! Unter den vielen Vorwänden, mit welchen man uns unsere Rechte verweigert, ist noch der, daß der Deutsche die Freiheit nicht zu gebrauchen wisse.
Laßt uns heute zeigen, daß wir Freiheit würdig sind. 40 Millionen Deutsche blicken heute auf uns. Wir wollen ihnen ein Beispiel geben, daß wir auch ohne Polizei Ordnung und Gesetz zu handhaben wissen. Wiesbaden, den 4ten März morgens 8 Uhr.
Das Sicherheits-Comite.
Seit dem 2ten März wird eine Zeitung hier ausgegeben.[420]


<152>
1848

4ter Merz. Aus den umliegenden Ämter hatte sich eine große Zahl Menschen hier versammlet[421]; vormittags 10 Uhr bewilligte der Minister im Nahmen des Herzogs alle Foderungen und die verwitwete Frau Herzo-

---

[419] Vgl. HHStA 130 II/3054.
[420] Gemeint ist die Freie Zeitung, deren erste Nummer am 3.3.1848 erschien. Struck, Biedermeier, S. 18f.; Müller-Werth, Nassauische Zeitungen, S. 104ff.
[421] Etwa 30.000 Menschen, zum Teil mit Sensen, Flegeln und Äxten bewaffnet, drängten sich zum Wiesbadener Schloß. In einer Beilage zur Freien Zeitung v. 4.3.1848 ist die Rede vom »Tag der ersten großen Volksversammlung auf Deutscher Erde«. Struck, Biedermeier, S. 18f.; Müller-Werth, Nassauische Zeitungen, S. 106.

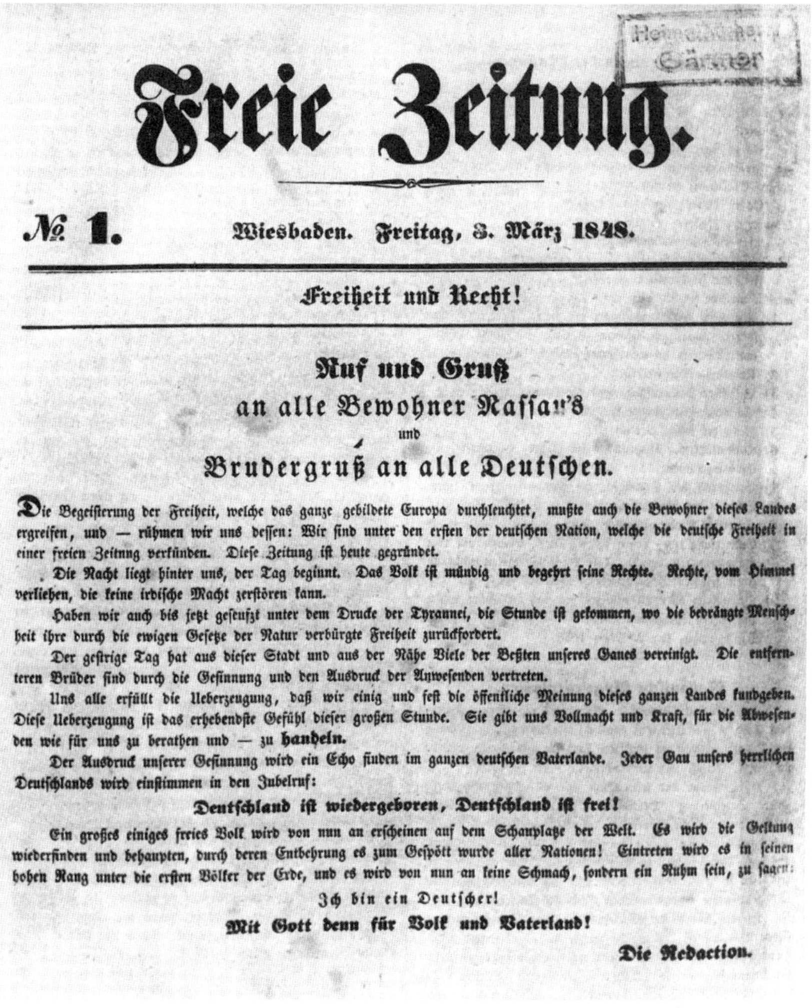

# Freie Zeitung.

№ 1. Wiesbaden. Freitag, 3. März 1848.

Freiheit und Recht!

## Ruf und Gruß an alle Bewohner Nassau's und Brudergruß an alle Deutschen.

Die Begeisterung der Freiheit, welche das ganze gebildete Europa durchleuchtet, mußte auch die Bewohner dieses Landes ergreifen, und — rühmen wir uns dessen: Wir sind unter den ersten der deutschen Nation, welche die deutsche Freiheit in einer freien Zeitnng verkünden. Diese Zeitung ist heute gegründet.

Die Nacht liegt hinter uns, der Tag beginnt. Das Volk ist mündig und begehrt seine Rechte. Rechte, vom Himmel verliehen, die keine irdische Macht zerstören kann.

Haben wir auch bis jetzt geseufzt unter dem Drucke der Tyrannei, die Stunde ist gekommen, wo die bedrängte Menschheit ihre durch die ewigen Gesetze der Natur verbürgte Freiheit zurückfordert.

Der gestrige Tag hat aus dieser Stadt und aus der Nähe Viele der Beßten unseres Ganes vereinigt. Die entfernteren Brüder sind durch die Gesinnung und den Ausdruck der Anwesenden vertreten.

Uns alle erfüllt die Ueberzeugung, daß wir einig und fest die öffentliche Meinung dieses ganzen Landes kundgeben. Diese Ueberzeugung ist das erhebendste Gefühl dieser großen Stunde. Sie gibt uns Vollmacht und Kraft, für die Abwesenden wie für uns zu berathen und — zu **handeln.**

Der Ausdruck unserer Gesinnung wird ein Echo finden im ganzen deutschen Vaterlande. Jeder Gau unsers herrlichen Deutschlands wird einstimmen in den Jubelruf:

**Deutschland ist wiedergeboren, Deutschland ist frei!**

Ein großes einiges freies Volk wird von nun an erscheinen auf dem Schauplatze der Welt. Es wird die Geltung wiederfinden und behaupten, durch deren Entbehrung es zum Gespött wurde aller Nationen! Eintreten wird es in seinen hohen Rang unter die ersten Völker der Erde, und es wird von nun an keine Schmach, sondern ein Ruhm sein, zu sagen:

Ich bin ein Deutscher!

**Mit Gott denn für Volk und Vaterland!**

**Die Redaction.**

*Abb. 24: Titelseite der „Freien Zeitung” Nr. 1, 3. 3. 1848.*

gin⁴²², Stiefmutter vom Herzog, und der Prinz Nicolaus⁴²³, Bruder vom Herzog, unterzeichneten es mit betränten Augen eigenhändig, das Landvolk war aber damit nicht zufrieden. Nachmittags 4 Uhr, da der Herzog immer noch nicht gekommen war, war die Erbitterung auf das Höchste gestiegen, alle Besänftigung war fast umsonst. Die hiesige Bürger und ledige Bursche, 2000 an der Zahl, welche alle mit G[e]wehr und Bajonett aus dem Zeuchhauß versehen waren, gingen beständig in der Stadt batorolieren und hatten viele Plätze stark besetzt, aber sie konnten doch der Wuth des Landvolks bald nicht mehr wiederstehen, und es war an dem, dass Brand und Mord beginnen wollte⁴²⁴, da erschallte 5 Uhr der glückliche Ruf, der Herzog ist gekommen, alles lief da nach dem Schloß, ein Zug Bürger, der 3te Zug, empfing ihn an der Eisenbahn

<153>

und begleitete ihn durch das Volksgedränge nach dem Schloß, wo er gleich von dem Balkan alle Foderungen bewilligte, es war rührend anzusehen, wie er, seine Mutter und Geschwister, der General⁴²⁵, fast mit noch Tränen in den Augen da standen.
Diese ganze Geschichte aufzuschreiben ist für mich zu viel, und die Verhältnisse gestatten es nicht, nur noch zu bemerken, daß es nachher gleich fast in ganz Deutschland so ergan[g]en ist; in Wien hat es etwas Menschenblut gekostet, aber in Berlin hat es viel Menschenleben gekostet, es wird berichtet, dass bloss vom Militär 1105 Mann geblieben sind. Auch Polen ist wieder im Aufstand.⁴²⁶

---

422    Pauline Herzogin von Nassau. Vgl. Anm. 350.
423    Nikolaus Prinz von Nassau, * Biebrich 20.9.1832, + Wiesbaden 18.9.1905, Stiefbruder von Herzog Adolf, später General der Infanterie. Renkhoff, Biographie, S. 564f.
424    Es ging das Gerücht, die Bauern führten schon die Säcke zum Plündern des Schlosses mit.
425    Friedrich Frhr. von Preen, * Arolsen 22.3.1787, + Wiesbaden 19.3.1856, Generalmajor, seit 1809 in nassauischen Diensten, 1848 als Generalleutnant verabschiedet. Renkhoff, Biographie, S. 618f.
426    Im österreichischen Galizien sowie in den preußischen Gebieten Posen und Westpreußen kam es 1846/47 und von März bis Mai 1848 zu erfolglosen Aufständen mit dem Ziel der Errichtung einer polnischen Republik. Vgl., allerdings deutsch-national

Schleßwich und Holstein reißt sich von Dänemark loß und schließt sich an Deutschland.
Apr[il]. Es sind bisher faßt täglich Besprechungen und Vorlesungen und noch große Unruhen unter den Bürger gewesen, und ist jetzt Zweispalt, indem der eine Theil Parlament[427], der andere Theil Republik haben will. Es sind aus allen Staaten Männer dazu nach Frankfurt berufen, um darüber zu berathen.[428]

<154>
1848

Die Wittrung war fast durch den ganzen März regnerisch, die letzte Tage aber und die erste Tage im April sehr schön warm, und blühen heute, den 6ten April, verschiedne Steinobst-Bäume.
Die Wittrung hat wieder umgeschlagen, und hat bis zu dem 17ten fast immer geregnet, und setzt die Feldarbeit sehr zurück.
Die Unruhen und das Getöse in der Stadt ist merkwürdig. Die Besorgnis wegen Krieg steigt mit jedem Tag. Das Militär ist an dem 16ten Apr[il] eingerufen worden, und soll in dem Baadischen die französche Grenze besetzen, da zusammengelaufne Volksmasse aus Frankreich einzudringen drohen.[429]

---

tendenziös, Paul Fischer, Erinnerungen an den polnischen Aufstand von 1848, Graudenz 1900.

[427] Gemeint ist die konstitutionelle Monarchie.

[428] Der deutschen Nationalversammlung in der Frankfurter Paulskirche, die sich am 18.5. konstituierte (die Wahlen fanden am 25.4.1848 statt), gehörten folgende Wiesbadener an: Max von Gagern (1810–1889), Karl Philipp Hehner (1809–1880), August Hergenhahn (1804–1874), Friedrich Schepp (1807–1867). Struck, Biedermeier, S. 26.

[429] Verordnung über die Einberufung des nassauischen Militärs vom 16.4.1848 (Verordnungsblatt 1848, S. 97). Die Truppen wurden gegen den badischen Volksaufstand eingesetzt; man befürchtete die Unterstützung der Aufständischen durch die in Paris von Georg Herwegh aufgestellte deutsch-demokratische Legion und den Zuzug von deutschen Flüchtlingen aus dem Elsaß und der Schweiz. Riehl, Nassauische Chronik, S. 40ff.; Haselier, Baden, S. 454.

Schleswig und Holstein wollte sich von Dänen lostrennen und an den Deutschen Bund anschließen, und kämpt jetzt mit den Dänen. Es erwartet stündlich Hülfe von den deutschen Mächten.[430]
In Italien ist ebenfalls Krieg mit Oestreich[431], deßgleichen auch in Polen.

<155>
1848

Apr[il] den 21ten, 22., 23. und 24ten sind die nassauische Soldadten von hier mit der Eisenbahn über Frankfurt nach dem Baadischen, schon am 25ten hatten sie Attak mit den Freyscharen der Republik.[432] In Schleßwig helfen jetzt Preußen gegen die Dähnen streiten.
May 1ter. Wir haben sehr ungünstige Wittrung, es regnet nun schon faßt 3 Monath, Feber, Merz und bis den letzte April, und kann faßt nicht gesäht werden, mir denkt noch kein so nasses Frühjahr.
Die Empörungen und rebellische Auftritte waren faßt durch ganz Deutschland, in Baden kam es zu blutigen Auftritten, in Wien desgleichen, so auch in Berlin kam es zu blutigen Kämfen, blieben todte Bürger und todte Soldaten. Auch in Frankfurt fielen Kämpfe vor, daß selbst die Herbstmesse dadurch vereitelt worden. Es war ein Parlament in Frankfurt aus allen Staaten zusammenberufen. Der Erzherzog Johann[433], ein kaiserlicher Prinz aus Östreich, zum Reichsverweser ernannt, diese sollten die deutsche Freyheit und Einheit zu Stand bringen, aber Uneinigkeit unter ihnen selbst lößte alles bald wieder auf.

---

430 Nach der Bildung einer provisorischen Regierung in Kiel am 24.3.1848 kam es zum bewaffneten Konflikt mit Dänemark (deutsch-dänischer Krieg 1848–1850).
431 Nach Aufständen in der Lombardei erklärte auch König Karl Albert von Sardinien, der als Vorkämpfer der italienischen Unabhängigkeit den Beinamen »spada d'Italia« (Schwert Italiens) erhielt, Österreich den Krieg.
432 Zusammen mit regulären badischen und hessischen Truppen besetzten die nassauischen Einheiten am 24.4.1848 Freiburg. Riehl, Nassauische Chronik, S. 43f.; Haselier, Baden, S. 454.
433 Johann Erzherzog von Österreich, Feldmarschall, * Florenz 20.1.1782, + Graz 10.5.1859. Er wurde im Juni 1848 zum Reichsverweser gewählt und trat am 20.12.1849 von diesem Amt zurück.

<156>
1848

Die Ungern wollten sich mit Gewalt von Östreich looßtrennen, es kam zu großen und blutigen Schlachten, wurden Städte zerschossen und Dörfer verbrannt, tausende von Menschen kamen um ihr Leben.[434] Und ebenso geschah es auch in Italien, wo mörderische Schlachten geschahen.
Aber was war durch dieses alles gewonnen? Die Uneinigkeit und der Neid unter denen, die sich an die Spitze gestellt hatten, bezweckten nichts, und wenn sie es auch durchgesetzt hätten, der Mittelstandt währe unglücklich gewesen. Die Großen machten schon große Foderungen, die Armen, die nichts haben, oder besser zu sagen, die Schlechtdenkende, die ihre Habe durchgebracht hatten, wollten nichts mehr arbeiten, sondern mit ihren Nachbern theilen, unentgeldlich bey ihnen wohnen, ihr Feld und ihr ganzes Eigentum mit ihnen gemein haben.
So verging das Jahr in Unruhe und Besorgnis hin und her und auch aus der ganzen Geschichte wird wenig Gutes entstehen.
Die Bürger mußten öfter ausrücken und exeziren, einigen war dieses ein großes Vergnügen, vielen aber eine große Last, und währen gerne ihre Flinten wieder los gewesen.


<157>
1848

Es wurden keine Zehntegarben mehr liegen gelassen, sondern jedermann sollte sie mitnehmen, der Zehnte soll nun durch das ganze Land abgelößt und bezahlt werden.[435]
Die Früchte sind ziemlich gerathen, wenig Obst hat es gegeben, die Krankheit an den Kartoffeln war wieder.

---

[434] Gemeint ist der kroatische Aufstand. Die Unabhängigkeitserklärung Ungarns gegenüber Österreich erfolgte erst am 14.4.1849.
[435] Zu den Beratungen über die Zehntgesetzgebung im Laufe des Jahres 1848 vgl. Wilhelmi, Die Zehntfrage, S. 179ff.

*Abb. 25: Hygieia-Denkmal und die Badehäuser Wiesbadens um 1850.*

<158>
**1849**

Die Unruhen von dem vorigen Jahr sind noch in Bewegung. Das Bauwesen und viele Geschäfte liegen ganz still.
In dem Herbst war der Stall vor die Reitochse gebaut. 1850 den 1ten May sind sie hinein gethan worden.
Die Früchte waren wieder gerathen, aber wenig Obst. Die Krankheit der Kartoffeln währte fort.


<159>
**1850**

In diesem Anfang des Jahres haben die Bürger ihre Gewehr wieder abgegeben und die Bürgerwehr ist aufgehoben.
Den 25ten – 27ten Juli ist das Thor in unserer Scheuer nach dem Gartenplatz zu gemacht worden.
Die evantielische Kirche wurde auswendig verputzt und am 27ten Juli nachmittags 3/4 auf 3 Uhr ging Feuer ganz oben auf dem Kirchturm aus, welches durch Unvorsichtigkeit eines Spenglers, der ganz oben Kennel anmachen wollte, oder, wie viele sagen, von einigen jungen schlechten Menschen, die oben gewesen seyn sollen, absichtlich angesteckt worden. Wegen der Höhe konnte nicht gelöscht werden; das brennende Holz fiel immer inwendig herunter, bald fiel die obere Spitze von dem Thurn und plötzlich stand die ganze Kirche in Flammen, und blieb nichts wie die leere Mauern stehen. Die 4 schöne Glocken verschmolzen von der Hitze. Die vorzügliche schöne Orgel, die nicht ihresgleichen mehr hatte, auch nicht mehr haben wird, ging ganz verlohren; sie war in den Jahren 1803 oder 1804 aus dem Eberbacher Kloster von dem erste Herzog Friedrich August hier an die Kirche geschenkt worden.[436] 7 Sonntage, als den 28. Juli, den 4ten, 11ten, 18ten, 25ten August, den 1ten und 8ten Sept[ember], ward in der katholische Kirche Gottesdienst gehalten, während dieser Zeit ließ der Herzog auf seine Kosten die Reitbahn einrichten,

---

[436] Zum Brand der Stadtkirche St. Mauritius vgl. Struck, Biedermeier, S. 188; Festschrift zur 50jährigen Einweihungsfeier der Marktkirche, S. 9f.

*Abb. 26: Die Mauritiuskirche nach dem Brand vom 27. 7. 1850. Lithographie von J. B. Kolb.*

<160>
1850

und es ward an dem 15ten Sept[ember] der erste Gottesdienst in der Reitbahn gehalten.[437]
Sept[ember][438] brannte die Mühl in der Metzgergaß ab.[439]
In den Monate Okt[ober] und Nov[ember] habe ich die Mauer an der Altbach mache lasse.

---

[437] Gemeint ist die Reitbahn im Schloß, daher nannte man das Provisorium auch "Schloßkirche". Vgl. Struck, Biedermeier, S. 188.
[438] Folgt eine Lücke.
[439] Kimpelmühle, später Wagemannsche Mühle, damals betrieben von Johann Karl Wagemann (* Langenschwalbach 3.4.1798). Die Metzgergasse wurde 1913 nach dessen Sohn Johann Baptist Wagemann (1829–1922) in Wagemannstraße umbenannt. Breidenstein, Wer kennt dieses Gäßchen?; Renkhoff, Biographie, S. 837.

Vor den Kochbrunnen ward eine von weissem Marmor ausgehauenes Bildnis, die Göttin Higäna, aufgestellt.[440]
Merkwürdig ist der viele Schnee, der den Winter von 1849 auf 1850 gefallen war.
An dem Bierstadterberg baut der Büger[441] einen Keller.
Die Früchte sind gut gerathen, Obst sehr wenig. Die Krankheit der Kartofflen ist noch. Der Zehnte, Zinß und Pacht sind nun ausgeschlagen und soll abgelößt werden und wird Ende dieses Jahres angefodert.

<161>
## 1851

Der Winter von 1850 bis 1851 war sehr gelind, wenig Frost und faßt gar keinen Schnee, aber der Monath Merz und April sehr nass und kühl, deßgleichen auch der May.
Am 25ten April ward der Herzog wieder mit einer Prinses aus Dessau vermählt.[442]
Juni. Auf dem Neroberg, dem Wald obig dem herzoglichen Weinberg, wird ein Tempel gebaut.[443]
An dem Bierstadterweg hin werden einige Landhäuser gebaut.
Am 28ten Juli um halb drey Uhr war eine merkwürdig große Sonnenfinsterniß, die Sonne war in unserer Gegend 4/5 verfinstert, konnte bey dem heiteren Himmel recht beobachtet werden. Es war vielen Leuten vor der-

---

[440] Bereits 1823 legte der Bildhauer Scholl Pläne für ein Hygieia-Denkmal vor, die vom Herzog jedoch abgelehnt wurden, ebenso Pläne von Eduard Zais 1831. Ausgeführt wurde die Arbeit schließlich durch Karl Hoffmann, der 1842 eine Zeichnung vorlegte. Die Hygieia-Gruppe wurde am 8.8.1850 enthüllt. Vgl. Struck, Biedermeier, S. 241ff.

[441] Georg Heinrich Bücher, Bierbrauer und Wirt Zum Weißen Lamm, * Wiesbaden 3.8.1809, + 28.8.1877 ebd. Die Restauration Bierstatter Felsenkeller warb als Ausflugsziel mit »prachtvoller Aussicht nach Mainz und Wiesbaden« ebenso wie mit seinem »ausgezeichneten Bier, direct aus dem Keller«. StadtA WI/2/205, WI/BA/1; Spielmann/Krake, Karte VII; Hey'l, Wiesbaden und seine Umgebungen, S. 79, 131, 224.

[442] Adelheid Marie, Tochter des Prinzen Friedrich von Anhalt-Dessau, * Dessau 25.12.1833, + Königstein 24.11.1916. Renkhoff, Biographie, S. 563f.

[443] Auf Initiative des Kaufmanns Gottfried Ruß und eines Bürgerkomitees wurde der Nerobergtempel von Philipp Hoffmann entworfen und am 24.7.1851 eingeweiht. Vgl. Struck, Biedermeier, S. 253.

selben sehr bange, glaubten eine mächtige Erderschütterung zu fürchten. Zu Mainz durfte in diesen Stunden weder mit Wagen noch auf dem Rhein mit Schiffen gefahren werden, auch nicht mit den Glocken geläutet werden. Es ging aber alles ganz gut vorüber.
Sept[ember] den 10ten. Diesen Morgen war schon die Thäler weiss mit Reif.
Die Krankheit an den Kartofflen ist auch dies Jahr wieder und es giebt auch sehr wenig; sie nehmen mit jedem Jahr ab, schlagen deßwegen auf. Das Malter kostet 2 Gulden 42 Kreuzer.

Abb. 27: Der Nerobergtempel 1852.

<162>
1851

Sept[ember] den 24ten habe ich den Acker in dem Hammerstahl 1 1/2 Morgen haltent mit Korn gesäht, ganz unbedacht nahm ich nur 2 Firnsel Korn, sähete auch damit den ganzen Acker, erst wie ich beynahe fertig war, fiel es mir ganz heiß ein, daß ich 1 Firnsel Korn zu wenig hatte, und hatte dennoch den ganzen Acker gesäht, wie es aber werden wird, will ich hier weiter schreiben.
Dec[em]b[er] den 5ten. Das Korn währe ganz gut, wenn die Schnecke es nicht strichweis gefressen hätten. Es war in 2 Säck, aber in jedem 6 Kümpf.
Die Früchte sind wohl hier gut gerathen, doch wird anderwärts geklagt.
Die Kartofflen zwar nicht in Überfluß, doch können wir zufrieden seyn, aber über dem ganzen Wald klagen die Leute sehr über sehr wenig und viele Faule.
Die Wittrung war bis Ende des Jahres sehr gelind.
Das Auswandern nach Nordamerika aus Deutschland, Frankreich und England war sehr bedeudent.[444]


<163>
**1852**

Der Monath Jänner und Feber bis die erste Hälfte vom März war sehr gelind und faßt immer regnerisch, dann fing es an zu frieren und zu schneien, deßgleichen auch der April von dem 15ten bis den 20ten hat es hart gefrohren, daß viel Rübsaame und Kohlsaame verfrohren ist, auch das junge Gepflänz.
Die Früchte sind deßwegen und auch wegen auswärtigem Mangel an Kartofflen sehr aufgeschlagen, der Weiz 13 Gulden, das Korn 10 Gulden, die Gerst auf 8 Gulden, der Hafer an 4 Gulden, die Kartofflen das Malter 3 Gulden 30 Kreuzer bis 4 Gulden.

---

[444] Nicht jedoch in der Stadt Wiesbaden selbst, wo sich in diesem Jahr nur zwei Auswanderer feststellen lassen. Struck, Biedermeier, S. 67; Struck, Die Auswanderung aus dem Herzogtum Nassau, Wiesbaden 1966.

Der Todenhof wird größer gemacht und wird in diesem Frühjahr daran gearbeitet.[445]

Die evantielische Kirche soll doch nach langem Zögern in den ehemalichen Schloßhof gebaut werden, und es ist heute den 12. May die Zehnescheune zum Abbrechen versteigt worden.

Der Bierbrauer Büger[446] aus dem Nonnehof hat auf dem Überräther Berg einen Keller angelegt, welcher durch Bergleute, die die Erde mit Haspel wie in Bergwerken heraus schafften und den ganzen Keller, ohne oben aufzugraben, wölbeten und ganz fertig machten.

*Abb. 28: Bierkeller auf dem Überriether Berg 1854.*

---

[445] Vgl. Anm. 334.

[446] Christian Bücher, Bierbrauer und Wirt Zum Nonnenhof, * Wiesbaden 29.1.1801. StadtA WI/BA/1; Spielmann/Krake, Karte VII. Der Felsenkeller, nicht mit dem S. <160> erwähnten Bierstatter Felsenkeller zu verwechseln, diente der Bierlagerung, wenig später errichtete Bücher dort auch eine Restauration. Vgl. S. <165>; Groß(?), Bergleute schufen den Keller.

<164>
1852

April. In diesen Tagen, ohngefähr 14 Tag lang, hielten 3 Jesuiten beständig von Morgens 6 Uhr bis Abend 7 Uhr Reden in der katholische Kirch und machten nicht allein hier, sondern an vielen Orten große Wirrung, wodurch sozusagen ein Wortstreit gegen dieselbe von Seiten der evantielischen Prediger entstand.[447]

May den 18ten. Die Zehntescheuern werden jetzt abgebrochen. So kalt und ungünstig der April gewesen, im Gegentheil so günstig ist jetzt der May warm und öfter Regen. Der Kohlsaame, der faßt verlohren zu seyn schien, stehet jetzt vorzüglich schön.

Die Früchte schlagen sehr ab, der Weiz 9 Gulden 40 Kreuzer, das Korn 7 Gulden, Gerst 5 Gulden.

Juni. Die Wittrung ist sehr regnerisch, es scheint bald ein 16ter Jahr[448] zu geben; die Früchte sind deßwegen in einer Woche 2 Gulde aufgeschlagen. Die Kartoffln sind dieses Frühjahr her sehr wert gewesen, das Malter kostet jetzt 4 Gulde, alte Kartoffle. An den neuen Kartoffln zeigt sich jetzt an dem Kraut eine Krankheit, indem sich das Kraut kräuselt.

Juli. Endlich wird dann einmal ein Anfang zu dem Bauen der evantielischen Kirche gemacht.[449]


<165>
1852

Juli. Der Monath Juli war merkwürdig warm.

---

[447] In der Reaktionszeit nach 1848 gewannen die Jesuiten in Deutschland an Bedeutung und traten besonders in den Rheingegenden seit 1850 als Reiseprediger hervor. Die Buchhandlung Ritter in Wiesbaden annoncierte in der ersten Aprilhälfte 1852 in der Mittelrheinischen Zeitung die gegen diese Missionsversuche gerichtete Schrift »Predigten über die Missionsjesuiten und ihre Lehre von der Hölle« von Friedrich Albrecht. Meyers Großes Konversations-Lexikon, 6. Aufl., Bd. 10, Leipzig/Berlin 1908.

[448] Meint das Jahr 1816.

[449] Der Kirchenvorstand hatte am 16.1.1851 den Neubau der Marktkirche beschlossen; die Grundsteinlegung erfolgte am 22.9.1852. Burk spricht hier vermutlich die Aushebung der Baugrube an. Vgl. Festschrift zur 50jährigen Einweihungsfeier der Marktkirche, S. 19ff.; Struck, Biedermeier, S. 188ff.

August den 1ten bis 8ten. Die Früchte sind seit Ende Juli zeitig, aber die Wittrung seit dem Anfang August regnerisch und sehr trauriges Erndewetter.

Von dem 8ten bis den 15ten August. Das traurige Erndewetter währte fort, mit Ausnahm weniger 1/2 Tage. Das Kraut an den Kartofflen fängt an, wieder schwarz und krank zu werden.

Den 15ten bis 21ten. Das ungünstige Erndewetter dauerte fort. Den 16ten abends 10 Uhr brannten 2 Hintergebäude bey dem Schmidt Etz[450] in der Oberwebergaß ab.

Den 18ten die Nacht war Feuer in der Philippsburg.[451]

Das Grummet wurde in wenig guten Tagen gut nach Haus gebracht. Die Kartofflen, welche schon in dem August wieder mußten zu wachsen aufhören, blieben klein, sind unreif und kochen sich ganz naß. Die übrige Herbstgewächse sind so ziemlich gerathen. Die Äpfel, derer es nicht viel gegeben, kosten 200 Pfund zu Apfelwein 6 Gulde.

Es sind wieder viele Mäus in dem Feld.

Es werden neue Stockbücher gemacht.[452]

Der Bücher in dem Nonnenhof hat einen unterirdischen Keller auf dem Überrütherberg machen lassen und hat noch diesen Herbst spät ein Hauß dahin gebaut.[453]

Der Kirchhof wurde vergrössert und ist die Mauer diesen Herbst gemacht worden.[454]

An dem evantielischem Kirchenbau sind die Funtamente fertig geworden. Die Türme auf der Kapell sind aufgeschlagen worden, auch noch etwas daran vergoldet worden.[455]

---

[450] Johann Michael Heinrich Etz, Schmied, * Wiesbaden 15.2.1819, + ebd. 26.12.1891. StadtA WI/BA/1, WI/1/142 Nr. 653, WI/2/207.
[451] Vgl. Anm. 327.
[452] Nassauisches Stockbuchgesetz vom 15.5.1851. Verordnungsblatt des Herzogthums Nassau, S. 59. Die Stockbücher dienten gleichzeitig als Grundbuch und Steuerkataster.
[453] Vgl. Anm. 446.
[454] Vgl. Buschmann, Nordfriedhof, S. 20f.
[455] Gemeint ist die sog. Griechische Kapelle, vgl. Anm. 406.

<166>
1852

An dem Bierstadterweg sind einige Landhäußer gebaut worden.[456]
Die Wittrung war bis über das Neuejahr ganz gelind und oft regnerisch.

**1853**
Der ganze Januar war gelind und die mehrste Tage regnerisch, keine kalte Nacht, kein Schnee, deßgleichen auch die erste Hälfte von dem Febr[uar], dann fing es an zu frieren und viel zu schneien. Man glaubte in dem Januar, es gäbe für dieses Jahr keinen Winter, aber der März allein war noch Winter genuch, zu Anfang sehr vielen Schnee, dann durchgehends sehr kalt und hart gefrohren.
Von diesem Jahr an sind alle Schuldfoderungen, die über 2 Jahre schuldig sind, verjährt und erloschen und können nicht mehr gefodert werden.[457]
Der April war naß, rauh und kalt.
Der May wenig schöne Tage, regnerisch und kalt.
May. An der neuen evantielischen Kirche wird fleißig gearbeitet. Es wird an einem Armenhauß[458] ober der Dennelbach gebaut.
An dem Bierstadter Weg und an der Schwalbacher Chausse werden Häußer gebaut.
May. Wer eine Nachtigall halten will, muß sie anzeigen und 7 Gulden davon abgeben.[459]
Juli. Bis zu Ende Juli waren die Gewölbe an der neuen Kirche fertig.

---

[456] Vgl. Russ, Villen, S. 90ff.
[457] Gemäß § 4 des Gesetzes über die Abkürzung der Verjährungsfristen vom 7.4.1849 erloschen bestimmte Arten von Forderungen allerdings bereits am 1.1.1852, andere erst am 1.1.1854. Verordnungsblatt des Herzogthums Nassau 1849, S. 75ff.
[458] Nachträglich darüber eingefügt: »Rettungshaus«. Es handelt sich um die im Oktober 1853 eröffnete Erziehungsanstalt für verwahrloste Kinder am Leberberg oberhalb des Tennelbachtales. Vgl. Spielmann/Krake, S. 12; Kalle/Borgmann, Wohlfahrtseinrichtungen, S. 43ff.
[459] Die Erhebung einer Luxussteuer auf Nachtigallen war nicht ungewöhnlich. Sie wurde z.B. in Hessen als Staatssteuer, in Preußen als fakultative Gemeindesteuer erhoben.

<167>
1853

Die Kartofflen fangen schon Ende Juli an krank, das Kraut schwarz zu werden.
Die Ernde kommt etwas spät, die Früchte schlagen auf. Die Wittrung ist sehr abwechselnd.
August. Von dem 1ten August an ist das neue Maas und Gewicht eingeführt[460], da es in dem Herzogthum sehr verschiedenes Inhalts war, so ist es jetzt gleich. Das Fruchtmaas ist etwas kleiner, das nasse Maas und das Elenmaas etwas größer, das Gewicht durchgehends zu 34 Loth das Pfund. Die Früchte sind ziemlich gut eingebracht worden, wiewohl öfter Regentage einfielen, es gibt aber im Ganzen nicht so viel Frucht.
Sept[ember]. Heute den 22ten Sept[ember] wurde unter folgenden Feyerlichkeiten der Grundstein an der neu zu bauenden Kirche gelegt.[461] Vormittags 9 Uhr versammelte sich die Gemeinde nochmals in der alte abgebrannte Kirche, wo sie aus dem Lied N[umer]o 294 den ersten Vers sangen. Sey Lob und Ehr dem höchsten Gut, dem Vater aller Güte [etcetera etcetera]. Dann hielt H[err] Pfarre Eibach[462] eine Rede. Zum Schluß 294 der 5te Vers, Der Herr ist nun und nimmer mehr von seinem Volk geschieden. Dann ging der Zug nach dem Bauplatz der neuen Kirche; auf dem Bauplatz wurde von der Gemeinde gesungen aus dem Lied 216 der 7. Vers, O wie heilig ist der Ort, o wie selig ist [etcetera etcetera]. Dann eine Rede vom Kirchenrath Schultz[463]. Bey den

---

[460] Durch Gesetz vom 12.12.1851 sollte das neue Maß- und Gewichtsystem zum 1.10.1852 eingeführt werden. Dies verzögerte sich jedoch, da die Herstellung der Eichgeräte und Einrichtung der Eichlokale längere Zeit in Anspruch nahm. Das Gesetz trat daher erst mit dem 1.8.1853 in Kraft. Vgl. Allgemeines Maß- und Gewichts-System im Herzogthum Nassau, Wiesbaden 1852; Verordnungsblatt des Herzogthums Nassau 1853, S. 113.

[461] Vgl. Anm. 449.

[462] Ludwig Eibach, * Diez 23.12.1810, + Wiesbaden 6.11.1868. Pfarrer in Erbach 1835, 1838 Wehrheim, 1839 Idstein, 1844 Wiesbaden. 1851–1856 Schulinspektor, 1860 Kirchenrat, 1868 Konsistorialrat. Gründer des Vereins für die evangelische Kirche in Nassau (1850) und des Evangelischen Rettungshauses in Wiesbaden, Mitgründer des Paulinenstifts (1857). 1859 Vorsitzender des Verwaltungsrates des Versorgungshauses. Renkhoff, Biographie, S. 164.

[463] Karl Wilhelm Schultz, Dr.theol. h.c., * Hachenburg 9.3.1801, + Wiesbaden 4.4.1856. Ab 1823 Pfarrer in Freirachdorf, 1829 Grenzhausen, 1831 Weilmünster, 1836 Wiesbaden. 1842 Kirchenrat, Religionslehrer. Mitbegründer und Direktor des Gustav-Adolf-Vereins. Renkhoff, Biographie S. 733.

*Abb. 29: Kirchenrat Karl Wilhelm Schultz.*

Hammerschlägen aus dem Lied 560, Nun danket alle Gott mit Herzen, Mund und Händen, der große Dinge thut an uns [etcetera etcetera].

<168>
1853

Okt[ober] den 23ten ist an der abgebrannten evantielischen Kirche angefangen worden, das Mauerwerk abzubreche.
Die Krankheit an den Kartofflen war dies Jahr nicht so bedeutent.
Der Marburg[464] bauet eine Eisengiesserei an dem Schiersteiner und Dotzheimer Weg.[465]
Ich hatte diesen Spatherbst wieder viel an meinem offnen Bein zu leiden.
Nov[ember]. Es ist die Verordnung gegeben worden, daß kein Kalb mehr unter 14 Tagen geschlacht werden darf, es muß daher, wenn das Kalb zur Welt kommt, bey dem Bürgermeister angezeigt werden, und nach 14 Tagen eine Bescheinigung von demselben geholt werden, denn ohne dieselbe kann es nicht verkauft und auch nicht geschlachtet werden, die Anzeige und die Bescheinigung ist aber unentgeldlich.[466]
Die Früchte sind in einem hohen Preiß, der Weiz über 15 Gulden, das Korn über 10 Gulden, die Gerst über 8 Gulden, Hafer 4 Gulden.
Dec[em]b[er]. Es fängt mit demselben an, ziemlich kalt zu werden, am 17ten zu schneuen.
Den 17ten sind die Schaf nachhauß gethan worden.
Es wird wieder Krieg befürchtet wegen dem Krieg zwischen Rußland und der Türkey, wo sich Frankreich und Engelland mit einmischt, so wird befürchtet, daß auch Östrich und Preußen mit hinein gezogen würden.[467]

---

[464] Ludwig Marburg, Kurzwaren-, Steinkohlen- und Ofenhändler. Er wurde am 1.9.1838 in das Wiesbadener Bürgerrecht aufgenommen und am 24.6.1858 nach Frankfurt/M. entlassen. StadtA WI/BA/1, WI/1/42.
[465] Dieser Satz ist nachträglich eingefügt.
[466] Erlaß vom 7. Oktober 1853. Das Fleisch sei »wegen mangelnder Reife gesundheitsschädlich«. Verordnungsblatt des Herzogthums Nassau 1853, S. 309.
[467] Gemeint ist der Krimkrieg 1853–1856.

<169>
**1854**

Jän[ner]. Es war einige Tage sehr kalt, dann aber merkwürdig vieler Schnee.
An dem 15ten ist der Conrad Sternepeter[468] gestorbe.
Feb[ruar]. Auch in diesem Monat schneiete es faßt täglich. Der Schnee soll unbeschreiblich dick liegen, ging zu Ende dieses Monaths ohne großes Wasser ab.
März. Derselbe läßt sich sehr schön an und ist bis heute den 14ten die schönste heiterste Wittrung; ich bin bis heute noch nicht wegen meinem Bein ausgekommen. Gestern den 13ten hat mir der Doktor Zais[469] Thee und Salbe zu gebrauchen verschrieben.
Die Auswanderung nach Nordamerike wird noch immer stärker fortgesetzt.[470]
Es wird eine Eisenbahn von der Armenruhmühl ober Moßbach her durch das Rheingau angefangen und stark daran gearbeitet.[471] Deßgleichen auch die Chaussee nach dem Holzhackerhäußche über den Henkberg nach Hahn wird angefangen.[472] Dieser Weg war bis jetzt der aller abscheilichste Weg.
Apr[il] war schön und trocken. Die Früchte sind hoch in dem Preis. Der Krieg zwischen den Russen und den Türken macht auch hier große Besorgnisse, die Engländer und Franzosen stellen sich als Hilfsvölker zu den Türken und sind mit Flotten in der Ostsee.
May war kühl und nass.

---

[468] Johann Conrad Stern (1788–1854), Hutmacher, Schwager von Friedrich Ludwig Burk. Er heiratete am 13.7.1815 Catharina Eleonora Burk.

[469] Wilhelm Zais, Dr.med., Arzt und Politiker, * Wiesbaden 4.2.1798, + ebd. 16.1.1861. Seit 1827 Medizinalakzessist in Wiesbaden, 1829 Medizinalassistent, 1840 Medizinalrat. Renkhoff, Biographie, S. 892.

[470] Das Jahr 1854 bildete – neben den auch aus politischen Gründen erfolgten Auswanderungen 1848 – den Höhepunkt der Auswanderungswelle. Struck, Biedermeier, S. 67; Kropat, Auswanderung, S. 129.

[471] Die Wiesbadener Eisenbahn-Gesellschaft erhielt am 23.6.1853 die Konzession zum Bau der Strecke Wiesbaden-Niederlahnstein. Brake, Eisenbahnen, S. 106.

[472] Die heutige Aarstraße (Bundesstraße 54) über den Hengberg und die Eiserne Hand. Das Holzhackerhäuschen an der Kreuzung mit der Querstraße zur Fasanerie war Mitte des 18. Jh. Wohnstätte eines Holzhauers, später Gastwirtschaft. Spielmann, Landstraßen, S. 113ff.; Wiesbadener Kurier, 18.5.1951, S. 3.

Juni ziemlich viel Regenwetter. Der Weizen 160 Pf[und] kostet 17 Gulden, das Korn 150 Pf[und] 13 Gulden, die Gerst 130 Pf[und] 10 Gulden, Hafer 100 Pf[und] 6 Gulden, 4 Pf[und] Brod 22–23 Kreuzer.

<170>
1854

Juli 9ter. Wir haben sehr regnerische Wittrung, beynahe wie in dem Jahr 1816, das mehrste Heu ist bis jetzt noch auf den Wiesen und was gemacht ist, das ist sehr schlecht.
Den 14ten Juli. Die Frucht wahr etwas abgeschlagen, ist aber bey dem beständig anhaltetem Regenwetter wieder sehr aufgeschlagen. Das Heu verdirbt auf den Wiesen. Man kann den Rübsaamen faßt nicht sähen.
14ter. Die Kartoffle fangen jetzt schon an, das Kraut schwarz zu werden und so geschwind, daß bis zu dem 20ten schon ganze Äcker krank dastehen.
Der Jonas Thon[473] bauet ein Hauß an dem Dotzheimerweg links.
23. Wir erhielten seit dem 19ten trockne und sehr heisse Tage. Es wird unser Hof anders gepflästert. Das Korn ist theilweis zeitig.
25. Das Ende Juli wahr mehrentheils wieder Regen.
August. Wenige schöne Tage, viel Regen.
Den 11ten wurde der neu angelegte obere Theil von dem Todenhof eingeweihet.[474]
Es ist trauriges Erndewetter, noch mehr Regentage wie in dem Jahr 1816.
18ter. Die mehrste Früchte sind noch auf dem Feld und alles durchaus nass. Wir hatten schwere Platzregen.
Voriges Jahr den Vorsommer ward einer von den Störchen auf dem Feld todt geschossen, dann haben sie ihm auch sein Nest von aussen kleiner gemacht, es kam in diesem Frühjahr wohl einer, sahe sich um und ging wieder fort, und so waren dieses Jahr keine Störche hier.

---

[473] Jonas Thon, * Wiesbaden 21.3.1809, + ebd. 31.7.1879. Das Haus wird erst 1863 in das Brandkataster eingetragen. StadtA WI/BA/1, WI/1/144 Nr. 1258, WI/2/205.
[474] Evtl. ist »12« zu lesen, jedenfalls wurde die Erweiterung des Friedhofs am 12.8.1854 eingeweiht. Wiesbadener Tagblatt, 12.8.1854; Buschmann, Nordfriedhof, S. 21.

*Abb. 30: Eiserne Trinkhalle am Kochbrunnen 1863. Lithographie von Bayer/Kurz.*

Den 18ten hatte ich dem Seilberger[475] sein Hauß auf der Hochstätt gesteiget vor 4350 Gulden

<171>
1854

und an dem 26ten an den Heinrich Thon[476] wieder abgegeben.

---

[475] Friedrich Seilberger, Fuhrmann, + Wiesbaden 16.7.1887 im Alter von 75 Jahren. Er erwarb 1851 das im Jahre 1817 erbaute Haus Hochstätte 6 mit einem Brandversicherungswert von 4.550 Gulden. StadtA WI/1/141, WI/2/207.
[476] Johann Georg Heinrich Thon, Landwirt, * Wiesbaden 24.3.1830, Bürgeraufnahme 1856. StadtA WI/BA/1.

Es ist noch immer keine beständige Wittrung, und die Früchte kommen allesamt ganz feucht nach Hauß. An dem 25ten sind die Früchte abgeschlagen, nur der Hafer ist teurer wie die Gerst, die Gerst kostet 6 Gulde und der Hafer 6 Gulden 55 Kreuzer.
26. Mit den Kartofflen siehet es sehr schlecht aus, man siehet auf dem ganzen Feld keine grüne Spitz mehr, alles schwarz und faßt ganz vergangen.
Sept[ember]. Von dem Anfang an durch den ganzen Monath war ich wieder sehr krank, glaubte selbst, es sey jetzt mein Ende, doch hat es sich wieder so ziemlich gegeben.
Zu der Krummet-Ernde hatten wir sehr schönes Wetter, und es hat auch ziemlich viel gegeben. In diesem Frühjahr habe ich dem Friedrich und Cathrinchen[477] ihre Äcker gegeben, und sie haben sie auch geärndet.
Es ward diesen Herbst von dem Kochbrunne nach dem Kursaal eine Trinkhalle gebaut.[478]
In dem Herbst wurde ein Teligraf von dem Bahnhof, der Rheinstraß und Schwalbacher Straß hin, und der Schwalbacher Chaussee hin bis nach Koblenz auf Kosten des Königs von Preußen gemacht.[479]
Obst und Nüsse hat es dieses Jahr gar nicht gegeben. Die Kartofflen eine grosse Mißernde, noch nicht den Viertetheil gegen das vorige Jahr. Sie wurden deßwegen allenthalben mit dem Pplug[sic!] ausgezackert.

<172>
1854

Es fing schon mit dem 12ten November an zu schneuen, es war aber doch sonst biß Ende des Jahres gelind, nur regnerisch.

---

[477] Gemeint sind seine beiden Stiefkinder.
[478] Im Oktober 1854 schritt man zur Ausführung der Anfang Februar von Baurat Goetz vorgelegten Pläne zur Errichtung eines bedeckten Gangs vom Kochbrunnen zur nördlichen Kolonnade. Die eiserne Trinkhalle wurde 1888 abgebrochen und durch einen Neubau ersetzt. Struck, Biedermeier, S. 244; StadtA J I e 13.
[479] Vgl. Struck, Biedermeier, S. 123; Mönk, Fernmeldewesen, S. 8f. Über diese »Königslinie 139«, die über Nassau und Bad Ems verlief, wurde am 13.7.1870 die berühmte Emser Depesche telegraphiert.

Am 28ten Dec[em]b[er] mußten alle Pferde zur Musterung vorgeführt werden, um im Fall, da wieder Krieg befürchtet wird, die tauglich sind, solge zu nehmen.
Ende dieses Jahres in die Frankfurter Assecurans gekommen, die Mobilien, Früchte, Heu, Stroh, das Vieh zum Theil und dergleichen versichern lassen.

<173>
## 1855

Bis heute, den 11ten Jänner, sehr gelinde, faßt schöne Wittrung.
Den 11ten wurde bekannt gemacht, daß diejenige Pferde, welche den 28ten Dec[em]b[er] nicht vorgeführt waren, bey Strafe mit 1 Gulden jedes Pferd den 13ten ohnfehlbar vorgeführt werden müssen.
Den 14ten. Von H[errn] Dögen[480] die Police der Versicherung für Brandschaden erhalten, versichert mit 5670 Gulden, von 1000 Gulde 1 Gulden 45 Kreuzer jährlich voraus zu bezahlen, dasselbe gleich bezahlt mit 9 Gulden 55 Kreuzer, 48 Kreuzer Schreibgebühr.
Von dem 16ten Jänner, da fing es an Winter zu werden, es schneuete oft, war oft sehr kalt, und so blieb es durch den ganzen Feber.
In Bierstadt ist unter dem Rindvieh wieder die Lungenseuch ausgebrochen.
März 2ter. Es ist jetzt den Leuten bange wegen Krieg. Das Bettln um Brod von Kinder in der Stadt und von den Dorfschaften Rambach, Hettehan[481], den beyde Josbächer[482] hauptsächlich ist überaus stark.
16ter. Es ist ein langer Winter, es schneuet noch fast halbe Täge und liegt jetzt dicker Schnee.
Apr[il] den 6ten, mittag 12 Uhr, ist mein Bruder Heinrich gestorben. Den 20. Mit dem Korn auf dem Feld siehet es sehr schlecht aus, so schlecht denkt es mir noch niemals, nicht allein hier, sondern wie man hört allenthalben.

---

[480] Heinrich Carl Christian Dögen, Weinhändler und Hauptagent der »Deutscher Phönix«, * Idstein 28.2.1824, Bürgeraufnahme 1845. StadtA WI/BA/1.
[481] Hettenhain über Bad Schwalbach.
[482] Niederjosbach und Oberjosbach.

Abb. 31: Wiesbaden von Norden 1854. Die Marktkirche wurde später nachgestochen. Lithographie von Rohbock/Kurz.

May den 21ten. Jetzt erst fängt das Korn an, Ähren zu bekommen, nicht die Wittrung mag Schuld gewesen seyn, nein, es war in dem März nichts auf den Felder und mußte sich gar mühsam erholen.

<174>
1855

May den 24ten. Die Kappel zu der Ruhestätte für die verstorbene Frau Herzogin, welche in dem Merz 1846 zu bauen ist angefangen worden, ist nun fertig und ist den 24ten May eingeweihet worden und in der Nacht von dem 24ten auf den 25ten May um 12 Uhr nachts ist die verstorbene Frau Herzogin dahin gebracht worden.[483]

---

[483] Die Einweihung der »Griechischen Kapelle« erfolgte in Wirklichkeit einen Tag später, und in der Nacht vom 25. zum 26. März wurden die Särge von Elisabeth Michailovna

24. Die Bäume blühen jetzt theilweis schön, auch der Kohlsaame fängt noch in den oberen Spitzen zu blühen an, indem alles untere abgefallen war.
Den 31. des Abends 6 Uhr war ein so entsetzlicher Sturmwind (hat aber kaum 1/4 Stunde angehalten), dass es jedem bang geworden, es wurden Bäume umgerissen, die Trinkhalle, wo eben daran gebauet worden, ist längs der Taunusstraß umgeworfen worden. Durch das schwere Eisenwerk, worin sie bestand, ist ein junger Mensch todt geblieben, einigen die Beine und Arme entzwei und mehrere beschädigt worden, in Frankfurt sollen sogar Häuser umgefallen seyn. Einige beladene Schiffe sind bey Mainz untergegan[g]en.
Juli 1ter. Es gehöret zu einer Merkwürdigkeit und denkt mir noch nicht, daß so viel Disteln in der Winter- und Sommerfrucht gewesen wie jetzt, faßt so viel Disteln wie Frucht, und das nicht allein hier, sondern auch bey den nächstliegenden Orten; es ist nötig und die Leute gehen auch zu 6–8 und noch mehr auf die Äcker und fahren sie mit Karrn und Wagen hinweg. Es ist regnerische Wittrung, doch bey dem Heumachen hatten wir einige günstige Tage.
31. An den Kartofflen nahe um die Stadt bemerkt man die Krankheit wieder. Es regenet faßt jeden Tag. Die Ernde stehet noch zurück.
Den 4ten Aug[ust] des Mittags 4 Uhr ist meine Schwester gestorben.[484]
Aug[ust]. Mit dem erste August wird der Anfang an dem Korn zu schneiden gemacht.

<175>
1855

Sept[ember]. Die Klauenseuche ist sehr stark unter den Schafen, so auch die Maulseuche hauptsächlich und die Klauenseuche unter dem Rindvieh. Der September allein war ein ganz schöner heiterer Sommermonath.

---

und ihrer noch am Tag der Geburt verstorbenen Tochter überführt. Mittelrheinische Zeitung, 26.3.1855; Struck, Biedermeier, S. 165; Russ, Villen, S. 375; Haas, Die griechische Kapelle, S. 2.
[484] Vgl. die Einleitung und Anm. 468.

Okt[ober]. Von dem ersten Oktober an fängt eine neue Steuer auf den Branndwein an.[485] Von dem ersten Oktober an wird kein Chausseegeld mehr gehoben.
Seit vorigem Jahr und wie auch dieses Jahr kommt es faßt ganz in Gebrauch, die Kartoffle mit dem Pflug auszuackern.
Auf dem Leberberg oben der Todtenhohl wurde ein Weyher gegraben, wozu das Wasser aus der Dennelbach geleitet worden, um sich da zu sammlen, und dann durch Röhren nach dem Kursaalweyher geleitet, wo es in dem Weyher als Wasserkunst 180 Fuß hoch durch 7 Röhren springt, und hat an dem 11ten Nov[ember] das erste Mal gesprungen.[486]
Die Wittrung war durch den Oktober schön.
Von dem 15ten Sept[ember] bis den 17ten Dec[em]b[er] hat der Barbier Wagner[487] an meinem Fuß gekurieret, bis er heil ward. 197 Verband lautet die Rechnung, jedes Verband 6 Kreuzer, kostet 19 Gulden 42 Kreuzer.
Die Kartoffle sind doch dieses Jahr besser wie in dem vorigen Jahr. Es hat auch etwas Obst gegeben.
Der Winter hat früh angefangen, und war vor Weynachten um den 17ten Dec[em]b[er] sehr kalt und ziemlich Schnee.
Die Früchte sind jetzt teuer, 200 Pf[und] Weiz koste 20 Gulden.

<176>
## 1856

Man hofft, dass es Friede in Rußland werde.
Die Wittrung war durch den Jänner regnerisch und gelind, so auch durch den Feber. Der Merz rauh und windig.
Anfangs März. Der Friede soll bestädigt seyn.[488]
März. Der Weg an unserem Acker her auf der Todtenhohl soll breiter gemacht werden. Wir haben deßwegen die Zwetschenbäume ausgegraben,

---

[485] Gesetz über die Besteuerung inländischen Branntweins, in: Verordnungsblatt des Herzogthums Nassau 1855, S. 75ff.
[486] Vgl. Struck, Biedermeier, S. 251.
[487] Xaver Wagner, * Endingen 22.9.1799, Bürgeraufnahme 22.11.1841. StadtA WI/BA/1.
[488] Ende des Krimkrieges mit dem Frieden von Paris.

wofür mir 70 Gulden soll bezahlt werden, und für 9 Ruth 3 Schuh vom Acker, die Ruth zu 9 Gulden, soll 81 Gulden 16 Kreuzer bezahlt werden.
Apr[il] 21. Eine neue Acciseordnung soll am 1ten Juli dieses Jahres eingeführt werden für die Stadtkasse. Die Ohm Wein für Wirte 8 Gulden, zum Selbstgebrauch 4 Gulden, die Ohm Apfelwein für Wirth oder für sich selbst gemacht 2 Gulden 20 Kreuzer, Branntwein 9 Gulden, Bier 1 Gulden 30 Kreuzer. Schlachtvieh: 1 Ochs 5 Gulden, eine Kuh 2 Gulden 40[489], ein Rind 1 Gulden 45 Kreuzer, Schweine – auch zu eigner Haushaltung – 40 Kreuzer. Mehl zu eignem Gebrauch das Malter 12 Kreuzer. Sonst noch viele Gegenstände.[490]
Die Witterung war durch den April trocken.
May. Der ganze Monath war ohne wenig schöne Tage, fast immer Regen.
Juni. Fast beständig Regen. Seit dem 24ten ist wieder mein Bein offen.
Juli 14ter. Von dem 2ten an hatten wir 8 Tage schönes Wetter, wo das Heu konnte gut gemacht werden, dann wieder täglich Regen.

<177>
1856

Juli den 12ten, vormittag halb elf Uhr, ist die alte Frau Herzogin[491] mit einem großen feierlichen Zug auf den hiesigen Todtenhof in ein Gewölbe beerdigt worden.
Sie hatte es schriftlich hinterlassen, daß sie in keine Kruft, sondern auf dem hiesigen Kirchhof ihre letzte Ruhestätte haben wolle.
Juli 20. Die Kartofflen fangen schon wieder an, krank zu werden, viel zu früh, da sie doch in dem Wachstum gegen das vorige Jahr viel zurück sind.
Den 22ten haben wir angefangen, Korn zu schneiden.

---

489   Es muß richtig heißen: 2 Gulden und 30 Kreuzer.
490   Acciseordnung für die Stadt Wiesbaden. Verordnungsblatt des Herzogthums Nassau, 15.4.1856, S. 112ff.
491   Pauline Herzogin von Nassau, vgl. Anm. 350.

Aug[ust]. Auf den Moßbächerberg rechts der Chaussee bauet der Bierbrauer Prinz[492] ein Haus.
Durch das viele Regnen in dem Vorsommer hatte sich die Frucht faßt mehrentheils gelegt, es hat deßwegen viel Garbe gegeben, aber es gibt wenig Körner. Gut war es aber, daß bey dem Ernden die Wittrung günstig war.
Sep[tember]. Die erste Tage waren schön trocke und konnte gutes Grummet gemacht werden, hernach aber immer regnerisch, und ist auf den Michaelis-Tag noch allenthalben Grummet auf den Wiesen.
Okt[ober]. So schön die Obstbäume auch geblühet hatten, so ist es doch mißrathen, die Bäume waren nach dem Blühen wie krank, die Blätter warden schwarz und das Obst fiel mehrentheils ab, und das hängen blieb war ganz verkrüppelt und versprungen, und doch haben die kleine Äpfel zu Äpfelwein großen Werth, 200 Pfund koste 7 Gulden und 15 Kreuzer, auch noch mehr.
Okt[ober] 6. Die Handwerker faßt alle schlagen sehr auf; die Schuhmacher und Nagelschmidt, letztere um dem Reifenberg[493], haben in öffentlichen Blätter erklärt, die Schuster jeden Gulde um 15 Kreuzer erhöhet, also was 1 Gulden gekostet jetzt 1 Gulde und 15 Kreuzer.

<178>
1856

Okt[ober]. Die Nagelschmidt: die kleine Nägel um 1/4 des gewöhnlichen Preises jetzt mehr, die grosse Nägel um 1/6 mehr. Die Schneider machen auch große Rechnung. Ein Paar gewöhnliche Hose kommt jetzt mit dem Duch um 1 Gulde 45 Kreuzer mehr. So ist es jetzt mit allen Geschäften und allen Wahren.
Die Drescher, die sonst gewöhnlich den Tag 16 Kreuzer und die Kost hatten, kosten jetzt die geringste den Tag 20 Kreuzer, 22 Kreuzer und 24 Kreuzer und die Kost. Die Grasmäher hatten sonst von dem Morge 40

---

[492] Andreas Norbert Prinz, * Camberg 27.12.1831, Bürgeraufnahme 20.1.1855. StadtA WI/BA/1.
[493] Gemeint sind die Nagelschmiede in Ober- und Niederreifenberg, die als Wandergewerbetreibende tätig waren.

Kreuzer und 1 Laib Brod, jetzt 1 Gulden 12 Kreuzer, auch 1 Gulden 20 Kreuzer. Der 4pfündige La[i]b Brod kostet jetzt 16–17 Kreuzer, 200 Pfund Weiz 16 Gulden, 180 Pfund Korn 11 Gulde.
Oktob[e]r 17ter. In den letztvergangenen Tagen ist das Dachwerk auf der neuen evanielischen Kirch von dem Zimmermann Jonas Weil[494] aufgeschlagen worden.
Okt[ober]. Die Stadt hat den abgebrannten Kirchenplatz gekauft von der evantielischen Gemeinde für 6000 Gulden und gedenkt eine Fruchthalle dahin zu bauen.
Nov[ember]. Der Winter fängt dieses Jahr sehr frühe an, in dem halben November schon vielen Schnee und ziemlich kalt.
Dec[em]b[er]. An dem erste Dec[em]b[er] sind die Schaf schon nach Haus gethan worden. Sie sind aber doch bald wieder draussen im Pferch geblieben und erst nach Weynachten wieder heim komme.

<179>
**1857**

Der Winter durch den Januar und Feber ist sehr gelind, deßgleichen auch schon im März schöne Tage.
März. Es werden große Veränderungen mit der Chaussee nach Biebrich gemacht. Die Obstbäume an derselben, die doch die fruchtbarste um die Stadt gewesen, sind alle weggemacht worden, die Chaussee auf beiden Seiten mit zwei Reihen wilden Kastanienbäumen besetzt worden, so daß auf jeder Seite eine Allee ist, eine zum Reiten und eine für zu gehen. In dem Frühjahr **1858** sind die übrige Bäume noch gesetzt worden.[495]
Dann ist ein Bauplan in das Feld hinaus von der Rheinstraß bis gegen den Moßbächerberg gemacht worden.
Die Eisenbahn von hier nach Biebrich und den Rhein abwärz gehet jetzt seit dem Ende des Winters.
Apr[il] den 2ten ist der erste Fruchtmark auf dem Platz der abgebrannten Kirche gehalten worden.

---

[494] Bürgeraufnahme 23.3.1835. StadtA WI/BA/1.
[495] Dieser Satz ist nachträglich eingefügt.

Juni den 2ten und die nächstfolgende Tage haben wir das Scheuertenn wieder gemacht, es ist aber jetzt nicht die rechte Zeit, denn es kann nicht mehr gehörig trocknen, macht viel Unangenehmes, weil jetzt faßt täglich in die Scheuer auch nur mit grünem Futter sollte gefahren werden; schon im April währe die geeicheneste Zeit dazu.
Juni 6ter. Heute ist Vermählung der jüngsten Prinzess mit einem schwedischen Prinzen, und ist die Stadt mit grünem Laub, Gränzen, Bäumen und Fahnen geziert.[496]
Juni. Es sind in diesen Tagen sonderbare Gerichte verbreitet worden und in den Buchhandlungen zum Verkauf ausgegeben worden, daß von den Sternkundigen sey angegeben, daß unsere Erde mit einem großen Kometstern den 13ten Juni werde zusammenstoßen, wodurch unsere Erde zerstöhrt und untergehen werde, vielen Menschen war es

<180>
1857

bange, dafür auch vielen ein Gespött. Doch der 13te Juni verging so ruhig und still unter Sonnenschein und dünn bewölktem Himmel als je ein anderer Tag.
Schriften, die ausgegeben worden sind: In der Schellenbergischen Buchhandlung den 26. May: Die Welt geht doch unter!? Der Zusammenstoß unserer Erde mit dem Kometen am 13ten Juni 1857 von Dr. A. Herschel. Preis 12 Kreuzer.
Den 12ten Juni in derselbe Buchhandlung: Sichere Rettungsmittel für die von Kometenfurcht beängstigte schlechte Gewissen. Preis 21 Kreuzer.
Gespöttschrift
Neues Pantoffelleben
Der für uns so schreckliche Komet vom 13ten Juni, welcher die Erde mit allem, was auf ihr lebt, unterm Pantoffel hielt, ist nicht erschienen, und ich erlaube mir deßhalb dem geehrten Publikum Wiesbadens mein schön as-

---

[496] Sofie von Nassau-Weilburg, Tochter von Herzog Wilhelm, * 9.7.1836, + 30.12.1913, heiratete am 6.6.1857 Oskar II. von Schweden (1829–1907).

sortiertes Lager von Pirmasenzer Pantofflen zu empfehlen. Wiesbaden den 17ten Juni, Marie Seibel[497], Steingaß N[umer]o 9.
Dergleichen Profezeien und Spötteleien waren noch mehrere.
August den 16ten. Die Früchte sind jetzt faßt alle zu Hauß. Die Wittrung war immer trocken und sehr warm, deßwegen ist jetzt großer Mangel am Futter für das Vieh und das denkt mir in meinem ganzen Leben nicht, schon 8 Tage lang haben wir kein Grünfutter mehr für die Kühe, nichts wie Getränk und Gerstenstroh, daß nun dieses Jahr auch sehr schön und gut ist und gerne von dem Vieh gefressen wird.

*Abb. 32: Der Kursaal, im Hintergrund das Paulinenschlößchen, 1852. Lithographie von Voddigel/Thümling.*

---

[497] Marie Philippine Seibel geb. Berg, * Dotzheim 22.3.1819, Frau des Polizeidieners Friedrich Seibel. StadtA WI/1/46, WI/BA/1.

<181>
1857

August. Ich habe jetzt wieder viel zu leiden an meinem linken Bein, welches schon mehrere Wochen wieder offen ist.
Von dem 27ten August an habe ich den Dokter Kirsch[498] gebraucht, nur innerlich Pulver eingenommen und bis in dem Oktober war mein Bein zugeheilt.
Es hat wegen dem trocknen Sommer wenig Krummet gegeben. Das Obst war sehr gut, 200 Pfund Äpfel zu Äpfelwein koste 4 Gulden, zuletzt 4 Gulden 30 Kreuzer. Es hat viele Nüsse gegeben.
Die Kartofflen blieb das Kraut grün bis in Herbst. Bey dem Ausmachen fand man wenig Kranke, aber wie sie einige Zeit ausgemacht waren, da war es über die Weise mit naß und trocken faulen, übrigens sind sie sonst in Menge gerathen gewesen.
Der ganze Nachsommer und Herbst war immer trocken und gelind. Die Früchte sind auch sehr abgeschlagen.
Am 18ten Nov[em]b[er] mittags 3 Minute vor 3 Uhr geschah das große Unglück zu Mainz, wo ein Pulverturn in die Luft sprenkte und unbeschreiblichen Schaden anrichtete. Viele Menschen blieben todt, Häußer warden zertrümmert, Steine von einigen Zentner schwehr flogen weit in die Stadt, Dächer und Fensterscheiben zerschlagen. Den fürchterlichen Donnerschlag hat man über viele Stunden weit gehört, hier in Wiesbaden zitterten die Fenster und Häuser.[499]
Die Schuhmacher sind dieses Jahr sehr aufgeschlagen. Die Schuh, die sonst 3 Gulden 12 Kreuzer gekostet, kosten jetzt 4 Gulden 40 Kreuzer, und so sind alle Geschäfte und Taglöhner aufgestiegen, nur die Fruchtpreise sinken.

---

[498] Philipp Christian Kirsch, Dr.med., * Niederbachheim 1804, + Wiesbaden Januar 1873, bis 1849 Regimentsarzt, seit 1846 daneben erster homöopathischer Arzt mit eigener Apotheke in Wiesbaden. Renkhoff, Biographie, S. 396; Herrmann, Gräberbuch, S. 99; StadtA WI/2/204.
[499] Vgl. Struck, Biedermeier, S. 131.

<182>
1857

Okt[ober] den 3ten ist mein Garten in der Schwalbacherstraß an den Bauaccisten Moritz[500] abgetreten worden und am 3ten hat derselbe auch schon angefangen zu graben.
An dem Faulweidenbrunne hat der Maurer Schlink[501] ein Hauß gebaut.
Mehrere Häuser sind gegen der Rheinstraß über nach Moßbach zu gebaut worden.
An dem evantielischen Kirchenbau sind die Türme bis zu der Hälfte gekommen und ist sonst noch vieles gebaut worden.
Es war dieses Jahr ein warmes und trocknes Jahr und hat deßwegen viele und gute Früchte, auch sehr guten Wein gegeben. Die Wittrung blieb gelind und trocken bis über das Neujahr, daher sind auch alle Wasser, besonders der Rhein, sehr klein, können keine Schiffe fahren und Steinkohlen bringen, welche sehr aufgeschlagen sind, da sonst das Malter 1 Gulden 30, auch 1 Gulden 45 gekostet, kostete es erst 3 Gulden, jetzt 4 Gulden, 4 Gulden 10 Kreuzer.
An der neu zu bauenden evandielischen Kirche sind die Türme bis zu der halben Höhe gekommen.
In dem Jahr 1843 ward die erste Kirchensteuer gehoben und mit 1/2 Simpel bezahlt, schon 1844 mit 3/4 Simpel und so fort, 1849 auch nur 1/2, dann wieder 3/4 und jetzt dieses Jahr ein ganzes Simpel.

<183>
**1858**

Jän[ner]. Die Schaf sind dieses Jahr bis den 6ten in dem Pferch geblieben. Der Winter fing erst mit dem 22ten Jänner an und doch nicht so sehr kalt. Es gehet schon mehrere Jahre in unserem Hauswesen schlecht, sehr schlecht, und mit jedem Jahr, jedem Tag schlechter, ich kann nicht viel mehr leisten, und die es können, wollen nicht, oder glauben, sie bräuchten

---

[500] Vgl. Anm. 330.
[501] Daniel Michael Schlink, Maurermeister, * Wiesbaden 3.10.1831, Bürgeraufnahme 1856. Das zweistöckige Wohnhaus am Faulweidenborn wird 1858 mit 6.000 Gulden im Brandkataster eingetragen. StadtA WI/BA/1, WI/1/143 Nr. 1055.

es nicht, wissen auch nichts gehörig einzurichten, nehmen es auch nicht an, wenn ihnen gesagt wird. Traurige Zeit.[502]

Febr[uar]. Der vorjährige Sommer war trocken, der Herbst trocke, der Winter trocke, in dem Feber eine trockne, kalte und schneidende Luft, deßwegen ist der Rhein jetzt so klein, als es nur jemals gedacht wird, es fließt nur auf dieser Seite ein schmaler Strom Wasser und so auf der andern Seite, so daß die Leute, mehrentheils die Gunsenheimer, mit ihrem Gemüse den größten Theil in der Mitte von dem Rhein auf dem Sand gehen.

Die Steinkohlen sind deßwegen auch so sehr aufgeschlagen, weil keine Schiffe gehen können, das Malter Ruhrerkohle kostet 4 Gulden 10 Kreuzer.

Die Früchte sind billig, nur der Hafer teuer. 200 Pf[und] Weiz 9 Gulden, 130 Pf[und] Gerst 4 Gulden 45 Kreuzer, 93 Pf[und] Hafer 4 Gulden 35 Kreuzer, so ist das Pfund Hafer teuerer als das Pfund Weiz.

März. Es fängt jetzt erst an, Winter zu werden mit Schnee und Kälte.

Apr[il]. Es ist überhaupt ein rauhes kaltes Frühjahr, scharfe trockne Luft. Schon seit dem Jahr 1843 läßt sich kein Storch hier mehr sehen.


<184>
1858

Apr[il]. Es wird dieses Jahr sehr viel gebaut als faßt je in einem Jahr, an allen Enden um die Stadt rings herum und in der Stadt wird gebaut.

Vor dem Kursaal grosse Veränderungen gemacht. Die Wilhelmsstrass ist das Pflaster aufgebrochen und wird causiert. Zwischen dem Theater und den Vierjahrszeiten ist das Pflaster hinweg gemacht worden und ist zur Anlage gemacht.[503]

May. Die Wittrung war immer rauh und kalt.

Der Schiersteinerweg, welcher bisher noch nicht mit Steinen gemacht war, wird jetzt gemacht. An der evantielischen neuen Kirche gehet das Bauen jetzt langsam; durch das viele Bauen in der Stadt sind die Arbeitsleute rahr und theuer. Der Maurergesell kostet jetzt den Tag 1 Gulden 6 Kreuzer

---

502   Dieser Absatz ist in größerer und mit einer die Feder stärker führenden Schrift verfaßt.
503   Theaterplatz, heute Kaiser-Friedrich-Platz.

Lohn. Das Pfund Butter kostet jetzt 38 bis 40 Kreuzer. Der Hafer ist theuerer als der Weiz, 200 Pf[und] 9 Gulden 30 Kreuzer. 130 Pf[und] Gerst kostet 4 Gulden 35 Kreuzer und 92 Pf[und] Hafer 4 Gulden 40.
May 14. Das Korn fängt an, Äeren zu bekommen. Die Bäume blühen alle merkwürdig schön. Alle Handwerker und alle andere Wahren schlagen auf und die Taglöhner, das Gesinde verlange mehr Lohn und koste 1/3 mehr. Die Abgaben sind erhöet, der Lohn der Arbeiter auch erhöhet und dabey wollen sie wenig arbeiten, von morgens 6 bis abend 6; dem Gesinde ist alle Arbeit zu viel und was sie auch thun, wird schlecht gethan. Alles theuer, die Früchte billig.
Den 24ten May auf den 2ten Pfingsttag gegen 6 Uhr abends war eine geringe Erderschitterung.

<185>

Es scheint ein gutes Jahr zu werden, nur ist es immer kühl und trocke, ja es hat in den letzten Tagen eine Nacht, wo Kartoffle und Bohnen verfrohren sind.
Juni. Mit diesem Monath fängt es an, sehr heiß zu werden, das Feld trocknet ganz aus, der Klee bleibt ganz kurz, wird von der großen Hitze auf den Äcker dörr, das Gras auf trocknen Wiesen wird dörr, das Korn ist wohl noch schön gewachse, aber um die Körner siehet es schlecht aus. Der Weiz ist sehr kurz und will faßt keine Ähren bekommen, die Gerst wird viele gar nicht zu Ähren kommen, es siehet jetzt mit allem sehr traurig aus, besonders wegen Mangel für das Vieh; der Klee, wo er abgemacht wird, dörren die Felder, die Kartofflen auf dörren Äcker scheinen ganz verlohren.
Das Heu fällt so sparsam aus als es mir noch jemals gedenkt, auf vielen Wiesen nicht die Hälft. Wie geschwind kann sich doch alles ändern, noch vor kaum 3 Wochen wurde gespöttelt mit der Frucht, da war noch überall so viel, die Leute könnten den Weiz dem Vieh geben, und jetzt schon ist überall nichts und schlägt in einem Markttag bey 3 Gulden auf, darum ist es ein wahres Sprichwort: wenn die Frucht am allerunwertesten ist, dann soll man 2 Besen dabey stellen und zusammen halten.[504] Dann hier ist das

---

504   Durch Weiser am linken Rand hinzugefügt: »In dem Jahr 1822«.

Beyspiel wieder, wie geschwind auch bey den besten Ansichte sich doch alles kann ändern.
Wenn die trockne Wittrung noch so fort dauern soll, dann wird der Mangel noch groß werden.


<186>
1858

Vor der Dietenmühl, wo der Fußpfad nach Naurod geht, war immer ein hölzerner Steg über die Bach, da wird jetzt ein Gewölb über die Bach gemacht.
Juli den 1ten. Wir sehen jetzt keiner guten Zukunft entgegen, die trockne Wittrung dauert fort. Die Wiesen, auch sonst kräftige Wiesen, sind dörr und weiss, auch auf den feuchten will nichts nachwachsen. Die abgemähte Kleeäcker sind dörr, keine grüne Spitze mehr, der Futtermangel ist schon da.
Die Leuten müssen Vieh abschaffen, aber verkaufen kann der Mann nur für geringen Preis. Viele Leuten schlachten ihre Kühe selbst und verkaufen das Fleisch.
Es kann Korn geschnitten werden, der Kern aber ist kaum halb vollkommen. Es schlägt alles auf, das Malter Hafer kostet sechs Gulde, der Zentner Heu fünf Gulde. Der Samekuche[505] sechs Kreuzer. Das Brod schlägt bedeutent auf von 12 auf 18 Kreuzer. Das Dickwurz-Setzen ist sehr beschwerlich.
Juli 4ter. Gestern abend erhielten wir eine Stunde lang Regen.
Den 11ten. Es regenete bis jetzt faßt jeden Tag, die Erde ist schön feucht, aber das dürre Feld und Wiesen will doch nicht grün werden. Es ist alles teuer, selbst der weisse Rübensaame, da haben wir für einen Schoppe von Erbenheim 1 Gulden bezahlt.
Nur die Kühe sind wohlfeil, wegen Futtermangel kauft man sie unter dem halben Werth und da sind die Käufer noch rahr, nur bloss zum Schlachte.

---

505  Samenkuchen = Rückstand vom Ölpressen aus Samen als Viehfutter.

An dem 9ten Juli nachmittag sind wieder 3 Mann an dem Kirchenbau unglücklich gewesen, einer blieb gleich todt.[506]

<187>

Den 1ten August. Der mehrste Weizen ist schon zu Hauß, aber die Ernde ist sehr sparsam, auf dem Feld nach Moßbach ist der mehreste nur eine Elle lang, auf dem Feld nach dem Wald, den Röder und Überhofen ist er besser.
Viele Äcker, wo nur leere Ähren haben.
Die Gerst auf dem Feld nach Erbenheim ist kaum einen Schuh hoch, viele hat nur halbe und sehr viele gar keine Ähren, mancher Acker gibt die Saatfrucht nicht.
Kein zweiter Klee ist nicht mehr nachgewachsen, der erste war schon schlecht. Sehr wenig Krummet ist zu erwarten, die trockne Wiesen sind dörr.
Die Dickwurzpflanzen haben kein Gedeihen, es ist eine Art kleiner schwarzer Würme, welche sie in der Erde fressen, nicht allein hier, sondern auf allen umliegenden Orten haben sie bedeutenden Schaden angerichtet, viele ganz gefressen, viele angefressen, und die stehen jetzt krank da und haben keinen Wachsthum.
Die weisse Rüben haben die Leute schon zwey und drey Mal gesäht und immer frißt sie der Erdfloh.
Es scheinet sich alles zu vereinen, um Mangel, besonders Mangel für das arme Vieh herbey zu führen.
Den 8ten August. Die trockne Wittrung dauert fort, sehr heisse Tage. Die Gerst ist nun auch beynahe alle zu Hauß, aber eine sehr traurige Ernde, die mehrste ist noch keinen Schuh, sondern handlang und die Hälft von den Halmen haben keine Ähren, die übrige nur halb heraus gewachsene Ähren mit verkümmerten Körner, wenig Garben wurden gebunden.

---

[506] Gemeint sein dürfte der Spenglergeselle Philipp Christian Wagner, * Miehlen 7.1.1835, + 12.7.1858 im Zivilhospital zu Wiesbaden.

| | Zeh | Garbe |
|---|---|---|
| An der Steinmühl 71 Ruth 28 Schuh | | |
| da gebunden | 4 | 5 |
| hinter dem Mühlweg am Weg 68 R[uten] 8 S[chuh] | 4 | 6 |
| in dem Hammerstahl 46 R[uten] 21 Schuh | 1 | 7 |
| in dem Hammerstahl 13 R[uten] 52 [Schuh] | 6 | 3 |
| am große Acker 175 Ruth | 8 | 1 |
| | 25 | 4 |

25 Zehne 4 Garbe. Den 16te August die letzte gedrosre[?] von den 25 Zehne 8 Malter netto erhalte.
Voriges Jahr beynahe die nehmliche Morgenzahl, davon 50 1/2 Malter erhalten – welch großer Unterschied.


<188>
1858

Ich bin jetzt noch recht froh, daß ich die vorjährige Gerst und das Korn nicht verkauft, sondern behalten habe.
Den 16ten August regnete es ein wenig, aber es war wieder bald vertrocknet.
Wir sehen einer traurigen Zukunft entgegen und es ist jetzt schon traurig, traurig um das Futter für das Vieh, für unsere Kühe haben wir nichts als Kartoffelkraut und Stroh, und wie bald wird das wenige Stroh alle seyn. 2 Kühe habe ich schon verkauft, wenn ich doch die übrige nur durchzubringen wüßte und nicht noch mehr abzuschaffen genöthiget bin.
Die Dickwurz sind noch sehr weit zurück und scheinen wenig zu werden, die schwarze Würmer verderben viele. Weisse Rüben scheint es gar keine zu geben.
Das Gebund Kornstroh wird jetzt schon um 30 bis 36 Kreuzer verkauft.
Die Sächsbätzner und die Dreibätzner sind seit heute, den 17ten Aug[ust], in ihrem Werth heruntergesetzt, die 24 nur 23 1/2 Kreuzer, die 12 nur 11 Kreuzer.
Den 21ten August. Der Hafer ist nun auch schon gedresche, aber er ist ebenso wie die Gerst von 3 1/2 Morge 18 Zehne gebunden, von den 18 Zehne 13 Malter gedresche und der ist leicht, viele Körner haben gar kei-

nen Kern. Wenn ich andere Leute reden höre, so ist es bey denselben noch schlechter, der Thon[507] von 3 Morge 3 1/2 Malter.
Ach, es ist alles anders geworden wie in früheren Zeiten, es wird wohl wieder gute und fruchtreiche Jahre geben, aber für mich sind keine gute Zeiten mehr zu hoffen, ich fühle meine Hinfälligkeit zu sehr.
Aug[ust] den 19./20./21. erhielten wir fruchtbare Regen, die Leute sähen jezt noch allenthalben weisse Rübensaame.
Den 30ten August sind wir mit Dreschen schon fertig worden.
Den 15. Sept[ember]. Auf die einige Regen, die zwar nicht tief eingedrungen waren, sind die Wiesen wieder grün geworden, und wird jetzt bey der warmen und wieder trocknen Wittrung ein wenig Krummet gemacht.

<189>
1858

Sep[tember] 15. Es ist das Feld wieder ganz ausgetrocknet, denn der Regen war nicht tief eingedrungen.
Die beyde Brunnen am Hollerborn in unserer Wies und in der andern Wies sind ganz ausgetrocknet; schon als Kind bin ich dahin gekommen und auch bey trocknen Sommer denkt mir das nicht, immer waren sie voll Wasser, und so hört man allenthalben sprechen: Die Bach vor Erbenheim sey ganz vertrocknet, der Brunne vor der Wellritzmühl ist vertrocknet. Die Trockenheit vom vorigen Jahr und keine Winterfeuchtigkeit, das mag wohl viel schuld seyn.
Seit einigen Tagen ist mein Bein wieder offen.
Okt[ober] den 19ten. An dem 13ten Okt[ober] des abends vor 6 Uhr ist unser Katharin an einer 7tägigen Krankheit gestorben.[508]
Wir haben immer trockne Wittrung. Die Leute machen jetzt noch Krummet.

---

[507] Es kommen mehrere Namensträger in Frage.
[508] Catharina Burk (1827–1858).

Den 26ten Sept[ember] ist der Bischof Heidnereich[509] gestorben. Den 17ten Okt[ober] hat der bisöfliche Kommissär Wilhelmi[510] seine Antrittsrede als Bischof in der Kirche gethan.
Es läßt sich seit dem Nachsommer ein Kometstern sehen und wird wieder künftig ein trocknes Jahr befürchtet.
Von dem 25ten bis den 28ten Sept[ember] war das Musikfest gehalten.[511] Auf dem Louiseplatz war eine große Halle gebauet worden, es waren viele Fremde hier und ein großer Aufzug in der Stadt; viele Häußer mit Kränzen und Fahnen geziert.
Von dem 5ten bis den 13ten Okt[ober] war die große Obstausstellung in eben dieser Halle, 10.000 Teller mit Früchten enthaltend aus Baden, Bayern, Hannover, Hessen, Holstein, Nassau, Oestreich, Preußen und Sachsen. Auch von mir sind 18 Sorten Äpfel dahin gegeben worden.[512]
Das Feld ist wieder sehr voller Mäuse.

<190>
1858

Nov[ember]. Die Wittrung war durch den Okt[ober] immer schön hell und heiter, bis die letzte Tage trocke kalte Luft.
Der Nov[ember] aber fängt an, Winter zu seyn, gleich hart gefrohren, den 5ten und den 6ten fiel ziemlich Schnee. Den 10ten waren die Fenster gefrohren. In dem Feld kann nichts mehr geschafft werden.
Von dem 15ten an gehet jetzt täglich Fuhr in der Stadt durch die Gassen, um den Unrath, Kehricht, Steinkohlenasche und dergleichen fort zu fahren, wozu diejenige Häuserbewohner ihren Beytrag zum Fortfahren geben.
Es soll Laub zum Streuen aus dem Wald abgegeben werden, aber für den Wage 4 Gulden, für den Karrn 2 Gulden zu bezahlen.
Ich habe bis hierher wieder viel an meinem Fuß gelitte. Haben wegen dem wenig Futter ein Rind und 2 Schaf noch weiter verkauft.

---

[509] Vgl. Anm. 116.
[510] Vgl. Anm. 274.
[511] Drittes Mittelrheinisches Musikfest. Vgl. Struck, Biedermeier, S. 237.
[512] Vgl. Abb. bei Struck, Biedermeier, Tafel V.

Nov[ember]. Der Nov[em]b[er] war schon ein Wintermonath, von dem Anfang bis zu Ende ziemlich kalt mit Schnee; die Fenster waren mehrmals gefrohren. Es sind schon hin und wieder Kartoffle verfrohren.
Dec[em]b[er] den 10ten. Die Wittrung ist seit diesem Monat wieder gelind.
Den 6ten ist der Daniel Stuber[513] gestorben.
Es wird schon beynahe das ganze Jahr von dem Feldgericht bey den Begüterten angesucht, um die Feldgemarkung zu consulodieren. Viele Begüterte sind dagegen und wollen es nicht.
Es war dieses Jahr ein Hungerjahr für das Vieh, aber gleich wie das vorige Jahr ein ausgezeichnetes Weinjahr, wie das vorige Jahr sehr gutes Obst.
Und ich: ach könnte ich mir die letzte Tage der Jahre 1815, 1816, 1817 zurückwünschen, es waren glückliche Tage.

<191>
**1859**

Den 9ten März. Es war dieses ein sehr gelinder Winter, bald nicht Winter zu nennen: kein Schnee, wenig Nächte, wo es gefrohren hatte, ist aber auch keine große Feuchtigkeit in der Erde.
Das Korn stehet so schön grün und scheint sich schon zu heben und überdeckt die ganze Äcker. Die Bienen tragen schon in dem Feber von den Kätzgen an den Haselerlen und verschiednen Sträuchen Hösgen[514] ein. Voriges Jahr bey der sparsamen Ernde glaubte man, es würde Theurung geben, aber dem ist bis jetzt doch nicht so; die Früchte haben nur Mittelpreis. Es wird viele Frucht, besonders Hafer, vieles Heu und Stroh, ganze Schiff voll, von dem Rhein hinauf bis in die Schweiz nach Biebrich gebracht.

---

[513] Johann Daniel Stuber, Landwirt, Stadtvorsteher, * Wiesbaden 8.3.1782, + ebd. 6.12.1858. Seine Tochter Maria stand 1867 kurz vor der Verehelichung mit Heinrich Burk, dem Sohn von Friedrich Ludwig Burk. Aus unbekannten Gründen kam die Ehe trotz erfolgtem dritten Aufgebot nicht zustande.

[514] »Höschen« sind die an den Beinen der Bienen gesammelten Blütenpollen.

Das Bauwerk in der Stadt und um die Stadt gehet faßt den ganzen Winter durch ununterbrochen fort.
Es ist wieder eine grosse Befürchtung wegen Krieg mit den Franzosen. Alle Stempelbogen werden erhöhet, der Bogen, wo bisher 20 Kreuzer gekostet, kostet jetzt 30 Kreuzer und so fort bis zu 50 Gulde. Alle Angestellte von dem Minister bis zu dem geringsten, allen ist ihre Besoldung erhöhet worden.
März den 15ten. Die Besorgnisse wegen Krieg wird grösser; es werden diese Woche in allen Ämter Musterung unter den Pferden gehalten. Den 18ten wird in unserem Amt die Musterung vorgenommen, damit jeden Tag die Pferde bereit stehen.
Die Wittrung ist immer gelind, aber trocken. In den Brunnen am Hollerborn ist noch kein Wasser.
Den 25ten hat der Kimmel[515] den Garte in der Schwalbacherstraß an den Weissbinder Schlink[516] verkauft, die Meterruth vor 60 Gulde, beträgt zusamme 628 Gulden 12 Kreuzer.

<192>
1859

März 25ten habe ich die Zettel von den getheilten Äcker mit auf das Rathhaus genommen und an den Actcunct Colin[517] abgegeben, damit doch einmal die Sache zu Ende komme.
Bey mir gehet es immer schlechter, mein Bein ist immer noch offen und schmerzt sehr, es ist auch keine Hoffnung mehr: es wird offen bleiben. Ich fühle mich oft sehr schwach und hinfällig und kann nicht viel mehr leisten. Auch sonst in dem ganzen Hauswesen gehet es nicht, wie es gehen könnte und auch gehen sollte, leider, ich kann es nicht ändern. Siehe Jänner 1858.

---

[515] Gemeint ist vielleicht der Schwiegersohn Wilhelm Kimmel.
[516] Georg Schlink, Tüncher.
[517] Johann Ludwig Wilhelm Coulin, * Herborn 17.7.1816, + Wiesbaden 8.6.1887. Seit 1842 in Wiesbaden, 1845 Gehilfe des Stadtschultheißen, 1854 bis 1886 Bürgermeister-Adjunkt bzw. (Zweiter) Bürgermeister. Mitbegründer des Vorschußvereins, Vorstandsmitglied der Paulinenstiftung. Renkhoff, Biographie, S. 112; J. Dollwet, in: Wiesbadener Leben 11/1989, S. 32.

Das Bauwesen in der Stadt und um die Stadt gehet wieder allenthalben. Die Gärten und Krautäcker auf dem ganzen Warmen Damm an der Wilhelmsstraß hin bis an die Pletzmühl wird zu Anlagen gemacht, die Pletzmühl ist auch von der Kuhrhaus-Gesellschaft gekauft vor 40.000 Gulden und kommt weg.
Den 11ten Apr[il]. Das Frühjahr läßt sich sehr schön an, es blühen schon Biernbäume. Es haben sich wieder Störche eingefunden und bebauen das alte Nest auf dem Nonnenhof, das vom Jahr 1853 das letzte Mal war, dass es bebaut war.
Den 25ten. Die Wittrung war seither sehr rauh und kalt. Die Besorgnis wegen Krieg wird immer größer und es wird wohl auch nicht anders seyn: es wird Krieg geben.
May. Die Soldaten sind auf den 5ten eingerufen und sind zum Theil in die Stadt und die nächste Dörfer einquatiert; auch wir haben 2 Mann Fußkanonier. Auch die Pferde, die im März gemustert worden, sind eingerufen, auch wir mußten am 6ten unser gutes Pferd geben; sie sind wohl alle taxieret und sollen bezahlt werden, aber die mehrste Leute haben sie doch sehr ungerne gegeben. Das unsere ist 320 Gulden taxieret.

<193>

Es fehlt aber an Ställen für die viele Pferde, bey 900 Stück, ist daher in allen Häuser in der Stadt die Stallung eingesehen worden, und, wo möglich, mußten die Leute die Ställe räumen und hergeben; auch auf die Ortschaften, auf das Kloster wurden Pferde gestellt, in Erbenheim stehen 180 Stück. Doch reichte es nicht aus und es werden Nothställe gegen der Atiliricaserne über auf einen Acker gebaut.
Es gehen schon viele Geschäfte nicht mehr recht.
Juni. In Italien sind schon einige Schlachten zwischen den Östreicher und den Franzosen vorgefallen, wo die Östreicher viel verlohren.[518] Durch die große Hitze, die wir hatten, und die viele todte Menschen und todte Pferde, die unbegraben auf dem Felde liegen blieben, entstanden ansteckente

---

518  Schlachten bei Magenta und Solferino im sardinisch-französischen Krieg gegen Österreich.

Krankheiten unter den Menschen und unter dem Vieh. Die Pferde wurden blind und rotzicht, sie mußten daher einstweilen wieder Friede machen.[519]
Juli 15. Die längstgedienten Soldaten sind wieder in Uhrlaub geschickt, die übrigen aber liegen noch in den Quatier.
Die Wittrung war sehr warm und vor Johanni fruchtbare Regen, aber hernach sehr heiss und trocken, dass wieder vieles verdorret.
Heu hat es viel gegeben und ist auch gut gemacht worden, aber das Mähen ist sehr aufgeschlagen, der Morge 1 Gulden 30 Kreuzer.
20. Die Ernde ist früh, die Gerst ist schon zu Haus, der Weiz und der Hafer ist zeitig. Die Früchte sind sehr billig, nur der Hafer ist teuer. Das Pfund Korn kostet 2 Kreuzer und das Pfund Hafer 3 Kreuzer.
August den 11ten. Die Früchte sind schon alle zu Hauß. Die Wittrung ist sehr warm und trocken, es verdörret wieder alles. Schon länger als 8 Tage haben wir nichts Grünes mehr für das Vieh, nur Stroh und Getränk.


<194>
1859

Die Aussichten vor Futter für die Kühen sind wieder traurig, die Dickwurz sind noch nicht gehackt und Rüben wird es wieder keine geben.
12. Es ist dann nun einstweilen wieder Friede mit Östreich und Frankreich.[520] Die Soldaten sind wieder in Uhrlaub geschickt. Von dem 8ten August an werden die Pferde in der Atiliri [Artilleriekaserne] wieder versteigert, doch mit der Bedin[g]ung, daß im Fall sie das Militär während einem Jahr um den Steigpreis wieder zurücknehmen kann. Ausländer können keine kaufen und die inländische Käufer dürfen sie nicht weiter verkaufen.
Aug[ust] 29. Die trockne dürre Wittrung währet noch fort bis heute. Den 28ten erhielten wir ein wenig Regen. Die Wiesen sind noch mehr verdörret wie das vorige Jahr, es wird wenig oder gar kein Krummet geben. Mit den Kartoffle und den übrigen Herbstgewächsen siehet es schlecht aus.

---

519 Waffenstillstand von Villafranca.
520 Gemeint ist der Waffenstillstand von Villafranca am 12.7.1859, dem am 10. November der Frieden von Zürich folgte (Venetien bleibt bei Österreich, die Lombardei fällt an Frankreich).

Auf vielen Ortschaften ist Mangel am Wasser. Es sind mehrere Brunnen und auch Bäche vertrocknet.
Mit meinem Bein wird es nicht besser, mehr schlimmer.
Sept[ember] den 22ten, mittags 11 Uhr, wurde an der neubauende Kirch mit kleinen Kanonen mehrmals geschossen, und es erschallte dabey der Ruf, daß die Arbeit an den Türmen und aussen nun ganz fertig sey. In dem Inneren ist aber noch gar nichts gemacht.
Nov[ember] 9. Wegen der Gütertheilung mußten wir mehrmalen auf die Landoberschultheisserey.


<195>
1859

Nov[ember] den 9ten wurde ein mir noch nie bekanntes Fest, des Schillers hundertjähriges Geburtsfest, mit Fackelzügen und Musik gefeiert.[521]
Fest-Reden
gesprochen auf dem Schillerplatz[522] zu Wiesbaden zur Weihe der Schillerlinde am 9ten Nov[ember] 1859.
Rede des Herrn Bürgermeisters Fischer:[523]
Verehrte Freunde, Mitbürger und Bewohner unserer Stadt. Mit Jubel und Begeisterung wird in diesen Tagen aller Orten, soweit die deutsche Zunge klingt, das hundertjährige Geburtfest unsers größten Dichters, dessen erhabene Gedanken und Lieder im ganzen deutschen Volke Wurzel gefaßt und segensreich gewirkt haben, gemeinsam begangen, und wo es gilt, den großen deutschen Männer die verdiente Huldigung darzubringen, da werden die Bewohner unserer Stadt niemals die letzten seyn, wovon die Tage des gegen-wärtigen Festes werden Zeugen seyn.
Damit aber auch dem gefeierten Männer und Dichter ein sichtbares Zeichen der Verehrung zum Gedächtnis künftiger Geschlechter in unserer

---

521 Feiern anläßlich des 100. Geburtstages von Friedrich von Schiller (1759–1805) fanden in ganz Deutschland statt.
522 Zuvor Friedrichsplatz. Russ, Villen, S. 226.
523 Heinrich Fischer, * Wiesbaden 29.1.1812, + ebd. 20.6.1883. Buchhändler, vom 15.1.1849 bis 1868 Bürgermeister. StadtA WI/P/453, WI/1/39, WI/BA/1; Renkhoff, Biographie, S. 192.

Stadt gestiftet werde, ist die Pflanzung einer ächten deutschen Linde auf diesem Platz beschlossen worden. Hier stehet sie. Möge sie künftig wachsen und gedeihen zum Ruhme des Dichters, und möge ihr Gedeihen dazu beytragen, daß die erhabenen Ideen des großen Mannes in den Herzen der Bewohner unserer Stadt mehr und mehr gepflegt und fortgepflanzt werden. Mit diesem Wunsche sey der Linde auch der Name beygelegt.
Die Schillerlinde sey sie genannt
und der Platz, auf dem sie stehet, soll, wie es die Gnade Seiner Hoheit des Herzogs bereits verfügt hat, von nun an der Schillerplatz heißen.
Gott schütze und erhalte unsere Schillerlinde, dem großen Dichter aber lasset uns ein donnerndes Hoch bringen! Schiller hoch!
Was aber der Schiller vor ein Mann gewesen und warum so sein Andenken geehret wird, weiss ich nicht.

<196>
1859

Der Winter hat früh angefangen und war vor Weynachte sehr kalt.
Es hat wenig Obst gegeben, keine Nüsse, viel Zwetsche, sehr guten Wein. Aber die Kartofflen so schlecht denkt es mir noch nicht; keine kranke, wie schon mehrere Jahren, aber sie sind faßt nicht zu geniessen. Wenn sie gekocht sind, so sind sie so naß wie Brey, roh verschnitten sind sie glaßich und wie Krautdorsche[524]. So gut wie vor 30–40 Jahren wachse keine Kartoffle mehr.
Es war ein warmes, trocknes Jahr, besonders trocke war der Nachsommer.
Die Steuer ist 10fach gefodert worden:
4 1/2 Staatssteuer
1 1/2 Kriegssteuer
3    städtische Steuer
1    Kirchesteuer.

---

[524] Dorsche oder Dorse = Kohlstengel.

<197>
# 1860

Der Monat Januar war sehr gelind, oft Regen. Der Feber mehr Schnee und rauhe Winde.
Den 21ten Feber des Abends vor 6 Uhr war wieder eine Erderschütterung.
Die Monathe März–April und May waren kalt und trocke.
Es werden wieder viele Häußer um die Stadt allenthalben gebaut.
May. Die Pletzmühl ist schon voriges Jahr weg gekommen. Die Neumühl ist vorigen Herbst schon an die Domäni verkauft und wird da nicht mehr gemahlen. Das erste Mühlche vor der Schwalbacherstraß kommt jetzt auch hinweg; ist in dem August abgebrochen worden.[525]
May. 1858 in dem Jänner stehet geschrieben: in unserem Hauswesen gehet es jetzt schlecht und wird wohl noch schlechter werden. Es wird aber auch leider mit jedem Tag schlechter in allem. Ich will weiter nichts schreiben, ich kann es doch nicht ändern.
Der Friedrich[526] hat wieder seiner Eltern Willen das Gärtche auf der Salz dem Daniel Kimmel[527] verkauft.
Es wird wieder um die ganze Stadt herum viel gebaut. An der Erbenheimer Chaussee, dem Mühlweg, hinter dem Khursaal nach der Weinreb zu, an dem Bierstadterweg, an dem Sonnebergerweg nach dem Leberberg obig der Dambach, ober der Taunusstraß, rechterhand der Röderstraß hinauf, Schwalbacherstraß nach dem Faulweideborn, an dem Dotzheimerweg, selbst in der Stadt werden alte Häuser abgebrochen und neu gebaut.
Juni. Der Juni war sehr trocken und war alles wieder an dem dörr Werden.

---

[525] Der Nachsatz ist später hinzugefügt.
[526] Vgl. Anm. 385.
[527] Vgl. Anm. 276.

<198>
1860

Juli. Es war etwas regnerisch in der Heuernde. Den 31ten haben wir das erste Korn gebunden und mußten es schon 2mal wenden.
Aug[ust]. Es regnet jeden Tag und ist eine mühsame Ernde. Den 20ten haben wir den Anfang an dem Weiz gemacht. Die Leute binden ihn gleich hinter dem Abmachen und stellen ihn auf 4, auch 5 Garben und eine Garb darüber, aber es gehet viel verlohren; gut währe dieses Verfahren, wenn er noch nicht ganz zeitig währe, und könnte dann eine Zeit lang stehen bleiben. Es wird nicht darauf geachtet, wenn auch Gras und viel Gras in der Frucht ist, es wird doch gebunden.
Den 25ten. Heute ist ein schöner Tag und regnet nicht. Die Früchte sind überhaupt gut gerathen, nur war die Ernde mühsam. An Körner geben sie sehr reichlich in das Maas, von 10 Garbe Korn und Weiz 3 und über 3 1/2 Firnsel.
Durch die langweilige Ernde kam man mit allem zurück. Die Kartoffeln sind so ziemlich geraten, doch wieder etwas kranke, konnten aber spät im Oktober bey nasser und kalter Wittrung erst ausgemacht werden. Der November war sehr kalter Wind, auch schon gefrohren, und es wurde da erst die mehrste Frucht gesähet, die aber alle nicht mehr aufgehen konnte.
Es hat ziemlich viel Obst gegeben, es war aber nicht edel. 200 Pfund Äpfel sind mit 2 Gulden 20 Kreuzer bezahlt worden.
Gegen die Weihnachten da fing es an zu schneuen, und es viel ein merkwürdig dicker Schnee und war auch abwechselnd sehr kalt.


<199>
**1861**

Jän[ner]. Der merkwürdig dicke Schnee blieb durch den ganzen Monath fest liegen, zum Glück für die späte Saat.
Feb[ruar]. Vor dem Schnee war unser Korn und der mehrste Weizen noch nicht aufgegan[g]en, in dem Anfang Feber da schmolz der Schnee, ohne großes Wasser zu geben, die Frucht war unter dem Schnee aufgegan[g]en, aber das Korn stehet doch sehr dünn und elend, was daraus werden wird, wird sich zeigen.

Das Frühjahr war sehr günstig, und die Früchte stellten sich doch sehr gut, nur die Mäuse haben in der Ernde sehr viel Schaden gethan.
Die Schaf blieben an dem 30ten März schon wieder in dem Pferch. Der Nachsommer war sehr trocken und da haben sich die Mäuse ausserordentlich vermehrt.
Es wurde von dem Stadtvorstand aus vor der Herbstsaat Gift gelegt, auch viele Gutsbesizer hiesiger Stadt, auf den Ortschaften allenthalben weit und breit wurde Gift gelegt, auch ich habe 3 Pfund Arsenik, mit Weiz angemacht, gelegt, aber es wollte alles nicht viel helfen, von dem, was früh gesäht war, da waren doch ganze Äcker leer gefressen, so dass Leute das zweite Mal sähen mußten. Ich hatte zuletzt noch Töpfe eingegraben und hatte oft 5, einigemal 7 und einmal 13 Mäus in einem Topf, so hatte ich in kurzer Zeit über 150 Mäuse noch da gefangen, wo ich an denselben Äcker schon 7 bis 8mal Gift gelegt hatte. Was spät gesäht ist, und nur kaum aufgegan[g]en, scheint gut zu werden.
Es ist wohl zu rathen, wenn wieder der Fall sein soll mit so viel Mäuse, nur nicht früh zu sähen.
Der jung in dem Frühjahr gesäte Klee ist gänzlich verlohren, es ist in dem ganzen Feld kein Pflänzchen, nur Mäuselöcher, unter jedem Fußtritt, Mäuslöcher ohne Zahl.

<200>
1861

Die Verordnung von dem Nov[ember] 1853, die Kälber anzuzeichen, scheint wieder aufgehoben zu seyn, denn kein Mensch fragt mehr darnach und verkauft seine Kälber, wie er will.
Gegen das Feld zu consulitiren sind so viele Wiedersprüche gemacht worden, aber die, die Nutzen dabey suchen, bestehen darauf und emfehlen es der Regierung als so dringend nützlich; so wird es auch künftiges Jahr vorgenommen werden, denn der Geometer Baldus[528] hat schon den ganzen Nachsommer das Feld aufgenommen und Pläne darüber gemacht.

---

[528] Johann Georg Baldus, Bezirksgeometer.

Auch sind Pläne zu einem neuen Schulbau[529] gemacht worden, derselbe soll zwischen dem alte Todtenhof und der verlängerte Schwalbacherstraß hin kommen.

An der Wasserleitung von dem Pfaffeborn ward gearbeitet, sie wird aber viel Geld kosten. Es sind wieder viele Häußer um die Stadt allenthalben gebaut worden.

Obst hat es nicht, und Wein ganz wenig gegeben. Die Früchte sind gut, besonders der Hafer gut geraten. Auch die Kartoffl, und spürt wenig von der Krankheit. Die Steuern: 5 Staatssteuern, 3 städtische, 1 1/4 Kirchesteuer. Die Schaaf blieben bis den 30. Dec[em]b[er] in dem Feld. Der Vorwinter war gelind.


&lt;203&gt;
**1862**

Der Winter war gelind, in dem Feber viel Regen und großes Gewässer. Der Rhein war sehr groß.

Der Monat März ist sehr schön. In der neuen Kirche wird in dem Inneren noch von den Tüncher gearbeitet. Den 10ten März sind die 4 neuen Glocken angekommen. Sie sind von dem Glockengiesser Hamm[530] in Frankenthal gegossen worden und heute den 10ten mit einem großen Zug von Jung und Alt auf 2 Wagen durch mehrere Straßen der Stadt und dann an die Kirche gebracht worden. Das Nähere hierüber ist in dem beygelegten Blatt.

März 15. Mittags nach 2 Uhr sind die neue Glocke zum ersten Mal zur Probe geläutet worden.

---

[529] Mit den Planungen für die 1862–1863 errichtete Schule am Schulberg wurde im Juni 1861 Philipp Hoffmann betraut. Struck, Biedermeier, S. 206; Spielmann/Krake, Karte VIII.

[530] Andreas Hamm, * Wittersheim (Saar) 1825, + Frankenthal 22.6.1894, gründete zusammen mit Andreas Albert 1861 die Maschinenfabrik Albert & Hamm, die 1873 auch die sog. Kaiserglocke für den Kölner Dom goß. Breßler, Frankthaler Glockengießermeister, S. 71; StadtA Frankenthal Best. VII, Stichwort: Glockengießer; Glöckler, 125 Jahre Marktkirche, S. 4.

# Programm

### der Feierlichkeiten bei Einholung der neuen Kirchenglocken

am 10. März 1862.

Die Theilnehmer des Zugs versammeln sich präcis 2 Uhr in der Adolphsstraße.

Bei Ankunft der Glocken am Eingang der Stadt **Choral-Gesang**.

Vorstellung des Glockengießers, Herrn **Hamm**, durch Herrn Oberbaurath **Boos**.

Hierauf setzt sich der Zug durch folgende Straßen in Bewegung:

Von der Adolphsstraße durch die Rheinstraße, Bahnhofstraße, Louisenstraße, Wilhelmstraße, Theaterplatz, Webergasse, Langgasse, Kirchgasse, Friedrichstraße, Marktstraße an die evangelische Kirche.

## Ordnung des Zugs.

1) Musik des Bürger-Schützen-Corps.
2) Eine Abtheilung Bürger-Schützen mit Fahne.
3) Vier Mitglieder des Comités.
4) Die weibliche Schuljugend mit Lehrern.
5) Meister Hamm mit Gesellen und 2 Comité-Mitglieder.
6) Vier Comité-Mitglieder.
7) Die Gemeinde-Behörden.
8) Abtheilung der Jungfrauen.
9) Erster Wagen, festlich geschmückt, mit den 3 kleineren Glocken.
   Auf beiden Seiten Jungfrauen, begleitet von Comité-Mitgliedern.
10) Eine Abtheilung Jungfrauen.

Abb. 33 u. 34: *Programm der Feierlichkeiten bei Einholung der neuen Kirchenglocken. Beigebunden dem Tagebuch Burk, S. <201> u. <202>.*

11) Zweiter Wagen, festlich geschmückt, mit der großen Glocke.
   Auf beiden Seiten Jungfrauen, begleitet von Comité-Mitgliedern.
12) Zweites Musik-Chor. (Militär-Musik).
13) Gesang-Verein „Arion".
14) Abtheilung von Schülern mit Lehrern. (Die beiden Gymnasien.)
15) Gesang-Verein „Concordia".
16) Abtheilung von Schülern mit Lehrern. (Höhere Bürgerschule, Elementarschule und Privatinstitute.)
17) Gesang-Verein „Liederkranz".
18) Abtheilung von Schülern. (Die beiden Mittelschulen.)
19) Gesang-Verein „Männergesang-Verein".
20) Turn-Verein.
21) Die Bürgerschaft.
22) Eine Abtheilung Bürger-Schützen.

---

Bei Ankunft des Zugs an der neuen Kirche:
### Chor-Gesang des Cäcilien-Vereins.

Hierauf Uebergabe der Glocken von Seiten des Glockengießers, Herrn Hamm, an den Baumeister, Herrn Oberbaurath Boos. Derselbe übergibt die Glocken an den Kirchenvorstand.

Zum Schluß: **Choral**, Lied No. 219, Vers 1 und 2. Gesungen von der ganzen Versammlung.

**Vers 1.**
Ihr Glocken, schallt zu Gottes Ruhm
Im festlichen Geläute.
Ihm weihn wir euch im Heiligthum
Mit frommer Andachtsfreude.
Seid uns in unsrer Pilgerzeit
Ein Feierklang der Ewigkeit,
Ein Mahnungsruf nach oben!

**Vers 2.**
Ihr ruft uns in des Vaters Haus
Aus diesem Weltgetümmel.
Da ruhen wir von Sorgen aus;
Da steh'n wir nah dem Himmel.
Da sucht die Seele höh're Kraft,
Und findet, was ihr Heil verschafft:
Glaub', Liebe, Trost und Hoffnung.

---

Zu einer recht zahlreichen Betheiligung am Zuge ladet die Bürgerschaft freundlichst ein

**Das Comité.**

Apr[il] 8. Es wird jetzt angefangen mit dem Consulitiren und ist der erste Anfang an den Wiesen an dem Faulweideborn, der Kümpelwies und der Trutebach gemacht.[531]
Es scheint ein gutes und in allem ein frühes Jahr zu geben, denn die Wittrung ist sehr schön und schon ziemlich warm, es blühen schon Bäume von Steinobst, auch Schlagsame.
Das Bauen in und um die Stadt, allenthalben ist es wieder angefangen, auch der Anfang zu noch einer neuen Schule auf dem Heideberg.
Apr[il] 10. Es ist bey der schönen günstigen Witterung alles schon sehr voraus, es blühen Birn- und Äpfelbäume, auch in dem Wald wird es grün.
May den 19. des Nachts war ein Gewitter mit Hagel und großer Überschwemmung, welches großen Schaden gethan in der Gegend; von der Spelzmühl nach Erbenheim hin hat der Hagel alles zerschlagen. Unser Acker vor den Erbenheimer Weinberg war mit Korn bestellt, ich habe vorigen Herbst wohl 6mal Gift wegen den Mäus dahin getragen, und jetzt ist es ganz total zerschmettert und mußten es abmähen.
Dann hat das Wasser große Gräben gerissen und vieles überschwemmt.

<204>
1862

May. Die Schaf werden jetzt wieder sehr unterdrückt und soll keine Herde mehr gehalten werden; es war nichts weiter übrich, als daß die Schafbesitzer ihre Schafe einstweilen bis auf weiteres an dem 29ten May auf den Himmelfahrttag konnten nach Haus thun.
Von dem 1ten Juni an dürfen die Metzger keine Schweine mehr an dem Brühbrunnen brühen, der Brühbrunne soll zugelegt werden und nur eine Öffnung zum Wasserschöpfen gelassen werden.[532] Alles dieses durch der groben Metzgerknechte Schuld, die oft grosse Schandal und Sauerei gemacht mit Zank und Streit, oft die Leute kein Wasser schöpfen ließen.

---

531  Die Umverteilung von Grund und Boden und die Feldregulierung durch die nassauische Güterkonsolidation beruhte auf der Staatsministerialverordnung vom 12.9.1829. Vgl. Handwörterbuch der Preußischen Verwaltung, Bd. 1, S. 833ff.
532  Die vollständige Schließung des Brunnens für jede Wasserentnahme ordnete der Gemeinderat durch Beschluß vom 21.8.1871 an. Mittelrheinische Zeitung, 23.8.1871.

Juni. Die Schafbesitzer haben einige Triesche gepachtet (gegen dem Pflaster über), und den 6ten Juni gingen einstweilen die Schaf wieder in das Feld.

Nov[em]b[er] 13ter wurde die neue Kirche unter großen Feierlichkeiten eingeweihet und von da an Kirch darin gehalten.[533]

Steuer wurde gehoben 5 Staatssteuer, 3 städtische, 1 1/2 Kirchesteuer.

Der Wiesengrund von der Klostermühl bis an die Stadt ist noch vor Winter fertig konsolidiert worden, aber eine große Arbeit dadurch den Leuten gemacht worden durch die Veränderungen mit den Bächen.

Es ist alles ziemlich gut gerathen, doch das Obst nur auf verschiednen Orten. 200 Pfund Äpfel zu Äpfelwein koste 4 Gulden 30 Kreuzer, auch 5 Gulden und zuletzt 5 Gulden 15 Kreuzer.

Es ist wieder sehr viel gebaut worden, die Faulbrunnestraß, die Wellritzstraß, an dem Sonnebergerweg, an der Moßbacher Chaussee und sonst noch allenthalben.[534]


<205>

**1863**

März 6ter. Es war ein sehr gelinder Winter, hier gar keinen Schnee.

Den 14ten Jän[ner] hat der Heinrich[535] die Wies von dem Brand gesteiget vor 411 Gulden.

Das Häußerbauen fängt jetzt schon wieder allenthalben an, denn die Stadt hat sich sehr vermehrt. Die Stadt zählte in dem Jahr 1830 7000 Einwohner, in dem Jahr 1851 13992, in dem Jahr 1862 20167 Einwohner.

Die Engländer fangen auch an, eine Kirche zu bauen an der Salzbach bey der Erbenheimer Chaussee.[536]

Juni den 12ten hat die neue Uhr auf der neuen Kirche zu dem ersten Mal geschlagen.

---

533 Vgl. Festschrift zur 50jährigen Einweihungsfeier der Marktkirche, S. 24f.; Einweihungsfeier der neuen evangelischen Hauptkirche, Wiesbaden 1862.

534 Z.B. in der Adelheidstraße, der Adolfsallee, der Emser Straße, der Lehrstraße und der Stiftstraße

535 Der Sohn des Tagebuchschreibers, Heinrich Burk (1833–1887).

536 Englische Kirche, 1863 bis 1865 von Oberbaurat Goetz errichtet, Chor und Turm 1888 fertiggestellt. Vgl. Struck, Biedermeier, S. 199f.

Juni den 12ten hat die neue Uhr auf der neuen Kirche zu dem ersten Mal geschlagen.
Den 17ten des Nachmittags war ein Gewitter mit Hagel und grossem Platzregen und hat wieder viel Schaden gethan. Das Wasser war so groß, dass unser ganzer Hof voll Wasser standt, es drang so stark von der Gaß durch unser Thor herein, daß unsere ganze Scheuer und der Grasstall voll Wasser stand. Es ist überhaupt ungünstige Wittrung und verdirbt viel dörrer Klee. Die Frucht schlägt deßwegen auch sehr auf, der Weiz von 12 auf 14.
Juli. Das Gewitter mit dem Hagel an dem 17ten Juni hat einen sehr großen Schaden gethan. Von der Kupfermühl herauf vor dem Hammersthal nach der Bierstader Gemark 2 Gewannen lang ist alles zerschlagen, das übrige, das nicht so hart getroffen, ist doch sehr zurückgesetzt, besonders das Korn. In dem ganzen Winterfeld ist von da an die Körner nicht mehr gewachsen, und ist jetzt bey der Ernde verschrumpfte kleine Körner, die faßt nicht aus den Ähren zu dreschen sind.
Der Geometer Baldus ist jezt sehr beschäftigt mit dem Weidebornfeld, und es wird nach der Ernde jedem sein Äckertheil zugemessen werden.


<206>
1863

August 9ter ist in der neuen evantielischen Kirche die neue Orgel eingeweihet worden.
13ter war wieder ein Gewitter mit dickem Hagel und hat wieder grossen Schaden gethan.
Mit den Schaf, wo schon so lange dagegen gesprochen und dieselbe abzuschaffen angetragen worden, dieselbe können nur noch den Nachsommer das Stoppelfeld beweiden und dürfen in die Wiesen gar nicht mehr.
Im Sept[ember]. Das Weidebornfeld ist nach der Ernde fertig gemessen und die neue Äcker übergeben worden.
Die neue Schuhl zwischen dem Heideberg und dem Michelsberg hinter dem alte Kirchhof ist in dem November eingeweihet worden.

Es ist viel, sehr viel allenthalben gebaut worden. Linkerseits der Platterchaussee oben ist faßt zu sagen ein kleines Dörfchen gebaut worden.[537] Allenthalben werden jezt auf dem Feld Backenstein gebrannt.
Auf der Waldmühl und bey der Dietemühl sind Bierbrauereien angelegt worden und werden mit dem nächsten Winter oder noch vor Winter in den Betrieb kommen.[538]
Die Englische Kirch ist gebaut worden und noch vor Winter unter das Dach gekommen.
Auf dem Überrüter(?) Berg wird eine Blindschuhl gebaut.[539]

<207>

Es hat dieses Jahr viel Heu gegeben, auch die Früchte stanten gut, aber der Hagel an dem 17ten Juni hat sehr großen Schaden gethan; es war vieles nicht wert zu dreschen. Was noch ein wenig war, von 14 Zehne 1 Malter, 12 Zehne gaben 3 Firnsel. Kartofflen hat es sehr viel gegeben, aber noch in keinem Jahr so viele faule wie dieses Jahr; man kann mehr wie die Hälft rechnen, die verfault sind.

<208>
**1864**

Der Winter war ganz ohne Schnee, aber kalt, einige sehr kalte Tage, und ist da vieles verfrohren: der Klee, der Schlagsaame faßt ganz, in den Gärten Spinat, Wintersalat. Die Samenrüben sind sämtlich verfrohren, das eingeschlagne Gemüs alles verfrohren.

---

537    Diese Siedlung, bewohnt vor allem von Handwerkern und Fuhrleuten, erhielt bald den Namen »Hilf«, den sie noch heute trägt. Vgl. Weichel, Die falsche Hilf.
538    Bierbrauerei Walkmühle und Aktienbrauerei gegenüber der Dietenmühle an der Sonnenberger Straße. Vgl. Struck, Biedermeier, S. 110; G. Schleusinger (d.i.: Th. Schüler), Bierbrauereien, S. 7.
539    Blindenheim auf dem Riederberg, eingeweiht am 9.11.1864. Vgl. Struck, Biedermeier, S. 220.

Feb[ruar] und März. Wir haben jetzt große und verdrüßliche Beunruhigungen wegen dem Weg, den uns der Geometer und das Feldgericht durch das Altbachstück gemacht hat, noch bis heute den 31. May.
Es gehet überhaupt mit allem immer schlechter, selbst kann ich nichts mehr leisten, und die Leute, so man braucht, koste viel Lohn, und die Arbeit aber ist ihnen immer zu viel, und was sie thun, das wird schlecht gethan, alles scheint zum Verderben zu führen.
Die Wittrung selbst ist nicht günstig, immer kalt und trocke, es kann nichts wachse. Wir haben bis heute den 31ten May noch kein grünes Futter vor das Vieh heimgeholt, ausgenommen die Disteln, wo das ganze Feld dick voll steht.
May. Mit den Früchten auf dem Feld siehet es traurig aus, besonders mit der Gerst und dem Hafer, auch die Wiesen, da ist bis jetzt noch die Aussicht schlecht. Wenn es nicht bald regnet, dann wird es schlecht enden.
Das Häuserbauen geht noch immer, doch nicht so viel wie in dem vorigen Jahr.
An den Thürmen der katholischen Kirche wird jetzt gearbeitet.
Aug[ust]. So schlecht es in dem May um die Gerst und Hafer ausgesehen, so vorzüglich ist sie gerathen, denn der Regen kam noch zu rechter Zeit.
Sep[tember] 16 sind die neu gemessene Acker in dem Mainzerfeld, Überhofen, den Röder überwiesen worden.

<209>
1864

Die Winterfrüchte sind nicht so ganz gut gerathen, besonders der Weiz nicht, aber Gerst und Hafer vorzüglich gut. Viel Obst, der Zentner Äpfel zu Äpfelwein 1 Gulden. Die Kartofflen gut und auch so gut, wie sie sonst in frühern Jahren gewesen sind. Die Pappelbäume und den Nußbaum auf der Altbach ausgegraben und versteigen lasse.
Was mich anbelangt, so kann ich wegen dem Zittern und dem Alter faßt nicht mehr schreiben.
Eine Aktien-Bierbrauerei an dem Sonnebergerweg gegen der Dietenmühl über wird angelegt.

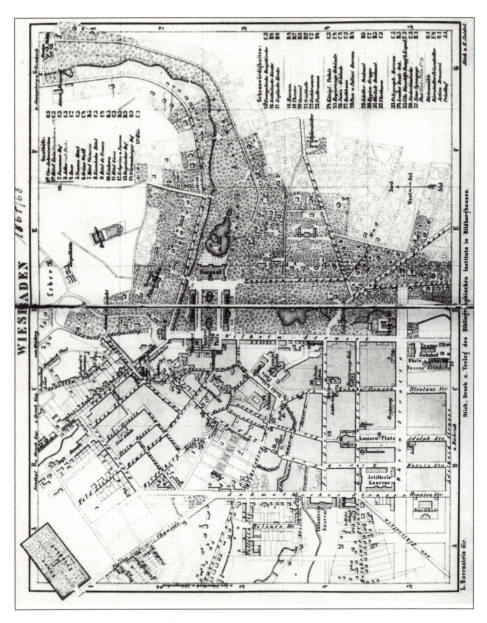

*Abb. 35: Grundriß Wiesbadens um 1867.*

<210>
**1865**

Es ist in dem vorigen Jahr der Kirchhof wieder vergrössert worden, und es ist dieser Theil an dem 3ten März eingeweihet worden und von da an dahin begraben worden.

Es ist dieses Jahr ein langer Winter durch den ganze März. Den 20ten und 21ten waren die Fenster bis oben hin gefrohren, dann noch liegt der Wald dick mit Schnee, und ist sehr kalt, dass es in den Gebäude friert. Den 24ten hat es tüchtig geschneiet. Den 26ten ganz Winter, viel Schnee. Den 27ten. Der Postwagen kann nicht wohl fortkommen. Den 28ten Schnee. Den 29ten die Fenster gefrohren. Den 30. Schnee. Den 31. Schnee. Vor dieses Jahr keinen Märzstaub, die Stadt und das Feld ist mit Schnee bedeckt, der Wald sehr dick mit Schnee; vor das Fuhrwesen und die Post sehr beschwerlich.

Apr[il] 12. Die erste 3 Tage wenig besser. Von dem 4ten an aber schön. Den 5ten des Morgens zwitscherte ein Rothschwänzche und des Mittags am 5ten liessen sich schon Schwalben sehen und von da an bis heute den 12ten die schönste heiterste Tage.

12. Es wird in dem ganzen Land Geld gesammlet, freiwillige Beiträge zu Errichtung eines Denkmals an die Schlacht bey Watterloh am 18ten Juni 1815. Das Denkmal soll auf den Louseplaz kommen.[540]

May. Die letzte Tage in dem May und die erste Tage in dem Juni blühen schon Trauben.

Juni ward wieder kühl und sehr trocken. Die Frucht stehet schlecht, wenig Heu ist auf den Wiesen und Mangel vor das Vieh. Bis heute, den 27., konnte noch keine Dickwurz gesetzt werden.

Den 18. und 19ten sind die noch lebende Veteranen von der Schlacht bey Waterloh hier gespeiset worden.

---

[540] Die Einweihung des von Baumeister Philipp Hoffmann gestalteten Denkmals auf dem Luisenplatz erfolgte zum 50. Jahrestag der Schlacht von Waterloo, vgl. S. <211>. Vgl. Struck, Goethezeit, S. 259; Bubner, Denkmäler auf dem Luisenplatz, S. 32ff.

<211>

Das Denkmal ist enthüllet worden und den 20. und 21ten Geschenke an die Veteranen ausgetheilt worden.

Es wird wieder viel gebauet, an den Thürm an der katholische Kirch, an der neuen Judenkirche ober dem Michelsberg[541], allenthalben Landhäuser vor der Stadt und Häuser in der Stadt, ganze Gassen.

Der Sommer war sehr warm und trocken bis in den Herbst. Kein Obst hat es gegeben, aber ausgezeichnete Wein. Viele und sehr gute Kartoffle. Die Früchte weniger, besonders wenig Stroh.

<212>
**1866**

Wieder ein neuer Übelstandt. Mit dem 1ten Jänner müssen alle geschlachte Schweine an das Acciesamt gebracht werden, um wegen lebender Unreinigkeit in dem Fleisch der Säue, Trichennen genannt, daselbst besichtiget zu werden, und das Besichtigen kostet jedes Schwein 35 Kreuzer. Es sind aber durch den ganzen Monath Januar von den vielen noch nicht eines, das damit behaftet gefunden worden.

Der Schützenhof ist durch diesen Monat abgebrochen worden.

Der ganze Januar war sehr gelind, kein Frost, kein Schnee, faßt ganz angenehm.

Feb[ruar] 8 des Nachmittags hat sich auf unserem Speiger in dem Hinterbau ober der Küche unter dem Schornstein der Balke, wo das Rohr so nahe daran stehet, entzünet und schon lichte Flamme gebrännt, zu allem Glück aber doch noch zeitig genuch gesehen, sonst hätte alles bald in Flammen gestanden.

---

[541] Mit dem Bau der Synagoge auf dem Michelsberg nach Plänen des Architekten Philipp Hoffmann wurde im Frühjahr 1865 begonnen. Die Einweihung erfolgte am 13.8.1869. Während der Reichspogromnacht, in den Morgenstunden des 10.11.1938, wurde die Synagoge durch Brandstiftung bzw. Abriß vollständig zerstört. Jesberg, Bau der Synagoge, S. 49ff.; Bembenek/Ulrich, Widerstand und Verfolgung, S. 286ff.

# Anhang 1

<3>

| | Gulden | Kreuzer |
|---|---|---|
| 1828 Das Hauß gebaut, dazu verwendet | | |
| 112 kleine Wage voll Steine von Sonneberg; der Weg war sehr schlecht, 6 Wage zu einer kleine Ruth, davor bezahlt | 42 | 40 |
| Vor die Treppesteine | 14 | 39 |
| Vor das Bauholz | 232 | |
| Vor Eichenholz | 9 | 40 |
| Maurerarbeit | 248 | 30 |
| Zimmerarbeit | 258 | |
| Zieglerwaren und Kalg | 150 | 30 |
| Dachdecker | 40 | |
| Vor Kennel an das Haus | 25 | 10 |
| Vor die Öfen | 57 | 36 |
| Schlosserarbeit | 120 | 16 |
| Schreinerarbeit | 346 | 14 |
| Glaßerarbeit | 78 | 24 |
| Tüncherarbeit | 269 | 29 |
| | **1893** | **14** |

Die Zimmerarbeit, Schlosser, Schreiner, Glaßer, Tüncher, davor wenig baar Geld bezahle bräuche, beinah das mehrste mit dem Fuhrwerk abverdient.

# Anhang 2

<5>

Heinrich Karl Christian Burck
gebohren 1833 den 30ten Sept[ember] vormittags 3/4 auf 10 Uhr, während meine Krankheit am größten war.

1834 den 18ten Feber die Pochen einimpfen lassen durch Herr Doktor Zais[542], aber nicht angeschlagen. Den 18ten April zum 2ten Mal eingeimpft derselbe, sie waren den 8ten u[nd] 9ten Tag recht dick u[nd] roth; auf dem linken Arm waren 5 und auf dem rechten Arm nur 1 angeschlagen.

1834 den 13ten/14ten May fing er an in dem Gesicht mit kleinen rothen Hitzpläßchen auszuschlagen; an dem 17ten u[nd] 18ten lag er in großer Hitze und war der ganze Körper dick mit Pochen; hat von dem 16ten bis 18ten nicht geschlafen, war unruhig, hat immer geweint. Wir wussten erst nicht, was es sey, bis da es schon bald vorüber war der Doktor Zais zufällig kam und sagte, doch ja niemand nichts davon wissen zu lassen, es seyen die natürliche Pochen gewesen.

1834 den 10ten Oktober ward er entwöhnt, den 11ten Nov[ember] ist er zum ersten Mal allein gelaufen.

1835 zeigte sich etwas wie ein Bruch und erhielt den 6ten Okt[ober] eine Binde, welche er ohngefehr 1 1/2 Jahr getragen.

---

[542] Wilhelm Zais, Dr. med., * Wiesbaden 4.2.1798, + ebd. 16.1.1861. Seit 1827 Medizinalakzessist in Wiesbaden, 1840 Medizinalrat. Renkhoff, Biographie, S. 892.

<6>

1838 den 12ten Jänner fiel er von oben die Treppe hinunter bis in den Hof, hätte Arm und Beine brechen können, bekam nur ein Loch am Kopf.
1839 nach Ostern zum ersten Mal in die Schule gegan[g]en.
1847 den 3ten Okt[ober] konformiert worden.
1848 in dem Monath Juli eine harte Krankheit, eine Art Hirnentzündung, ausgehalten, viele Aufschläge von Eis auf den Kopf gehabt.
1850 Ende Nove[m]b[er] bis über die Weyhnachten abermals eine schwere Krankheit, eine Darmentzündung, ausgehalten, 30 Blutegel, 3 Blasse, auch noch Schröfköpfe und viele Aufschläge auf dem Leib gehabt, auch einen starke Aderlaß dabey.
1853 den 20ten August auf dem Kreisamt zum Messen wegen dem Zug auf den Herbst.[543] Den 2ten Dec[em]ber bey der Ziehung durch die Zeignisse von H[errn] Doktor Zais und Dokter Haas[544] als untauglich frey gegeben.
1855 Jännger den 8ten bey die Feuerlöschmännschaft zu der Spritz N[umer]o 1 getheilt, gleich den 9ten am erste Morgen nach Bierstadt, wo 2 Scheuern, 1 Stall abbrannt.
Juli. Die letzte Hälfte in diesem Monath ongefähr 14 Tage wieder etwas kränklich.
1864 in den Monath Nov[ember] und December viel Malör mit der linken Hand.

---

[543] Gemeint ist die Musterung zum Militärdienst.
[544] Ludwig Haas, Dr. med., * Dillenburg 23.10.1809, + Wiesbaden 15.2.1877. Seit 1832 Medizinalakzessist in Wiesbaden, 1841 Medizinalrat, 1865 Obermedizinalrat. Seit 1849 Direktor des Hospitals. Renkhoff, Biographie, S. 262.

# Anhang 3

1793 den 14ten Feber ist mein Großvater Heinrich Friedrich Burk gestorben, alt 77 Jahr 6 Monath 14 Tag.

1793 den 30ten[545] ist mein Großvater Joh. Nicol. Wolf gestorben, alt 75 Jahr 3 Monath.

1802 den 12ten Jänner ist meine Großmutter Kath. Eleono[ra] gebohrne Milch gestorben, alt 74 Ja[hr] 10 Monat.

1782 den 2ten Nov[ember] meine ältere Schwester gebohren.
1786 den 9ten Juli gestorbe, alt 3 J[ahre] 8 M[onate] 7 Tag.

1792 den 14ten Febr[uar] ist meine jüngste Schwester gebohren.
1855 den 4ten August des Nachmittags nach 4 Uhr ist die Schwester wieder gestorben, alt 63 Jahr 5 M[onate] 20 T[age].

1793 den 15. Jänner ist mein Vater gestorben, alt 42 J[ahre] 8 M[onate] 18 T[age].[546]

1822 den 5ten Merz früh morgens 3 Uhr starb mein Petter.

1823 den 15ten März ist gebohren Joh. Ph. Friedrich Burk.

1825 den 11ten März gebohren Catharine Elisabet Burk.
1826 den 22ten Nov[ember] wieder gestorben, alt 1 Jahr 8 Mon[ate] 14 Tag.

1826 den 29ten August ist meine Mutter gestorben, sie war 72 Jahr 7 Monat 21 Tag alt.

---

545   Folgt eine Lücke.
546   Die Altersangabe ist nachträglich hinzugefügt.

1827 den 28ten Okt[ober] ist gebohren Margre[ta] Elisa Cathariene Eleonore Burk. 1846 den 13ten Sept[ember] mit Wilh. Kimmel verheuratet. 1858 den 13ten Okto[ber] des Abends vor 7 Uhr[547] nach einer 7tätigen Krankheit, das Nervefieber, gestorben, 30 Jahr 11 Monat 15 Tag alt.

1828 den 3ten August ist mein Bruder Joh. Fried. gestorben mittags zwischen 2 und 3 Uhr, alt 42 J[ahre] 11 M[onate] 14 Tage. War gebohren den 22ten August 1785.

1854 den 15ten Jänner ist Conrad Stern gestorben mit[tags] 2 Uhr.

1855 den 6ten Apr[il], auf den Karfreitag, mittags 12 Uhr ist mein Bruder Joh. Hein. gestorbe, alt 65 J[ahre] 3 M[onate] 1 Tag, gebohr[en] 1790 den 5ten Jän[ner].

1858 den 6ten Dec[em]b[er] ist der Daniel Stuber gestorben, nachmittag 3 1/4 Uhr[548].

1865 den 2ten Apr[il] meinem Bruder seine Frau gestorben.

1866 April 17 ist unser Vater Friedrich Ludwig Burk gestorben, mittags nach 12 Uhr, alt 78 Jahr 5 M[onate] 26 D[age].[549]

1887[550] den 16. Juni, morgens 4 3/4 Uhr, ist Heinrich Burk, gebor[en] am 30. Sept[ember] 1833, gestorben, an Herzerweiterung.
Den 17. F[e]br[uar] 1877 starb die Mutter von Fr[iedrich] u[nd] Hein[rich] Burk geb. Maxheiner aus Klingelbach bei Katzenelbogen, abends 10 Uhr an Altersschwäche, geb. am[551]
Den 13. F[e]br[uar] starb die Schwiegermutter des Hein[rich] Burk an Rippenfellentzündung, morgens 7 Uhr, geb. Kappes, verheiratete Frick, zu Biebrich, geb. am 20. Juni 1826 zu Mosbach.

---

[547] Statt korrigiert »6 Uhr«.
[548] Die Uhrzeit ist nachträglich hinzugefügt.
[549] Dieser Eintrag stammt von gleicher Hand wie die »Fortsetzung« des Tagebuchs 1866–1871.
[550] Ab hier stammen die Einträge, mit Bleistift geschrieben, von dritter Hand.
[551] Datum fehlt.

Den[552] 17. November 1890 um 5 Uhr morgens starb Friedrich Burk an der Herzwassersucht. Er war am 15. März 1823 geboren.

Am 11. März 1890 starb der Schwiegervater des Heinrich Burk, Daniel Frick, durch einen Schlag um 9 Uhr morgens. Er war am 18. Februar 1807.[553]

---

[552] Ab hier stammen die Einträge vermutlich von vierter Hand, ebenfalls mit Bleistift geschrieben.

[553] Hier bricht der Text ab. Es folgt noch ein radierter Eintrag, der nicht mehr lesbar ist.

# Abbildungsverzeichnis:

| | | |
|---|---|---|
| Abb. 1: | Seite 29 des Tagebuchs Burk. | 9 |
| Abb. 2: | Auszug aus der Verwandtschaftstafel Friedrich Ludwig Burk. | 12 |
| Abb. 3: | Wiesbaden 1799. Lithographie von C. Susemihl, aus: Friedrich Lehr, Versuch einer kurzen Beschreibung von Wiesbaden und seinen warmen Mineralquellen, Darmstadt 1799. | 18 |
| Abb. 4: | Das Lager der Franzosen bei Höchst um 1795. Museum Wiesbaden A 2/37/2. | 20 |
| Abb. 5: | Der Kranzplatz 1801. Zeichnung von Johannes Gottfried Mahr. Museum Wiesbaden A 3/12/9. | 23 |
| Abb. 6: | Der Kochbrunnen um 1800. Stich von Knauer/Cöntgen. Museum Wiesbaden A 3/12/5. | 24 |
| Abb. 7: | Wiesbadener Volkstrachten. Aquarell. StadtA, Slg. Gärtner T 2. | 32 |
| Abb. 8: | Grundriß des Gebietes zwischen Webergasse und Hospitalgarten 1812. "Situations-Plan oder Tractus-Riss der unterirdischen Stadt Wiesbaden". StadtA, Karten und Pläne II 56ff., Karte 12. | 42 |
| Abb. 9: | Landesbischof Heydenreich (1773–1858). Aus: Heinrich Schlosser, Festschrift zur Hundertjahrfeier der Union in Nassau, Herborn 1917, zwischen S. 48 u. 49. | 54 |
| Abb. 10: | Kirchenrat Schellenberg (1764–1835). Aus: Heinrich Schlosser, Festschrift zur Hundertjahrfeier der Union in Nassau, Herborn 1917, zwischen S. 16 u. 17. | 68 |
| Abb. 11: | Briefkopf einer Rechnung des Badhauses Zum Adler. Oben rechts Ansicht der reformierten Kirche. StadtA, Slg. Gärtner KiMa 11. | 71 |
| Abb. 12: | Die Kosaken in Wiesbaden 1813/14. Zeichnung von Ph. Vigelius in einer Abzeichnung von Ippel. StadtA, Slg. Gärtner. | 74 |
| Abb. 13: | Die Dietenmühle um 1830. Lithographie von Dielmann/Martens. StadtA, Slg. Gärtner Die 7. | 85 |
| Abb. 14: | Plan der Stadt Wiesbaden 1817. Aus: Georg Heinrich Ebhardt, Geschichte und Beschreibung der Stadt Wiesbaden, Gießen 1817. | 100 |
| Abb. 15: | Briefkopf mit Ansicht der Infanterie-Kaserne. Lithographische Anstalt W. Zingel jr. StadtA, Slg. Gärtner Mil 10. | 102 |
| Abb. 16: | Landesbischof Wilhelmi (1796–1882). Aus: Heinrich Schlosser, Festschrift zur Hundertjahrfeier der Union in Nassau, Herborn 1917, zwischen S. 48 u. 49. | 107 |
| Abb. 17: | Das Hotel Vierjahreszeiten um 1850. Lithographie von Dielmann/Dawson. StadtA, Slg. Gärtner V 2. | 109 |

Abb. 18: Neue katholische Kirche in Wiesbaden
(Entwurf). Museum Wiesbaden A 3/14/10. 122

Abb. 19: Grundriß von Wiesbaden um 1826/27.
Lithographie von Weidner. Privatbesitz. 127

Abb. 20: Ein Landhaus von Wilhelm Rücker.
Lithographie von Wilh. Zingel jr. StadtA, Slg. Gärtner Geb. 8. 135

Abb. 21: Briefkopf des Gasthauses Zum Schützenhof 1841 auf vervielfältigtem
Schreiben der Gebrüder Habel wegen Übernahme
des Hauses von ihren Eltern. StadtA G 25. 150

Abb. 22: Die Bonifatiuskirche 1849–1863. StadtA, Slg. Gärtner KiB 1. 155

Abb. 23: "Die Forderungen der Nassauer". Aus: Freie Zeitung Nr. 1, 3.3.1848. 158

Abb. 24: Titelseite der "Freien Zeitung" Nr. 1, 3.3.1848. 161

Abb. 25: Hygieia-Denkmal und die Badehäuser Wiesbadens um 1850.
Hofsteindruckerei Jac. Zingel sen. StadtA, Slg. Gärtner GA 33. 166

Abb. 26: Die Mauritiuskirche nach dem Brand vom 27.7.1850.
Lithographie von J.B. Kolb. StadtA, Slg. Gärtner KiMA 2. 168

Abb. 27: Der Nerobergtempel 1852. Hofsteindruckerei Jac. Zingel sen. StadtA,
Slg. Gärtner Ne 18. 170

Abb. 28: Bierkeller auf dem Überriether Berg 1854.
Aus: Wiesbadener Curkalender 1854. 172

Abb. 29: Kirchenrat Karl Wilhelm Schultz. Aus: Wilhelm Müller, Kurze Geschichte
des Nassauischen Gustav-Adolf-Vereins. Zum 100jährigen Jubiläum
des Gustav-Adolf-Vereins, [Wiesbaden] 1931, S. 7. 177

Abb. 30: Eiserne Trinkhalle am Kochbrunnen 1863.
Lithographie von Bayrer/Kurz. StadtA, Slg. Gärtner Ko 37. 181

Abb. 31: Wiesbaden von Norden 1854. Die Marktkirche wurde später nachgestochen.
Lithographie von Rohbock/Kurz. StadtA, Slg. Gärtner GA 3. 184

Abb. 32: Der Kursaal, im Hintergrund das Paulinenschlößchen 1852.
Lithographie von Voddigel/Thümling. StadtA, Slg. Gärtner KU 20. 191

Abb. 33 u. 34: Programm der Feierlichkeiten bei Einholung der
neuen Kirchenglocken.
Beigebunden dem Tagebuch Burk, S. <201> u. <202>. 211/212

Abb. 35: Grundriß Wiesbadens um 1867. Aus: Ferdinand Hey'l,
Wiesbaden und seine Umgebungen, Wiesbaden $^3$1868. 218

# Literaturverzeichnis

Allgemeines Maß- und Gewichts-System im Herzogthum Nassau. Gesetz, Instructionen und Vorschriften über Beschaffenheit der Maße, Gewichte und Waagen. Wiesbaden 1852.

Alter, Peter, Nationalismus. Frankfurt 1985.

Ariès, Philippe, Geschichte der Kindheit. München [9]1990.

Ariès, Philippe, Geschichte des Todes. München/Wien 1980.

Bayer, Dorothee, O gib mir Brot. Die Hungerjahre 1816 und 1817 in Württemberg und Baden. Ulm [1966].

Bembenek, Lothar/Ulrich, Axel, Widerstand und Verfolgung in Wiesbaden 1933–1945. Eine Dokumentation. Gießen 1990.

Biebrich am Rhein 874–1974. Chronik, hrsg. im Auftrage der Arbeitsgemeinschaft "1100 Jahre Biebrich" von Rolf Faber. Wiesbaden 1974.

Blessing, Werner K., Fest und Vergnügen der "kleinen Leute". Wandlungen vom 18. bis zum 20. Jahrhundert, in: Richard van Dülmen/Norbert Schindler (Hrsg.), Volkskultur. Zur Wiederentdeckung des vergessenen Alltags (16.–20. Jahrhundert), Frankfurt a.M. 1984, S. 352ff.

Bleymehl-Eiler, Martina, Wiesbaden 1690 bis 1866. Von der Nebenresidenz zur Haupt- und Residenzstadt, in: Residenzen. Aspekte hauptstädtischer Zentralität von der frühen Neuzeit bis zum Ende der Monarchie, hrsg. v. Kurt Andermann, Sigmaringen 1992, S. 397ff. (Oberrheinische Studien Bd. 10).

Blum, Jerome (Hrsg.), Die bäuerliche Welt. Geschichte und Kultur in sieben Jahrhunderten. München 1982.

Bonnet, Rudolf, Nassovica. Bausteine zur nassauischen Familien- und Ortsgeschichte. Heft 6: Männer aus und in Nassau nebst einigen Frauen. Ein Quellenweiser. Frankfurt a.M./Eckenheim 1940.

Brake, Ludwig, Die ersten Eisenbahnen in Hessen. Eisenbahnpolitik und Eisenbahnbau in Frankfurt, Hessen-Darmstadt, Kurhessen und Nassau bis 1866. Wiesbaden 1991. (Veröffentlichungen der Historischen Kommission für Nassau 51).

[Breidenstein, Wilhelm]. B. Stein, Wer kennt dieses Gäßchen?, in: Wiesbadener Tagblatt Nr. 157, 8.7.1939.

[Breidenstein, Wilhelm]. B. Stein, Wiesbaden in den Wirbeln weltgeschichtlicher Ereignisse. Aus dem Tagebuch eines alten Wiesbadeners zusammengestellt, in: Alt-Nassau 4/1932.

Breßler, Wolfgang, Die Frankenthaler Glockengießermeister, in: Frankenthal 2/1984, S. 69ff.

Bubner, Berthold, Die Denkmäler auf dem Luisenplatz, in: Der Luisenplatz in Wiesbaden, Entstehung – Entwicklung – Neugestaltung, Wiesbaden 1985, S. 31ff.

Buschmann, Hans Georg, Der Nordfriedhof von Wiesbaden und seine Vorgänger. Geschichte, Begräbnissitten und -riten, Grabmäler. Frankfurt a.M./Bern/New York/Paris 1991.

Czysz, Walter, Kath. Stadtpfarrkirche St. Bonifatius Wiesbaden. München/Zürich 1992. (Schnell Kunstführer 1893).

Deutsches Geschlechterbuch (Genealogisches Handbuch Bürgerlicher Familien), hrsg. v. Bernhard Koerner. Bd. 49. Görlitz 1926. (Nassauisches Geschlechterbuch 1).

Dollwet, Joachim, Wilhelm Coulin – der erste "zweite Bürgermeister" Wiesbadens, in: Wiesbadener Leben 11/89, S. 32.

Ebhardt, Georg Heinrich, Geschichte und Beschreibung der Stadt Wiesbaden. Gießen 1817.

Eichhorn, Egon, Metzgerwesen, Fleischbeschau und Fleischhygiene in Nassau-Idstein und im Herzogtum Nassau mit besonderer Berücksichtigung der Stadt Wiesbaden, in: Nassauische Annalen 73/1962, S. 204ff.

Eichler, Volker (Bearb.), Nassauische Parlamentsdebatten. Bd.1. Restauration und Vormärz 1818–1847. Wiesbaden 1985. (Vorgeschichte und Geschichte des Parlamentarismus in Hessen 1).

175 [einhundertfünfundsiebzig] Jahre Nassauische Verfassung. Ausstellungskatalog. Wiesbaden 1989.

110 [einhundertzehn] Jahre Nassauische Landesbank 1840–1950. Wiesbaden 1950.

Einweihungsfeier der neuen evangelischen Hauptkirche zu Wiesbaden. Zur Erinnerung an den 13. November 1862. Wiesbaden 1862.

Festschrift zur 50jährigen Einweihungsfeier der Marktkirche in Wiesbaden 1862–1912. [Wiesbaden 1912].

Firnhaber, C[arl] G[eorg], Die Nassauische Simultanvolksschule. Ihre Entstehung, gesetzliche Grundlage und Bewährung nebst einer Geschichte der alten Nassauischen Volksschule. Bd. 1. Wiesbaden 1881.

Fischer, Paul, Erinnerungen an den polnischen Aufstand von 1848. Graudenz 1900.

Fischer-Dyck, Marianne, Geschichten aus dem alten Wiesbaden. Erinnerung an Glanz und Reichtum vergangener Zeiten, in: Wiesbadener Leben 11/1977, S. 16f.

Fribolin, Rainer / Innerhofer, Franz / Winkler, Josef, Die moderne bäuerliche Kindheitsautobiographik vor dem Hintergrund ihrer Tradition vom 16. bis zum 20. Jahrhundert. Bern 1989.

Geschichte des Hospitals und Armenbades zu Wiesbaden; mit der Bitte an alle Menschenfreunde, den Zweck dieser Anstalt durch ihre thätige Theilnahme und Beiwirkung möglichst zu fördern. Wiesbaden 1821.

Glöckler, Peter-Michael, 125 Jahre Marktkirche. "Nassaus Landesdom" hat Geburtstag, in: Wiesbaden International 11/1987, S. 2ff.

Göhre, Paul, Drei Monate Fabrikarbeiter und Handwerksbursche. Eine praktische Studie. Leipzig 1891.

Goethe, Johann Wolfgang, Sämtliche Werke. Bd. 12. Zürich 1950.

Grimm, Jacob und Wilhelm, Deutsches Wörterbuch. Nachdr. d. Erstausgabe 1854. München 1984.

[Groß, Edmund ?]. Gr., Bergleute schufen den Keller zum Riederberg. Das Werden und Vergehen einer Alt-Wiesbadener Gaststätte, in: Wiesbadener Zeitung Nr. 150 v. 29.6.1944.

Grün, Hugo, Die nassauische Union von 1817. Der Weg der getrennten lutherischen und reformierten Konfessionen zu einer einheitlichen Landeskirche, in: Nassauische Annalen 79/1968, S. 157ff.

Haas, Robert, Die griechische Kapelle bei Wiesbaden, in: Illustrirter Wiesbadener Curcalender, Wiesbaden 1857, S. 1–4.

Häbel, Hans-Joachim, Vom Herborner Zeichenlehrer zum herzoglich nassauischen Hofbaumeister, in: Nassauische Annalen 102/1991, S. 115–144.

Hahn, Hans-Werner, Einzelstaatliche Souveränität und nationale Integration. Ein Beitrag zur nassauischen Politik im Deutschen Zollverein, in: Nassauische Annalen 92/1981, S. 91ff.

Handwörterbuch der Preussischen Verwaltung. Bd. 1. Leipzig ²1911.

Haselier, Günther, Baden, in: Geschichte der Deutschen Länder. "Territorien-Ploetz", Bd. 2: Die deutschen Länder vom Wiener Kongreß bis zur Gegenwart, hrsg. v. Georg Wilhelm Sante, Würzburg [1971], S. 448ff.

Heinemann, Christiane, Die Evangelische Union von 1817 als Beginn des modernen Landeskirchentums, in: Herzogtum Nassau 1806–1866, Ausstellungskatalog Wiesbaden 1981, S. 267ff.

Herrmann, Albert, Gräber berühmter und im öffentlichen Leben bekanntgewordener Personen auf den Wiesbadener Friedhöfen. Wiesbaden [1928].

Hey'l, Ferdinand, Wiesbaden und seine Umgebungen. Ein zuverlässiger Führer durch die Curstadt und ihre Umgebung. Wiesbaden ³1868.

Hildner, Heinz, Wiesbadener Wohnbauten der klassizistischen Zeit. Mit einer vergleichenden Betrachtung der Modellbauten in südwestdeutschen Residenzstädten 17. bis 19. Jahrhundert. Wiesbaden 1931.

Hocke, Gustav René, Europäische Tagebücher aus vier Jahrhunderten. Wiesbaden ³1986.

Hollmann, Michael / Wettengel, Michael, Nassaus Beitrag für das heutige Hessen. Wiesbaden 1992. (Hessen: Einheit aus der Vielfalt 2).

Imhof, Arthur E., Die verlorenen Welten. Alltagsbewältigung durch unsere Vorfahren – und weshalb wir uns heute so schwer damit tun. München 1984.

Isenbeck, Julius, Das nassauische Münzwesen, in: Nassauische Annalen 15/1879, S. 99ff., 18/1883, S. 145ff., 21/1889, S. 107ff.

Jesberg, Paulgerd, Vom Bau der Synagoge auf dem Michelsberg, in: Begegnungen 1/1988, S. 49ff.

Kalle, Fritz / Borgmann, Hanns, Die Wohlfahrtseinrichtungen Wiesbadens. Wiesbaden ²1914.

Kehrein, Joseph, Volkssprache und Wörterbuch von Nassau. Wiesbaden 1966. (Unveränd. Neudruck der Ausgabe von 1891).

Kirchgaesser, Johann, Aus meinem Leben. Die Erinnerungen eines Handwerkermeisters aus dem 19. Jahrhundert. Hrsg. v. Klaus Wisotzky, eingel. v. Sven Steffens. Ratingen 1990. (Schriftenreihe des Stadtarchivs Ratingen Reihe A Bd. 3).

Koepp, Friedrich, Geschlechterfolge der Familie Koepp (Köpp) in Wiesbaden und Biebrich. Wiesbaden 1939.

Kopp, Klaus, Wasser von Taunus, Rhein und Ried. Aus zwei Jahrtausenden Wiesbadener Wasserversorgung. Wiesbaden 1986.

Kraus, Georg, Die Hammermühle bei Biebrich a.Rh. Unter besonderer Berücksichtigung ihres ehemaligen Besitzers Bernhard May. Biebrich [1905].

Kropat, Wolf-Arno, Die Auswanderung aus Nassau, in: Herzogtum Nassau 1806–1866, Ausstellungskatalog Wiesbaden 1981, S. 123ff.

Lautzas, Peter, Die Festung Mainz im Zeitalter des Ancien Regime, der Französischen Revolution und des Empire (1736–1814). Ein Beitrag zur Militärstruktur des Mittelrhein-Gebietes. Wiesbaden 1973. (Geschichtliche Landeskunde 8).

[Lehna, Fr.], Neue Darstellung der Fabel einer Verschwindung der heißen Quellen zu Wiesbaden, in: Mainzer Zeitung v. 7.11.1820 (Beilage).

Lerner, Franz, Wirtschafts- und Sozialgeschichte des Nassauer Raumes 1816–1964. Wiesbaden 1965.

Mainz/Wiesbaden zu Fuß. 18 Stadtteilrundgänge durch Geschichte und Gegenwart. Hamburg 1990.

Merker, A., Die Steuerreform im Herzogtum Nassau von 1806 bis 1814, in: Nassauische Annalen 27/1907, S. 72–142.

Misch, Georg, Geschichte der Autobiographie, vierter Band, zweite Hälfte. Von der Renaissance bis zu den autobiographischen Hauptwerken des 18. und 19. Jahrhunderts. Frankfurt a.M. 1969.

Mönk, Herbert, Vom Fernmeldewesen in Wiesbaden. Eine Studie über die ersten fünfundsiebzig Jahre von 1844 bis 1919, in: Hessische Postgeschichte 15/1970, S. 3ff.

Müller, Wilhelm, Kurze Geschichte des nassauischen Gustav-Adolf-Vereins. Zum 100jährigen Jubiläum des Gustav-Adolf-Vereins. [Wiesbaden] 1931.

Müller-Schellenberg, Guntram, Die Körpergröße der nassauischen Soldaten im frühen 19. Jahrhundert, in: Nassauische Annalen 103/1992, S. 235ff.

Müller-Werth, Herbert, Geschichte und Kommunalpolitik der Stadt Wiesbaden. Unter besonderer Berücksichtigung der letzten 150 Jahre. Wiesbaden 1963.

Müller-Werth, Herbert, Nassauische Zeitungen des Jahres 1848. Beiträge zur Geschichte der politischen Presse Nassaus, in: Nassauische Annalen 60/1943, S. 103ff.

Obermann, Karl, Deutschland von 1815 bis 1849 (Von der Gründung des Deutschen Bundes bis zur bürgerlich-demokratischen Revolution). Berlin $^3$1967. (Lehrbuch der Deutschen Geschichte 6).

Orth, Peter, Die Kleinstaaterei im Rhein-Main-Gebiet und die Eisenbahnpolitik 1830–1866. Limburg a.d. Lahn 1938. (Diss. Frankfurt a.M. 1936).

Otto, Fr[iedrich], Geschichte der Stadt Wiesbaden. Wiesbaden 1877.

Pagenstecher, Karl (Hrsg.), Jugenderinnerungen des Dr. med. Heinrich Karl Alexander Pagenstecher (1799–1868), in: Nassauische Annalen 55/1936, S. 113ff.

Peters, Jan / Harnisch, Helmut / Enders, Lieselott, Märkische Bauerntagebücher des 18. und 19. Jahrhunderts. Selbstzeugnisse von Milchviehbauern aus Neuholland. Weimar 1989.

Petri, Friedrich Erdmann (Hrsg.), Gedrängtes Handbuch der Fremdwörter in deutscher Schrift- und Umgang-Sprache. Dresden und Leipzig $^5$1828.

Propping, [Hermann], Die Nassauische Brandversicherungsanstalt. Denkschrift hrsg. anläßlich des hundertjährigen Bestehens. Wiesbaden 1907.

Rast, Horst, Vulkane und Vulkanismus. Stuttgart 1980.

Renkhoff, Otto, Nassauische Biographie. Kurzbiographien aus 13 Jahrhunderten. Wiesbaden $^2$1992. (Veröffentlichungen der Historischen Kommission für Nassau 39).

Riehl, W[ilhelm], H[einrich], Nassauische Chronik des Jahres 1848. Mit e. Nachwort u. Dokumentenanhang von W. Schüler und G. Müller-Schellenberg. Idstein 1979.

Rosenbaum, Heidi, Formen der Familie. Untersuchungen zum Zusammenhang von Familienverhältnissen, Sozialstruktur und sozialem Wandel in der deutschen Gesellschaft des 19. Jahrhunderts. Frankfurt a.M. 1982.

Roth, F[erdinand] W[ilhelm] E[mil], Geschichte und historische Topographie der Stadt Wiesbaden im Mittelalter und der Neuzeit. Wiesbaden 1883.

Rudloff, Hanns von, Die Schwankungen und Pendlungen des Klimas in Europa seit dem Beginn der regelmäßigen Instrumentenbeobachtung (1670). Braunschweig 1967.

Russ, Sigrid, Die Villengebiete. Braunschweig/Wiesbaden 1988. (Denkmaltopographie Bundesrepublik Deutschland. Kulturdenkmäler in Hessen/hrsg. vom Landesamt für Denkmalpflege Hessen. Wiesbaden 2).

Sammlung der landesherrlichen Edicte und anderer Verordnungen ... Bd. 1. Wiesbaden 1817. Bd. 2. Wiesbaden 1818. Bd. 3. Wiesbaden 1824.

Schenda, Rudolf, Volk ohne Buch. Studien zur Sozialgeschichte der populären Lesestoffe 1770–1910. München 1977.

Schirm, [Johann Wilhelm], Die Kartoffel und ihre Cultur, in: Landwirthschaftliches Wochenblatt für das Herzogthum Nassau 1846, S. 102ff.

[Scholz, Bernhard], Die Hammermühle. Ein Gedenkblatt an den Großvater Bernhard May. Mainz 1905.

[Scholz, Bernhard], Josef Scholz und seine Nachkommen. [Frankfurt a.M. 1905].

Schüler, Th[eodor], Der erste Rekrutenzug in Wiesbaden 1808, in: Alt-Nassau 4/1910, S. 13f.

Sch[üler], Th[eodor], Erinnerungsblätter aus der Zeit des letzten Herzogs von Nassau, in: Alt-Nassau 12/1915, S. 45f.

[Schüler, Theodor]. Gottlieb Schleusinger (d.i.: Theodor Schüler), Die beiden ersten bedeutenderen Bierbrauereien Wiesbadens, in: Alt-Nassau 2/1897, S. 6f.

Schüler, Th[eodor], Wiesbaden in seinen kleinstädtischen Verhältnissen um 1800, in: Alt-nassauischer Kalender 1919, S. 26ff.

Schüler, Winfried, Der Herzog und sein Hof, in: Herzogtum Nassau 1806–1866, Ausstellungskatalog Wiesbaden 1981, S. 53ff.

Schüler, Winfried, Die Herzöge von Nassau. Macht und Ohnmacht eines Regentenhauses im Zeitalter der nationalen und liberalen Bewegung, in: Nassauische Annalen 95/1984, S. 155ff.

Schüler, Winfried u.a. (Bearb.), Von Nassau nach Amerika. Auswandererschicksale aus drei Jahrhunderten. Ausstellung des Hessischen Hauptstaatsarchivs in Wiesbaden 29. Oktober 1992 bis 30. April 1993. Dokumentation zur Ausstellung. Wiesbaden 1992.

Sebald, Eduard, Das Kurhaus, ein Bautyp des 19. Jahrhunderts am Beispiel des Wiesbadener Kurhauses von Christian Zais, in: Nassauische Annalen 97/1986, S. 113ff.

Silberhorn, Lothar, Der Deutschkatholizismus im Herzogtum Nassau. Diss. Mainz 1953.

Spielmann, C[hristian] / Krake, J[ulius], Die Entwickelung des Weichbilds der Stadt Wiesbaden seit dem Ende des 18. Jahrhunderts. Atlas mit begleitendem Text. Frankfurt a.M. [1912].

Spielmann, C[hristian], Die Stadt Wiesbaden und ihre Bewohner zu Anfang unseres Jahrhunderts. Wiesbaden 1897. (Beiträge zur Geschichte des Nassauer Landes 1).

Spielmann, C[hristian], Die Wiesbadener Landstraßen im 18. und 19. Jahrhundert, in: Nassauische Annalen 30/1899, S. 109ff.

Spielmann, C[hristian], Geschichte von Nassau (Land und Haus) von den ältesten Zeiten bis zur Gegenwart. 3 Bde. Wiesbaden [1909]; Montabaur 1926; Wiesbaden [1912].

Spielmann, C[hristian], Valentin Dahlem. Lebensbild eines nassauischen Mennonitenpredigers, in: Nassovia 1914, S. 41ff.

Spiess, Bernhard, Verzeichnis aller Lehrer des Pädagogiums (1817–1844) und des Gymnasiums (1844–1894), in: Königliches Gymnasium zu Wiesbaden. Festschrift zur Gedenkfeier des fünfzigjährigen Bestehens der Anstalt, Wiesbaden 1894, S. 31ff.

Steitz, Heinrich, Die Nassauische Kirchenorganisation von 1818. Ein Beitrag zur Geschichte der Kirchenverfassung, in: Jahrbuch der hessischen kirchengeschichtlichen Vereinigung 12/1961, S. 70ff.

Stommel, H. / Stommel, E., Volcano weather. The story of the year without a summer: 1816. Seven Seas Press, 1983.

Straub, August (Hrsg.), Aus meinen Erdentagen. Die Lebenserinnerungen des weiland nassauischen Landesbischofs Ludwig Wilhelm Wilhelmi (1796–1882). Essen 1936.

Struck, Wolf-Heino, Christian Zais an seinen Sohn Wilhelm – Der Architekt des Klassizismus zu Wiesbaden in seiner Familie, in: Nassauische Annalen 92/1981, S. 75ff.

Struck, Wolf-Heino, Das Streben nach bürgerlicher Freiheit und nationaler Einheit in der Sicht des Herzogtums Nassau. Ein Beitrag zur Beurteilung der Entscheidung von 1866, in: Nassauische Annalen 77/1966, S. 142ff.

Struck, Wolf-Heino, Die Auswanderung aus dem Herzogtum Nassau (1806–1866). Ein Kapitel der modernen politischen und sozialen Entwicklung. Wiesbaden 1966. (Geschichtliche Landeskunde 4).

Struck, Wolf-Heino, Die Gründung des Herzogtums Nassau, in: Herzogtum Nassau 1806–1866, Ausstellungskatalog Wiesbaden 1981, S. 1ff.

Struck, Wolf-Heino, Wiesbaden im Biedermeier. Wiesbaden 1981. (Geschichte der Stadt Wiesbaden 5).

Struck, Wolf-Heino, Wiesbaden in der Goethezeit. Wiesbaden 1979. (Geschichte der Stadt Wiesbaden 4).

Taitl-Münzert [Hrsg.], Tagebuch eines Sechzehnjährigen 1869–1870. [Heinrich Christian Thierberg]. Bad Schwalbach [1988].

Th[omas], K[urt], Ein Stück Wiesbadener Geschichte – Vom Gasthof "Zum Schwarzen Bären" zum "Hotel Bären", in: Wiesbadener Leben 11/1976, S. 12f.

Treichel, Eckhardt, Der Primat der Bürokratie. Bürokratischer Staat und bürokratische Elite im Herzogtum Nassau 1806–1866. Stuttgart 1991. (Frankfurter historische Abhandlungen 31).

Vogel, C[hristian] D[aniel], Beschreibung des Herzogthums Nassau. Wiesbaden 1843.

Wacker, Peter, Das Nassauische Militärwesen, in: Herzogtum Nassau 1806–1866, Ausstellungskatalog Wiesbaden 1981, S. 75–85.

Wagner, Paul (Hrsg.), Kriegserlebnisse nassauischer Soldaten in den Jahren 1806–1814. Wiesbaden 1917.

Warnecken, Bernd Jürgen, Populare Autobiographie. Empirische Studien zu einer Quellengattung der Alltags-Geschichtsforschung. Tübingen 1985. (Untersuchungen des Ludwig-Uhland-Instituts der Universität Tübingen 61).

Weber-Kellermann, Ingeborg, Die deutsche Familie. Versuch einer Sozialgeschichte. Frankfurt a.M. 1974.

Weichel, Thomas, Die falsche "Hilf". Geburtswehen eines Stadtteils, in: Wiesbadener Abrisse 1988, hrsg. v. d. Geschichtswerkstatt Wiesbaden e.V., Wiesbaden 1987.

Weichel, Thomas, Die Kur- und Verwaltungsstadt Wiesbaden 1790–1822, in: Lothar Gall (Hrsg.), Vom alten zum neuen Bürgertum. Die mitteleuropäische Stadt im Umbruch 1780–1820. München 1991, S. 317ff.

Weichel, Thomas, "Lieber todt als so gequält", in: Wiesbadener Abrisse 1992, hrsg. v. d. Geschichtswerkstatt Wiesbaden e.V., Wiesbaden 1991.

Wettengel, Michael, Die Revolution von 1848/49 im Rhein-Main-Gebiet. Politische Vereine und Revolutionsalltag im Großherzogtum Hessen, Herzogtum Nassau und in der Freien Stadt Frankfurt. Wiesbaden 1989. (Veröffentlichungen der Historischen Kommission für Nassau 49).

Wilhelmi, Eduard, Die Zehntfrage und ihre Bedeutung in der Nassauischen Revolution im Jahre 1848–49, in: Nassauische Annalen 52,2/1932, S. 176ff.

# Personenindex

**Ackermann**, Hermann Gerhard (+ 1808) 46
**Aßmann**, Christian 132
**Baldus**, Johann Georg 209
**Becker**, Nikolaus (1809-1845) 34
**Berghof**, Philipp Caspar 133
**Bernhard**, Heinrich Philipp Friedrich (+ 1843) 145f.
**Bismarck**, Otto Fürst von (1815-1898) 38
**Blum**, David Balthasar (+ 1814) 82
**Blum**, Friedrich Christian (+ 1814) 82
**Bücher**, Christian (* 1801) 172, 174
**Bücher**, Georg Heinrich (1809-1877) 169
**Burgk**, Johann Melchior 14
**Burk**, Anna Margaretha 14f.
**Burk**, Catharina (1827-1858) 31, 37, 153, 182, 199, 225
**Burk**, Catharina Eleonora (1782-1786) 16, 224
**Burk**, Catharina Eleonora (1792-1855) 17, 185, 224
**Burk**, Catharine Elisabeth (1825-1826) 224
**Burk**, Friedrich Christian (1750-1793) 13f., 16f., 21, 224
**Burk**, Friedrich (1823-1890) 31, 37ff., 40, 145, 182, 207, 224, 226
**Burk**, Heinrich Carl (1833-1887) 31, 37ff., 201, 214, 222f., 225
**Burk**, Henrich Friedrich (1715-1793) 14ff., 224
**Burk**, Johann Casimir (1746-1790) 17
**Burk**, Johann Friedrich (1785-1828) 17, 30, 58, 76, 225
**Burk**, Johann Henrich (1740-1807) 17
**Burk**, Johann Henrich (1790-1855) 17, 24, 26, 30, 52, 76, 89, 113, 183, 225
**Burk**, Johann Ludwig (1743-1822) 17f., 33, 66, 109, 116, 224
**Burk**, Maria Dorothea 14
**Burk**, Nicolaus (+ 1687) 14
**Burk**, Wilhelm 14f.

**Canstein**, Robert Raban von und zum (1796-1875) 123
**Coulin**, Johann Ludwig Wilhelm (1816-1887) 202
**Cron**, Gottfried Daniel (+ 1822) 88
**Dambmann**, Johann Balthasar (+ 1836) 114
**Dehn**, Johann Friedrich (1792-1838) 50
**Diest**, Gustav von (1826-1911) 38
**Dögen**, Heinrich Carl Christian (* 1824) 183
**Düringer**, Daniel (+ 1852) 125, 146
**Dungern**, Emil August Victor Frhr. von (1802-1862) 136
**Ebel**, Christian Philipp (1782-1859) 58
**Eibach**, Ludwig (1810-1868) 176
**Ellmer**, Johann Georg Adam (+ 1837) 62, 67
**Erkel** 106
**Erkel**, Philipp Jakob 112f.
**Etz**, Johann Michael Heinrich (1819-1891) 174
**Fetz**, Friedrich (1753-1822) 43
**Fischer**, Heinrich (1812-1883) 34, 205
**Fischer**, Peter 14
**Freinsheim**, Philipp Wilhelm (1819-1885) 145
**Frick**, Caroline (1848-1912) 39f.
**Frick**, Daniel (1807-1890) 226
**Frick**, Sophie (1826-1876) 225
**Führer**, Ludwig 43, 65
**Gagern**, Max von (1810-1889) 163
**Goethe**, Johann Wolfgang von (1749-1832) 25
**Graefe**, Friedrich (1815-1878) 36
**Grimm**, Henrich Ludwig 53, 55
**Haas**, Ludwig (1809-1877) 223
**Hagen**, Adolph Ferdinand Leopold Hans Frhr. von (1779-1844) 123, 134
**Hahn**, Gottfried 59
**Hamm**, Andreas (1825-1894) 210
**Hammelmann**, Johann Heinrich 136
**Handel**, Friedrich Christian (1763-1856) 52

**Hehner**, Karl Philipp (1809-1880)  163
**Heine**, Heinrich (1797-1856)  34
**Herber**, Georg (1763-1833)  35
**Hergenhahn**, August (1804-1874)  163
**Herz**, Heinrich Daniel  99
**Herz**, Philipp Reinhard (1751-1825)  99
**Heydenreich**, August Ludwig Christian (1773-1858)  53, 69, 131, 143, 147, 200
**Junker**  106
**Käsebier**, August Ferdinand (+ 1826)  70
**Käßberger**, Reinhard  46
**Kalb**, Johann Konrad (1782-1852)  133
**Kimmel**, Anna Maria (+ 1759)  10f.
**Kimmel**, Daniel  106, 207
**Kimmel**, Heinrich Wilhelm (* 1815)  153, 202, 225
**Kimmel**, Tillmann  8, 10
**Kirsch**, Philipp Christian (1804-1873)  192
**Koch**, Johann Christian (1738-1810)  53
**Köpp**, Friedrich Reinhard (1756-1834)  114
**Kruse**, August Heinrich Ernst Frhr. von (1779-1848)  61
**Lade**, Johann August (1781-1839)  53
**Lehr**, Friedrich A. (1771-1831)  24, 49
**Luther**, Martin (1483-1546)  103
**Machenheimer**, Conrad (+ 1836)  136
**Mahr**, Johann Andreas (1750-1829)  93
**Malapert-Neufville**, Wilh. Gust. Adolf Frhr. von (1787-1862)  125
**Marburg**, Ludwig (* 1808)  178
**Marschall von Bieberstein**, Ernst Frhr. (1770-1834)  29, 35, 61
**Maxeiner**, Maria Elisabeth (1797-1877)  39, 225
**May**, Bernhard (1783-1856)  148
**Mayer**, Johann Henrich (+ 1813)  63
**Metternich**, Clemens Wenzel Lothar Fürst von (1773-1859)  29
**Michel**, Johann Philipp (+ 1814)  61
**Milich**, Catharina Eleonore (1727-1802)  14f., 224
**Milich**, Lorenz  16
**Moritz**, August (1823-1889)  125, 193

**Müller**, Georg Emanuel Christian (1766-1836)  55
**Napoleon** I. (1769-1821)  23, 25f., 41, 78, 82
**Nassau**, Adelheid Marie von (1833-1916)  169
**Nassau**, Elisabeth Michailovna von (1826-1846)  149, 152, 184
**Nassau**, Friedrich August von (1738-1816)  41, 87, 167
**Nassau**, Georg August Samuel von (1665-1721)  10
**Nassau**, Luise von (1751-1816)  96
**Nassau**, Luise von (1782-1812)  63
**Nassau**, Nikolaus von (1832-1905)  162
**Nassau**, Pauline von (1810-1856)  133f., 162, 187
**Nassau**, Sofie von (1836-1913)  190
**Nassau**, Wilhelm von (1792-1839)  93, 134
**Nauendorf**, Adolf Heinrich Ludwig Frhr. von (1781-1842)  136
**Oberheim**, Johann Friedrich  47
**Österreich**, Johann Erzherzog von (1782-1859)  164
**Opel**, Wilhelm (1801-1890)  130
**Otto**, Philipp Christian (* 1784)  69
**Preen**, Friedrich Frhr. von (1787-1856)  162
**Prinz**, Andreas Norbert (1831-1855)  188
**Reifenberg**, Leopold  188
**Renker**, Carl  39
**Ritzel**, Johann Gottfried (+ 1814)  59
**Römer**, Maria Susanna (1720-1748)  15
**Roos**, Vincenz (1788-1816)  50
**Rossel**, Marie Magdalene (1796-1865)  225
**Ruß**, Friedrich Konrad (1811-1843)  136
**Ruß**, Gottfried  169
**Schellenberg**, Carl Adolph Gottlob (1764-1835)  69, 126
**Schellenberg**, Ernst Ludwig Theodor (1772-1834)  84
**Schepp**, Friedrich (1807-1867)  163
**Schiller**, Friedrich von (1759-1805)  34, 205f.

**Schlichter**, Christian Gottfried (1777-1828) 83, 113
**Schlinck**, Johann Balthasar (+ 1840) 59
**Schlink**, Daniel Michael (* 1831) 193
**Schlink**, Georg 202
**Scholz**, Anton (* 1808) 128
**Schrumpf**, Friedrich Ludwig (1765-1844) 121
**Schultz**, Karl Wilhelm (1801-1856) 176
**Schulz**, Heinrich (1817-1864) 142
**Schweitzer**, Heinrich Balthasar 111
**Seewald**, Philipp Conrad (* 1784) 50
**Seibel**, Marie Philippine (* 1819) 191
**Seilberger**, Friedrich (+ 1887) 181
**Seilberger**, Philipp 136
**Stannarius**, Georg (+ 1873) 34, 138
**Steiner**, David (1774-1823) 118
**Stern**, Conrad 106
**Stern**, Friedrich Jacob 13
**Stern**, Heinrich Jacob 76
**Stern**, Johann Conrad (1788-1854) 179, 225
**Stiehl**, Heinrich 111
**Stockhausen**, Anna 14
**Stuber**, Johann Daniel (1782-1858) 39, 201, 225
**Stuber**, Maria (1834-1884) 39
**Thilenius**, Gerhard (1745-1809) 47
**Thon** 199
**Thon**, Johann Georg Heinrich (* 1830) 181
**Thon**, Jonas (1809-1879) 180
**Todt**, Wilhelm 63
**Trapp**, Johannes 14

**Trapp**, Johann Josef von (1800-1885) 136
**Traub**, Georg Philipp 58
**Vigelius**, Ludwig Christian (1765-1816) 61
**Wagemann**, Johann Karl (* 1798) 168
**Wagemann**, Johann Baptist (1829-1922) 168
**Wagner**, Philipp Christian (1835-1858) 197
**Wagner**, Xaver (* 1799) 186
**Weik** 46
**Weil**, Jonas 189
**Weyrauch**, Joh. Heinrich (+ 1819) 110
**Wilhelm**, Anna Maria 13
**Wilhelm** I. (1797-1888) 38
**Wilhelmi**, Ludwig Wilhelm (1796-1882) 106, 152, 200
**Wintermeyer**, Jacob 93
**Wolf**, Christina Barbara (+ 1813) 11, 13, 76
**Wolf**, Johann Anton 8, 10
**Wolf**, Johann Nicolaus (1717-1793) 10, 13, 17, 224
**Wolf**, Johann Philipp 11
**Wolf**, Philippina Elisabetha (1754-1826) 11, 13f., 17, 224
**Zais**, Christian (1770-1820) 19, 29, 33, 45, 63, 112, 179
**Zais**, Wilhelm (1798-1861) 222f.
**Zeiger**, Jacob 72
**Zimmermann**, Georg Conrad Ludwig (1799-1842) 136
**Zollinger**, Georg Lorenz (* 1785) 50
**Zollinger**, Georg Gottfried (+ 1840) 70